△ 2015年12月18日,《爱我春桥》第一次筹备会议在春桥乡召开

△ 江西省委书记刘奇到鄱湖晨晖农场调研

△ 农业农村部副部长张桃林视察鄱湖晨晖农场

△ 副省长胡强视察鄱湖晨晖农场

△ 九江市委原副书记、市长谢一平到春桥乡调研

△ 都昌和湖口"边界联防"会议召开

△ 春桥街航拍

△ 春桥集镇周边航拍

△ 鄱湖晨晖农场航拍

△ 春桥集镇航拍

△ 春桥乡凤凰山航拍

△ 春桥云顶山航拍

△ 春桥村平田畈稻田航拍

△ 春桥乡敬老院航拍

△ 春桥中学航拍

△ 春桥中心小学航拍

△ 春桥村村景航拍

△ 春桥乡官桥余太舍自然村航拍

△ 春桥乡云山塘洲新村航拍

△ 春桥乡朝阳彭桓六新村

△ 耕田　摄于春桥乡云山村　　　　　　　　△ 耙田　摄于春桥乡云山村

△ 扯秧　摄于春桥乡朝阳居委会

△ 插秧　摄于春桥乡春桥村委会

△ 收割　摄于春桥乡朝阳居委会

△ 收割　摄于春桥乡官桥村委会

△ 机械收割　摄于春桥乡朝阳居委会

△ 煎豆粑

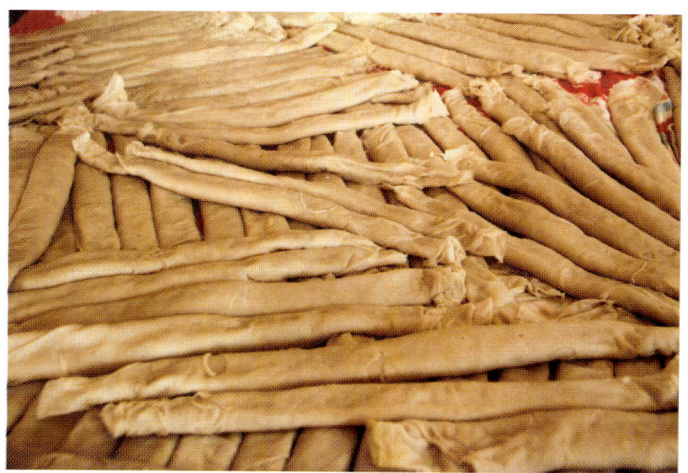
△ 晾豆粑

△ 晒豆粑

△ 拍菜籽

△ 油菜籽包饼

△ 油菜籽碾压

△ 榨油

△ 鄱湖晨晖农场员工用机械对大棚土壤进行翻耕　　△ 鄱湖晨晖农场员工喷水抗旱

△ 鄱湖晨晖农场员工采摘西红柿

△ 鄱湖晨晖农场员工加班包装有机蔬菜

△ 官桥村扶贫墙体画

△ 鄱湖晨晖农场一角

爱我春桥

主编 石小平 邱林 游雄

江西高校出版社

图书在版编目(CIP)数据

爱我春桥/石小平,邱林,游雄主编. ——南昌:江西高校出版社,2020.1(2022.3重印)
ISBN 978－7－5493－9382－4

Ⅰ.①爱… Ⅱ.①石… ②邱… ③游… Ⅲ.①乡镇—概况—都昌县 Ⅳ.①K925.65

中国版本图书馆 CIP 数据核字(2020)第 003821 号

出 版 发 行	江西高校出版社
社　　　址	江西省南昌市洪都北大道96号
总编室电话	(0791)88504319
销 售 电 话	(0791)88522516
网　　　址	www.juacp.com
印　　　刷	天津画中画印刷有限公司
经　　　销	全国新华书店
开　　　本	700mm×1000mm　1/16
印　　　张	23＋1
字　　　数	350 千字
版　　　次	2020 年 1 月第 1 版 2022 年 3 月第 2 次印刷
书　　　号	ISBN 978－7－5493－9382－4
定　　　价	68.00 元

赣版权登字 －07－2020－13

版权所有　侵权必究

图书若有印装问题,请随时向本社印制部(0791－88513257)退换

《爱我春桥》编委会

顾问	余传缘	向重新		
编委	陈康孙	江和通	马远霞	李懋
	余景星	袁　欣	石小平	潘敏祚
	陶淼松	游双福	彭桂林	邱　林
	游全贵	黄建和	江松保	余炳明
	彭　程	刘汉先	彭安亿	刘初生
	余小平	余芊芊	余国平	游　雄
主编	石小平	邱　林	游　雄	

序

春桥是个好地方,绿色的生命世界孕育着无限的自然神奇,自然的丰厚馈赠,造就了这里优美的生态环境和秀丽的山水。春桥南倚云蒸雾绕的云顶山,北枕风景优美的横凤山。横凤山形似一道苍翠而险峻的城垣,雄峙春桥北端。这里沃野平畴,阡陌纵横,层峦起伏,小港溪流穿行其间,好一派山水田园风光。

春桥更是具有光荣历史的土地,这里历来文风兴盛,人文荟萃,是都昌、九江乃至江西有名的理学之乡。朱熹知南康军,重修白鹿洞书院,研究与传播理学,并收了四名高足,即"朱门四友",其中的黄灏、彭蠡就是春桥人。璀璨夺目的理学文化闪耀着史诗的光芒,朱子精神,古韵余绪,影响久长。

彭蠡,字师范,学问淹贯,精通声律,官至吏部尚书。彭方,字季正,号强斋,仕途通达,身居要位,但为官清廉,一生谨慎,"爱养民力",清明讼狱,造福桑梓,于朝廷和地方多有德政,先后任教授、知县、知府、兵部侍郎、吏部尚书,赠金紫光禄大夫,加文华阁、龙图阁大学士,赠太子少师、文定公。余应桂,字孟玉,号二矶,历任武康、龙岩、海澄三县知县,湖广巡按,湖广巡抚,监察御史,兵部左侍郎,三边总督,是明末特立独行、有高尚气节的政治家、军事家。彼时的明王朝已是大厦将倾,他无力挽回明王朝衰败的命运,但他定国安邦之策和拳拳报国之心屡屡见于史籍,世代流传于民间。杨士京,14岁负笈求学于白鹿洞书院,1902年考入京师大学堂,历任小京官、国民党江西省吏治训练所教务长,中华人民共和国成立后出任省政府参事室参事。这里还诞生了清代"江西同光诗派"创始人之一黄锡朋,清光绪皇帝御批"文章颇可、字盖京都"的进士石云星,受到党和国家领导人接见的美籍华人、高分子化学家杨宏汉,中国著名兽医专家杨宏道等人。

春桥历来高度重视耕读传家、勤劳奋进、崇文重教的风尚习俗。杨俊伯后裔40多名进士,彭图南家族"三门九进士,父子同尚书",杨士京家族英才辈出……这成为永远激励春桥人民奋发有为的宝贵精神财富。

中华人民共和国成立后,在中国共产党的领导下,春桥大地再次焕发出蓬勃的生机与活力,继续书写辉煌灿烂的篇章。特别是改革开放以来,春桥人民解放思想,团结奋斗,积极探索加快发展的新路,取得了令人瞩目的巨大成就。以前不足百米的茅店街拓展成为1.5平方千米的集镇,之前出乡的官道——春桥公路经历了由土路向砂石路、柏油路、水泥路的重大转变,结束了长期以来"晴天一身灰,下雨一身泥"的落后状况,村组公路也基本上实现了水泥硬化,集镇与交通可以说发生了脱胎换骨的变化。自2006年以来,全乡紧紧围绕"生产发展、生活富裕、乡风文明、村容整洁、管理民主"的二十字方针,积极以"改路、改水、改厕,美化、净化、亮化"为主要内容进行社会主义新农村建设,农民群众的生存环境和生活条件有了翻天覆地的变化。原来杂乱无章的建筑变成了一排排小洋楼,到处呈现"田头机器响、楼房电灯亮、绿树成荫果味香、五业兴旺鱼米香"的喜人局面。

但是,春桥乡地处边远,与先进地区和周边乡镇相比,差距还比较明显,按照大多数群众的说法:"春桥的发展像非洲,隔壁流芳、武山的建设像欧洲。"这深刻说明春桥要实现崛起、全面建成小康社会还任重道远。如何帮助家乡,一直是长期以来困扰乡民的问题。经过长时间的思考与谋划,我们认为,应该把家乡优美的山水对外推介,对家乡灿烂的文化进行发掘整理,让本乡群众和在外地工作的有识之士更好地认识家乡、了解家乡、热爱家乡、建设家乡,广泛集中智慧、凝聚力量,为书写家乡更加灿烂的未来贡献自己的力量。

"一方水土养一方人",春桥地处都昌、湖口边界,春桥人既有都昌人淳朴率真、坦诚待人的品性,又深受湖口人"委婉含蓄、热情客套"的深远影响。虽然千百年来,这里一直是农业社会,万千村落依山而建,各家自扫门前雪、自种村边树,可是一旦家有大事,则亲友会聚,鞭炮唱喜,锣鼓喧天。每逢节庆,更是村村联动,万民同乐。所乐皆有缘由,所聚皆合礼法,春桥乡域文化将农耕文明、儒学文化和道教文化鲜明、有机地融合在一起,成为汇集华夏文明长河中的涓涓细流。无论是遍野散居、偶尔会聚的现象,还是隐于背后的礼法,都是真正意义上的文化。

历史是现实的积累,现实是历史的发展。实现家乡崛起是一个全民奋起、艰苦创业、摆脱贫困、全面实现小康,由不发达地区变为发达地区的历史进程。《爱我春桥》一书,较为全面地展示了春桥的灿烂文化、特色文明、优美生态及发展的巨大潜力和美好前景,有利于增强广大人民群众和春桥籍在外地工作的有识之士对家乡的认知度、自豪感、荣誉感和责任感,激发他们热爱家乡、建设家乡的热情,同时也为外籍人士了解春桥、认识春桥提供一个窗口。

人是故乡亲,月是故乡明。春桥,是在这里生活的人们生生不息的家园,是从这片土地走出去的游子的根。故乡山故乡水,故乡土故乡人,故乡月故乡云,是每一个春桥人永远挥之不去、割舍不尽的情愫。他们发出一个共同的声音:爱我春桥!故乡永存!乡情永恒!

石小平

2019 年 6 月 26 日

目　录

春桥赋 …………………………………… 王建军　游宇鹏　余燕景（1）

理学先驱卷
朱熹与"都昌四友" ………………………………………… 余星初（4）
理学精神与春桥人文概述 …………………………………… 石小平（8）
考亭后学黄氏世家 ………………………………………… 闵正国（13）
"白鹿薪传"都昌三彭 ……………………………………… 闵正国（16）

历史名贤卷
文韬武略余应桂 …………………………………………… 闵定国（20）
余应桂与崇祯皇帝 ………………………………………… 余星初（24）
黄锡朋 ……………………………………………………… 邵天柱（28）
江西教育家杨士京 ………………………………………… 黄世南（29）
游至璇 ……………………………………………………………（32）
杨祖厘任都昌县县长片段 ………………………………… 石小平（33）
余涤欧 ……………………………………………………… 余炳明（36）
杨宏道 ……………………………………………………… 邵天柱（37）
游元兴 ……………………………………………………… 李树深（38）
彭远周 ……………………………………………………………（40）
彭伯庭 ……………………………………………………………（41）
余塞 ………………………………………………………………（42）
彭强 ………………………………………………………………（43）
彭乐意 ……………………………………………………………（44）
杨祖光 ……………………………………………………………（45）
彭图南 ……………………………………………………………（46）
黄唐发 ……………………………………………………………（47）
黄崇艺 ……………………………………………………………（48）

当代名人卷

杨宏汉 …………………………………………………… (50)

杨宏勋 …………………………………………………… (51)

游会龙 …………………………………………………… (52)

彭海清:人生,都是一个个必然的偶然 ………………… (53)

余文龙 …………………………………………………… (56)

向绍祖:足下寻踪 ………………………………………… (57)

杨宏益:忠诚党的教育事业,干一辈子教育工作! ……… (65)

游华新 …………………………………………………… (68)

袁传红 …………………………………………………… (70)

游案龙 …………………………………………………… (71)

余镇龙 …………………………………………………… (72)

余发新 …………………………………………………… (73)

"最美医生"彭乐 ………………………………………… (74)

方建华:行走在中国商业前沿的"时尚闯客" …………… (77)

公仆风采卷

余传缘 …………………………………………………… (82)

向重新 …………………………………………………… (83)

游焱龙 …………………………………………………… (84)

吴革森 …………………………………………………… (85)

彭干雄 …………………………………………………… (86)

游永青:勤奋敬业的春桥人 ……………………………… (87)

段兴兰 …………………………………………………… (90)

彭汉华 …………………………………………………… (92)

余传经 …………………………………………………… (93)

袁建勋 …………………………………………………… (94)

向松春 …………………………………………………… (95)

余祖斗 …………………………………………………… (96)

黄黎明	(97)
余传柏	(98)
刘炳发	(99)
余　帆	(100)
余传林:携笔从戎绘辉煌	(101)
余更新	(104)
余欣宇	(105)
余祖英	(106)
段兴光	(107)
段样春	(108)
彭返庭	(109)
余喜平	(110)
余景星	(113)
袁　欣	(114)
游泉水	(115)
彭康助	(116)
杨秀山	(117)
石小平	(118)
游双福	(119)
彭桂林	(120)
段兴春	(121)
向重生	(122)
彭晓明	(123)
余开初	(124)
邱林:总在路上　　　　　　　曹爱珍	(125)
余晒喜	(129)
余汉雄	(130)
石柏初	(131)

陶淼松 ………………………………………………… (132)

　　游全贵 ………………………………………………… (133)

　　余明生 ………………………………………………… (134)

　　江松保 ………………………………………………… (135)

　　袁志锋 ………………………………………………… (136)

　　彭晓东 ………………………………………………… (137)

　　余干平 ………………………………………………… (138)

　　游海辉 ………………………………………………… (139)

　　余小兵 ………………………………………………… (140)

　　余福平 ………………………………………………… (141)

　　余新秋 ………………………………………………… (142)

　　余　程 ………………………………………………… (143)

技术人才卷

　　余亚平 ………………………………………………… (145)

　　游春华 ………………………………………………… (146)

　　彭小华 ………………………………………………… (147)

　　刘初生：为了大地长丰收 ……………………………… (148)

　　彭竹涛 ………………………………………………… (150)

　　彭　诚 ………………………………………………… (151)

　　彭华安：读万卷书，行万里路 ………………………… (152)

　　刘红生 ………………………………………………… (156)

　　余　军 ………………………………………………… (157)

　　余淑景 ………………………………………………… (158)

　　春桥乡在本县获得副高以上技术职称人员名单 ……… (159)

创业人士卷

　　余汉英 ………………………………………………… (162)

　　彭健雄 ………………………………………………… (163)

　　王泊理 ………………………………………………… (164)

杨　东 …………………………………………………… (165)

余建民 …………………………………………………… (166)

彭习华:鄱湖晨晖带头人 ………………………………… (167)

王新华:从"村支书"到"电梯王"的演绎 ………………… (169)

王新国:山区的裁缝走上了世界舞台 …………………… (172)

彭任远 …………………………………………………… (175)

游孟松 …………………………………………………… (176)

彭斌霞 …………………………………………………… (177)

段兴祎 …………………………………………………… (179)

王国平 …………………………………………………… (180)

余向春 …………………………………………………… (181)

袁江涛 …………………………………………………… (182)

刘　炎 …………………………………………………… (183)

余认中 …………………………………………………… (184)

彭东明 …………………………………………………… (185)

徐黄玉 …………………………………………………… (186)

段　烈 …………………………………………………… (187)

游图吉 …………………………………………………… (188)

沿革区划卷

都昌沿革与区划 ………………………………… (190)

春桥乡村域区划 ………………………………… (196)

组织机构卷

组织沿革 ………………………………………… (209)

领导班子 ………………………………………… (211)

英烈忠魂卷

春桥革命烈士名录 ……………………………… (226)

民俗技艺卷

节俗 ……………………………………………………… (230)

一、春节 …………………………………………… (230)

　　二、立春 …………………………………………… (235)

　　三、元宵节 ………………………………………… (236)

　　四、二月花朝和春社 ……………………………… (237)

　　五、清明节 ………………………………………… (237)

　　六、四月八小节 …………………………………… (238)

　　七、五月端午节 …………………………………… (238)

　　八、六月半年节和"六月六" …………………… (238)

　　九、中元节 ………………………………………… (239)

　　十、八月十五中秋节 ……………………………… (239)

　　十一、九月重阳节 ………………………………… (239)

　　十二、冬至节 ……………………………………… (240)

习俗 …………………………………………………… (241)

　　一、建房 …………………………………………… (241)

　　二、婚嫁 …………………………………………… (242)

　　三、丧葬 …………………………………………… (244)

　　四、宗教 …………………………………………… (246)

技艺 …………………………………………………… (248)

　　一、春桥采茶戏 …………………………………… (248)

　　二、春桥戏(弹腔戏) …………………………… (248)

　　三、马家塘吊酒 …………………………………… (249)

名胜古迹卷

彭壁古樟 ……………………………………………… (252)

蒲塘古樟 ……………………………………………… (253)

上十方千年古樟 ……………………………………… (254)

余呈湾古樟和古枫树 ………………………………… (255)

丝绵树及鸡公树 ……………………………………… (256)

春桥头银杏树 ………………………………………… (257)

十方村相公庙 ·· (258)

沙墩古庙青云庵 ·· (259)

云顶山青云白云庵 ·· (261)

凤山红亭 ·· (263)

彭梅坡夫妇墓 ··· (264)

彭方墓 ··· (265)

凤山黄氏千年古墓 ·· (266)

游姓千年古墓和"立雪真宗"牌匾 ························· (267)

余应桂故居 ·· (269)

凤山明末清初古宅 ·· (270)

凤山石板墙天井古宅 ·· (272)

堰上红色古井 ··· (273)

旗鼓石和系马桩 ··· (274)

春桥云山药王山庄 ·· (275)

春桥乡云顶山 ··· (276)

余马家塘村古亭 ··· (277)

艺文书画卷

余应桂诗文 ·· (279)

黄锡朋诗文 ·· (280)

黄工善诗 ·· (283)

杨蓉镜诗 ·· (284)

杨士京诗 ·· (286)

杨士亮诗 ·· (287)

杨宏统诗 ·· (288)

杨凯东诗词 ·· (289)

杨振丰诗 ·· (289)

万里溪诗 ·· (290)

王清华诗 ·· (290)

石牛生诗词 …………………………………………………………（290）
石小平诗词 …………………………………………………………（291）
江松保诗 ……………………………………………………………（291）
刘汉仙诗 ……………………………………………………………（291）
刘汉友诗 ……………………………………………………………（292）
向圆初诗 ……………………………………………………………（292）
余发新诗词 …………………………………………………………（292）
余天生诗 ……………………………………………………………（293）
余玉松诗 ……………………………………………………………（293）
余致中诗 ……………………………………………………………（294）
余孟春诗 ……………………………………………………………（294）
余芊芊词 ……………………………………………………………（294）
周志新诗 ……………………………………………………………（295）
洪焱龙诗 ……………………………………………………………（295）
袁斌诗 ………………………………………………………………（295）
黄细金诗 ……………………………………………………………（295）
黄朝晖诗 ……………………………………………………………（296）
曹碧珠诗 ……………………………………………………………（296）
彭涤尘诗 ……………………………………………………………（296）
彭康助诗 ……………………………………………………………（296）
彭一平诗 ……………………………………………………………（297）
彭金生诗 ……………………………………………………………（297）
游泉水诗 ……………………………………………………………（297）
游全贵诗 ……………………………………………………………（298）
游宇鹏诗 ……………………………………………………………（298）
游砺诗 ………………………………………………………………（298）
游雄军诗 ……………………………………………………………（298）
游雄诗 ………………………………………………………………（299）

游叙发诗 …………………………………………………………（299）

蒋爱娥诗 …………………………………………………………（299）

"药王"后裔的为"仁" ………………………………………汪国山（300）

蕢湖里的春天 ………………………………………………汪国山（302）

余应桂的明末家国 …………………………………………汪国山（306）

凤兮涅槃 ……………………………………………………汪国山（310）

茅店街 …………………………………………………………邱　林（313）

二矶入学的传说 ………………………余育初　余普民　搜集整理（319）

不是御史老爷,是臭贡 …………………余育初　余普民　搜集整理（321）

碎米地 …………………………………余育初　余普民　搜集整理（322）

二矶应对 ………………………………余育初　余普民　搜集整理（323）

智审偷鸡案 …………………………………余祖荣讲述　余启发整理（325）

土地公戴帽 …………………………………………余启发　搜集整理（326）

鄱湖人鸟情（歌曲） ………………………………………彭焱初（327）

鄱阳湖上都昌县（书法） ……………………………………杨宏勋（331）

王维诗（书法） ………………………………………………游建新（332）

王维诗（书法） ………………………………………………游建新（333）

陋室铭（书法） ………………………………………………余　军（334）

绘画 ……………………………………………………………杨宏勋（335）

小桥流水人家（绘画五幅） …………………………………余　军（336）

家园展望卷

家园 ……………………………………………………………………（342）

展望 ……………………………………………………………………（343）

项目推进助力建设秀美春桥 …………………………………………（348）

后记 …………………………………………………………………（350）

春 桥 赋

王建军　游宇鹏　余燕景

　　城北之阜，丘陵之区，距县治四十余公里所辖，为九景中心公路所依。东南与北炎、徐埠相邻，西与苏山交界，东北借武山绵延之势，与湖口流芳城山连襟，既拥云顶山峰，可觅鄱湖千秀色，又枕横山凤岭，能品鸟语百花香。远望匡庐云蒸霞蔚，近看天路虎踞龙盘。时而可见湖口佬，土音伯仲比同乡，从来携手守河界，鸡鸣两县共城隍。

　　究地名由来，得溯源明代。彭家有祖，端方名噪，始创市集，渐领风骚，故取其号，称地春桥。窑塘畈上张家岭，上十坊里春桥头，曾为治所地，"文革"才迁乡，鸡声茅店月，人迹板桥霜。

　　再行上探，当至南宋，后梁末帝，贞明年间。"宜春彭氏"落黄湖，周县同姓得发祥。支分上中下三衙，裔衍南北大两方。三门文高九进士，父子尚书轮朝纲。老屋一脉缘思彩，"都昌三彭"出俊男。彭蠡结缘白鹿洞，先行求学后讲堂。"朱门四友"中有蠡，自垒精舍理学扬。多才遗书《皇极辨》，梅坡先生美名传。人若正道常惠子，遗风承袭有彭方。吏部龙图阁学士，两袖清风为帝师。《经华续业》《强斋集》，谥号文定载史籍。书院旧址埋文骨，县级保护励后裔。

　　合上彭家史，再看余二矶。光秋讳应桂，明清乱世时。悯生树其德，建功彰其力，忠贞构其骨，刚强昭其质。凭文入进士，尚武掌兵符。初仕县令，渐任巡抚，封疆大吏，匪寇荡无。弹劾相国，正义可著，两次冤押，怨不在乎。直至明灭，煤山帝殂。其间修志，作序县谱，家国情怀，尽在罄竹。反清复明，怎敢忘夙，纵遭肢解，凛然不二。一片丹心，天地可鉴，英雄气概，悲壮山河。砚池塘边，官印田畔，魂铸矶山，世代敬呼！

　　滚滚江河水，岁去岁不同，青山老还在，常教忆旧雄。史空璀璨里，何止两点红？大小谁数尽？明暗叠重重！宋时有游酢，尊师且崇教，程门誓立雪，世理后人学；清代如锡朋，官至曾工部，一世交名士，立派创同光；先贤似席衫，京师曾讲学，云星书法建，华章令帝赏；当代杨宏汉，求学密歇根，高科领域探，传讲声誉扬;更有游元兴,一颗公仆心,领衔县长职,造福众乡民……何须尽入文赋,一切皆由心装。

史上春桥,自古地灵,代有人杰,物博祺祥;今之春桥,祖德有继,厚道满门,人文光扬。现踞五十平方公里,约一万七千人口,治所茅店老街,周有八村百庄。新楼鳞次栉比,气象日新月异,到处小桥流水,一片福泰安康。更有凤岭新村,引来段氏迁徙,凤兮涅槃筑巢,九八宏恩颂党。名胜古迹,遍布全乡:沙墩古庙,千年香樟;堰上古井,四季琼浆;余村古庵,香火年长;系马旗鼓,邦本培祥;横山碉堡,日寇罪状,徽式天井,历经沧桑;马家塘村,酿酒飘香;朝阳村里,晨晖农庄;云顶峰下,野生猪场……内育繁花必香外,游子打拼亦儿郎。大学校长向绍祖,科研颇成余发新,桃李芬芳游华新,文坛作家看邱林……长江后浪推前浪,风流人物看今朝。

水不在深,有龙则灵;乡不在大,有魂则名。春桥有幸,贵在智勤,身虽玲珑,发光却莹。风水宝地,硕德遗训,人情练达,世事洞明。历史时空,何显僻壤,改革年代,早随势行。承前启后,面貌必进,他年兴旺,再作赋吟。

理学先驱卷

  为追随一种学派不惜勤耕苦读，为传扬一种学派四处奔走讲学，黄灏、彭寻、彭鑫、彭方携手擎起了春桥理学之乡的一片天，他们为"以儒家学说为中心，兼容佛、道两家哲学理论"的学说添砖加瓦，以至光耀后世。

朱熹与"都昌四友"

余星初

都昌乃"周朱过化之地"。"周"即周敦颐,濂溪先生,北宋理学鼻祖,晚年讲学于南康军〔下辖都昌、建昌(今永修、安义)、星子(今庐山市)三县〕,有时来都昌驻足,是情理之中的事;"朱"就是朱熹,于建炎四年(1200)出生,淳熙六年(1179)知南康军,在任三年,常来都昌体察民情、检查指导。

朱熹从孩提时代到求学、入仕、讲学,一生都是在南宋前半期度过的。当时金人占领大半个中国,中原动荡,最高统治者偏安一隅,奸佞弄权,朝政日非,国力衰微。朱熹生活在这样的时代,少年"颖悟庄重""厉志圣贤之学",终成为旷世理学大师。他对宋代中兴、秉持朝政,有深刻的研究、建议和主张。隆兴元年(1163),孝宗即位,颁诏广征"直言",朱熹即上封言事,其略曰:"圣躬虽未有阙失,而帝王之学不可以不熟讲;朝政虽未有阙遗,而修攘之计不可以不早定;利害休戚虽不可偏以疏举,然本原之地不可以不加意。"他特别指出孝宗的不足,"陛下毓德之初(做太子期间),不过讽诵文辞,吟咏情性"而已,及至快登大宝,"比年以来,欲求大道之要,又颇留意老子释氏之书"。他特别强调:"记诵辞藻,非所以探渊源而创治道;虚无寂灭,非所以贯本末而立大中。帝王之学必先格物致知,以极夫事物之变,使义理所存,纤悉毕照,则自然意诚心正,而可以应天下之务。"朱熹积极主张抗金,反对议和,他坦然进言:"今日之计不过修政事,攘夷狄。然计不时定者,讲和之说疑之也。金虏于我有不共戴天之仇,则不可和也义理明矣!……以臣策之,所谓和者,有百害而无一利,何苦而必为之?愿畴咨大臣,总揽群策,鉴失之之由,求应之之术,断以义理之公,参与利害之实,闭关绝约,任贤使能,立纲纪,励风俗,使吾修政攘夷之外,了然无一毫可恃为迁延中己之资,而不敢怀顷刻自安之意,然后将相军民无不晓然知陛下之志,更相激厉,以图事功。数年之外,志定气饱,国富民强,视吾力之强弱,观彼衅之浅深,徐起而图之,中原故地不为吾有而将焉往?"朱熹的建言,铿锵有力,掷地有声。可惜的是,南宋统治者们只图苟延残喘,不思励精图治,朱熹的建言也同陆游的抱负一样,"可怜万里平戎志,尽付萧萧暮雨中",朱熹也始终未得到重用。但是,朱熹没有"道不行,乘桴浮于海"。他虽对仕途不感兴趣,但寄希望于教育,寄希望于对人才的培养。每次朝廷命他为官,他都推辞再三。他在朝廷为官一任,仅40天时间,在地方为官五任,累计9年,其余时间均致力于书院教育和学术研究。他知南康军,修复了白鹿洞书院;知潭州,修复了岳麓书院。此外,他还创建了著名的考亭书院、武夷书院、紫阳书院、晦庵书院、建安书院等。门下弟子数以千计,其中有姓名可查的高足达500余人。创汉代以来学者门人之最。

朱熹这样一位杰出的历史人物,居然同都昌结缘,使都昌增色。

最令都昌人感铭的是,朱子对都昌学子的培养、教育、栽培,使不少就读白鹿洞书院的都昌青年成为有用之才。朱子重修白鹿洞书院,引得都昌青年接踵而至,他们纷纷慕名求学于白鹿洞,求学于朱子门下。最令都昌人引以为荣的,是都昌的"朱门四友"——黄灏、彭蠡、冯椅、曹彦约,这四人都入选了《江西历代人物辞典》。他们既是朱子的学生、门人,又是朱子的至交朋友。他们没有辜负朱子的栽培,他们的学业和事业各有成就。

黄灏,字商伯,号西坡。朱子知南康军时,执弟子礼,质疑问难,相交甚契。他敢说敢干,光宗召对,以大德刚健、绝声色嗜好之惑进言;知常州任内,见饿殍遍野,遂不待报行并停秋苗,因此受到弹劾。朱子殁,正直"伪学"之禁大开,朱门弟子多有回避者,黄灏不为所动,不远千里单车就道哭泣奔丧。黄灏卒谥文懿,著有《西坡集》。

彭蠡,字师范,号梅坡。朱子知南康军时,彭蠡慕名从游。朱子重建白鹿洞书院后,他出任书院经谕,讲论"四书"、《西铭》诸书,还为朱子答疑解惑,辨析甚精。后以积学名世,筑室梅坡,辟馆授徒,江淮学者宗之为"梅坡先生"。晚年立精舍于石潭,名噪一时,朱熹生前称他为"吾友彭师范胜士"。其兄彭寻,其子彭方,同学于朱子之门,同祀于白鹿洞朱子祠内,均以文行、政绩为乡里推重,人称"都昌三彭"。

冯椅,字仪之,亦字奇之,号厚斋,受业于朱子。南宋绍兴四年(1193)中进士,授德兴县尉,官至江西运干。冯椅一生勤于著述,有《太极图》《孟子图》《孝经辑注》《厚斋易学》《尚书集说》《诗辑说》《论语辑说》《西铭辑说》《丧礼小学》《孔子弟子传》《冯氏诗文志录》等200余卷。其子冯去非是江西婉约派诗人。

曹彦约,字简甫,号昌谷,天资颖异,"初事朱子于白鹿洞书院,复见于岳麓书院",与兄曹彦纯同为朱子门生。曹彦约进士及第后,任建平(今安徽省郎溪县)县尉,累迁知汉阳军,官至户部侍郎、礼部侍郎、兵部侍郎、尚书、文华阁大学士等。曹彦约平生以建立军功为务,曾率军民昼夜奋战,击败金兵对安陆的围攻;知利州(今四川广元)时,关外缺粮,曾减价遣粜,勤分免役,通商蠲税,民赖以安。朱子道统继承人、女婿黄榦称他为豪杰之士。时人评曰:"朱子门人中,论道统,以黄榦为第一;论经济大略,以曹彦约为第一。"曹彦约有史学著作《经幄管见》4卷,文学著作《昌谷集》22卷,均收入《四库全书》。

　　朱子与都昌四位高足,成为挚友,不仅在知南康军两年任期内与他们过从甚密,经常质疑问难,切磋学问,志同道合,而且在朱子任期届满离开南康军以后,他们鸿雁传书,心心相印,交情愈笃。朱子致力于书院教育和讲学育人,一生淡泊名利,无意仕途。他在《答黄商伯》中流露:"年来衰病,支离日甚,今无他望,但愿残年饱吃饭耳。往年游豫章,每至东湖之上,未尝不慨然有怀陈仲举、徐孺子之高风。"在将要离任的前夕,他致函黄灏:"某代者已到,二十七日定交郡事,即略转山北,迤逦东归矣。脱此樊笼,欣快无量。但念相见未有近期,不能无怅恨耳。"由此可见,朱熹与黄灏的感情非同一般。同样,朱熹在《答冯奇之椅书》中写道:"某衰晚,疾病待尽,朝夕无足言者。细读来示,备详别后进学不倦之意。世间万事,须臾变灭,不足置胸中,惟有致知、力行、修身俟。"朱子要求自己,也要求自己的学生,毕生以致知、力行、修身为规范,鞠躬尽瘁,死而后已。

　　朱子对就读白鹿洞书院的学生循循善诱,对社会上求教于他的青年也诲人不倦。《朱熹集》中有两篇《答都昌县学诸生》,可见都昌各地在校学生,慕朱子之名,不少人向朱子写信,质疑问难。"温故而知新,可以为师矣""贫而无谄,富而无骄""行有余力,则以学文""巧言令色""父母唯其疾之忧""父在观其志,父没观其行,三年无改于父之道,可谓孝矣""先行其言而后从之""攻乎异端,斯害也已""观过,斯知仁矣""射不主皮,为力不同科""古者言之不出,耻躬之不逮也""吾道一以贯之""君子哉若人""贤哉回也""季文子三思而后行""十室之邑,必有忠信""知之者不如好之者,好之者不如乐之者""樊迟问知""述而不作"等问题,学生们不甚理解,或者有不同的理解,见仁见智,争论不已。于是,他们纷纷投书求教于朱子,朱子通过《答都昌县学诸生》,一一给予回答,每一个问题都有新的见解,使都昌诸生受到启迪。如谈到"温故而知新"时,朱子认为"温故则不废,知新则日益,斯可言师",所以温故和知新是两回事。谈到"三年无改于父之道"时,朱子认为:"有君子之道,有小人之道,三年无改于父所行君子之道,可也,若其所行小人之道,亦三年无改乎。"经过朱子的指点,白鹿洞书院外的学生也受益匪浅。

在白鹿洞书院的影响下,都昌的朱子门人、门人后裔、再传弟子,纷纷在家乡兴办书院,使都昌书院从无到有,发展壮大,把都昌的教育推向新的阶段。南宋嘉熙年间,朱子门人彭方在清化乡(今春桥)创办宝林书院延师授徒,他著有《经华续业》30卷和《强斋集》若干卷;朱熹再传弟子冯去非(去非受业乃父冯椅,椅为朱熹门人、挚友)在县治东门冯家巷创办去非书院;南宋淳熙年间,朱熹三传弟子陈大猷(大猷受业于饶鲁,饶受业于朱子传人黄榦),于县治北磨旗墩创办东斋书院,和他的老师双峰先生饶鲁共同讲学于此,著有《尚书集传》;元祥兴年间,朱熹第四代弟子、著名教育家陈澔(澔受业于其父陈大猷),于西山麓创办云住书院,陈澔潜心研究礼记,著有《礼记集说》闻名天下;元泰定年间,都昌县城建有汇东书院,明天启元年更名"南山书院",书院屡废屡兴,成为元、明、清都昌县教育中心,有"周朱道学赖以昌,纲常名教籍以振"之誉,一直到清末停办;明弘治年间,陈澔后人在云住书院旧址,仿陈澔别名,建经归书院,学子云集,一直延续至清代咸丰年间,因兵燹被毁。都昌全县的私塾教育在书院的影响下蓬勃发展,形成了私塾(初级)—都昌书院(中级)—白鹿洞书院(高级)即基础教育和中、高级教育的梯形模式,当然也有个别出类拔萃者被选送进入京城太学,受到重点培养(如江万里)。

朱子精神,白鹿学风,惠及当代,影响久远。朱子之后,都昌文风长盛不衰,以文章节义著称,代有贤能:"朱门四友"事业学业各有成就,名重一时;宋末朱熹再传弟子江万里求学于白鹿洞,知吉州期间,仿白鹿创白鹭,通过白鹭洲书院培养了文天祥、刘辰翁、邓光荐等一批栋梁之材,成为继欧阳修之后,第二个庐陵文化高峰期的倡导者和领导者,他官拜左丞相兼枢密使,矢志报国,以身殉国,成为伟大的民族英雄;明代有白鹿洞生余濂、余应桂,铁骨铮铮,视死如归,浩气长存,成为一代忠烈;清代有白鹿洞生曹履泰高中榜眼,一代名臣丁日昌在发迹前曾为他府中幕僚;近代著名教育家杨士京(已故江西省省长邵式平受业其门),也是白鹿洞书院晚期门生。白鹿学风永远激励着都昌的莘莘学子,朱子永远活在都昌人民心中。

理学精神与春桥人文概述

石小平

朱熹(1130—1200),字元晦,又字仲晦,号晦庵,别称紫阳,徽州婺源(今江西婺源)人,是我国南宋理学集大成者,著名的文学家、教育家、理学家,其一生致力于理学的传播与研究,对后世影响深远。

白鹿洞书院位于江西庐山五老峰南麓的后屏山之阳,书院依山而建,因传唐代贞元时李渤隐居读书在此,曾养一只白鹿自娱,时称"白鹿先生",又因此地四山环合,由山麓小路进去有数里之遥,俯视似洞,故称"白鹿洞"。南唐升元年间,白鹿洞正式辟为学馆,亦称"庐山国学",这算是白鹿洞书院的前身。北宋开宝九年(976),学馆经扩充改为书院,并正式定名为"白鹿洞书院"。白鹿洞书院的建立,也使得976年成为中国学术史、文化史、教育史上的一个重要年份,也意味着理学的兴起。白鹿洞书院与睢阳书院(应天府书院)、石鼓书院、岳麓书院并称为中国四大书院,而白鹿洞书院则居四大书院之首。

1179—1181年,朱熹知江西东路南康军,倡率地方吏民兴复衰败多年的白鹿洞书院,"白鹿薪传"得以延续,千年古学府得以重现辉煌,"天下书院之首"美誉名副其实。在兴复白鹿洞书院的过程中,朱熹在总结前人办学经验的基础上,亲拟《白鹿洞书院揭示》,制定了一整套学规:如"父子有亲,君臣有义,夫妇有别,长幼有序,朋友有信"的"五教之目";如"博学之,审问之,谨思之,明辨之,笃行之"的"修身之要";如"正其义不谋其利,明其道不计其功"的"处事之要";如"己所不欲,勿施于人,行有不得,反求诸己"的"接物之要"等。《白鹿洞书院揭示》问世后不胫而走,它不仅成为南宋书院的统一院规,也是后代书院常规的范本,白鹿洞书院因此声名大振。《白鹿洞书院揭示》还通过朝鲜、日本学者传播,在日本广为流传,成为日本一些书院和学校教训学生的规则,影响至今。某种意义上可以说,朱熹所倡导的自由探究学问的风气与开放对话的精神,影响了此后七八百年的中国教育的发展。

朱熹知江南东路南康军,治辖星子、都昌、建昌,朱子兴复、主持白鹿洞书院,其生徒来自各地,然星子、都昌、建昌士子近水楼台,先入其门下得到了良好的教诲。其中,仅都昌入白鹿洞名士就有曹彦约、彭方、冯椅等,而黄灏、彭蠡、黄榦、陈澔、江万里等,或与朱子执弟子之礼,或在白鹿洞书院讲学,或捐资建设白鹿洞书院,或受白鹿洞书院教育的熏陶,而成为地方乃至江西、全国的名人先贤。在白鹿洞书院的影响下,都昌亦建起了弘扬朱子学说的精舍和书院,如都昌春桥的宝林书院。

自宋代以来,受宝林书院的开办、朱子开化的影响以及"白鹿薪传"的教育及理学思想的传播与浸润,我乡民众的思想产生了质的飞跃。明崇祯六年(1615),兵部侍郎余应桂,春桥乡官桥村余呈湾村人,受请担纲第二部《都昌县志》的编修之责并作序:"予为俯仰古今,尚论其人。秦汉以前存而不论,迨于马晋,如陶士行之忠,足卑王谢;陶元亮之节,不愧夷齐。至于赵宋,如刘锜之捷顺昌,肩随蕲鄂;江古心之沉止水,伯仲文张。又如彭冯之学行,传程朱之薪火;云住之著礼,作周孔之功臣。及于本朝,如于光之百战致命,涕洒鸡笼;余空夫之九死不沦,光争龙比。恭承古人,挹其风采。我都千古上下,尽不寂寞……"此为都昌人文之写照,更是春桥乡文化精神之内涵。礼请二矶先生出山的县令陈嗣清在《重修都昌县志序》中写道:"登著述之堂,搜理学之薮,而知士有宗盟;吊止水之魂,溯开辟之勋,而知人多正气。况为周朱过化之属邑,则流风善政具在。"此则都昌文化之特色,更是春桥乡文化之特色。

在朱子理学的弘扬和熏陶下,自宋代至今,春桥乡文风鼎盛、人才辈出、群星璀璨,并创造了以忠为事、以义为先、以节为重、以和为贵、以学为荣,勤劳善良、淡泊明志、宁静致远的鲜明的地域文化,产生了许多仁人志士,或成为理学传人,或成为忠烈典范,或成为历史贤臣,或成为教育大家,他们的功绩青史流芳。

理学传人彭蠡,"朱门四友"之一,字师范,号梅坡,治学用功,多才多艺,在诗、词、画、声律、理学等方面均有较高造诣。南宋孝宗淳熙四年(1177),彭蠡得领乡荐,授予常州教授,累官至吏部尚书,卒后赠龙图阁大学士。朱熹知南康军时,彭蠡与兄彭寻、子彭方慕名与其从游,或泛舟鄱湖,或畅游匡庐,结为至交。朱熹重修白鹿洞书院后,特聘彭蠡为白鹿洞书院教授,讲解"四书"和《西铭》,其学识深得朱熹的赏识。朱熹调离南康军后,仍时常惦念彭蠡。多年后,朱熹良友甘叔怀重游庐山,朱熹说:"吾友彭师范胜士,在隔江都昌,可为一访。"此足以体现朱熹与彭蠡的真挚情谊。

历史贤臣彭方,字季正,号强斋。他从小随父进白鹿洞书院,聆听朱子教谕,勤思好问,刻苦攻读,是朱熹的得意门生,一生仕途通达且著作颇丰,曾任殿中丞、兵部左侍郎、吏部尚书,赠金紫光禄大夫,并加龙图阁、文华阁学士,封太子少师,殁后御赐"文定公",是宋理宗时期的名相,位列"三公",著有《经华续业》30卷和《强斋集》。他20次请辞未准,深得宋理宗的信任。告老还乡后,彭方在家乡箕湖寺(朝阳游墩上至春桥彭杭村公路中段)兴建"宝林书院",讲授理学,培养人才。

忠烈典范余应桂,曾写有七绝《鹿洞夏读》:"夕阳欲落万山迎,水石飞凉枕簟青。林鹤三鸣犹不寐,行吟月下和松声。"在白鹿洞的勤学苦读以及受过的朱子教育熏陶,为他日后成为忠臣烈士奠定了深厚的思想基础。他所处的晚明是一个多灾多难的时代,此时的明王朝已是大厦将倾,他无力挽回明王朝的衰落,但是他安邦定国之策和拳拳报国之心屡屡见于史籍,世代流传于民间。他曾说过:"大凡避事易,任事难;虚言易,捐己难;延誉易,任谤难。"身为边疆大臣、兵部侍郎、三边总督,他为了国家的利益,不怕丢官,不怕坐牢,不怕杀头,奋起抗清,最终壮烈献身,以鲜血和生命写下了悲壮的一页,不愧为明清之际一位特立独行、气节高尚的政治家和军事家。

教育大家杨士京,春桥乡凤山村杨培祥村人。1888年,年仅14岁的他负笈白鹿洞书院求学,在白鹿洞书院苦学4年,学识大进,视野开阔。杨士京22岁中秀才,23岁中举人,28岁考取京师大学堂,先后任礼部主事、北京师范大学教员、国民党江西省吏治训练所教务长、江西师范学堂教员、江西农业专科学校教员等职。中华人民共和国成立后首任江西省省长邵式平就是他的学生。辛亥革命后,他受挚友杨赓笙(国民党江西省民政厅厅长)邀请,出任国民党江西省吏治训练所教务长。他出任后不敢懈怠,自编教材,自登讲台,殚精竭虑,恪尽职守,培养了一批具有新思想的政府官员。凡此三载,受训者遍布全省,数以千计,成为民国时期江西政坛的中流砥柱。他耕耘教坛四十余载,可谓桃李满天下,硕果累累。其学生中不乏仁人志士,不乏学有成就者,不乏德才兼备者,不乏造福乡梓者。其后裔中也涌现出许多杰出的人才:儿子杨祖厘(曾任都昌县、余干县县长)、杨祖光(曾任江西拖拉机厂总工程师),孙子杨宏汉(著名高分子化学家)、杨宏道(中国著名兽医专家)、杨宏益(扬州大学教授)、杨宏勋(江苏省人寿保险公司原总经理),曾孙杨靖华(桂林市原科委主任)、杨绍华(美国著名外科医学专家)。

母仪天下的彭俊英。她是一位大家闺秀,在家境、家风良好的家庭成长。其兄长彭逸陶担任过国民党都昌县党部书记长;侄子彭乐意毕业于之江大学(现浙江大学之江校区),是一个为我国铁路战线做出很大贡献的高级工程师。彭俊英的一生在现在看来颇有传奇色彩,她出嫁圆房之日,丈夫暴毙,她为亡夫守寡80多年至百余岁而终。这位知识女性不仅是一位贞洁烈女,她还将自己的全部心血倾注在了继子——江苏省人寿保险公司原总经理杨宏勋的身上。2016年清明节,杨总在与朋友的通信中有一段对继母彭俊英的评价:"自从我过继给她以后,她把全部的爱都献给了我。在我人生遇到转折和重大选择的时候,她对我总是谆谆教导,帮助我做出正确的决定。她一生对我与我的家人影响特别深远,如果说我在事业上有所成就,很大程度上得益于她的教育与帮助。"

石云星,光绪戊戌年(1898年)京试第三名,御赐"文章颇可,字盖京都",被钦点为七品京官,任吏部第四科科长。民国七年(1918年),石云星任国会议院议员,民国大总统徐世昌赠他一匾,题为"雅洁端操"。

黄锡朋,字百我,号蛰庐,春桥乡凤山村黄邦本村人。清光绪十九年(1893)乡试中举,选授瑞州府学训导,光绪二十九年(1903)中进士(名列二甲一百零八),受工部主事,后加员外郎衔,官部曹八年。在京期间,黄锡朋公务之余,与吏部主事、"同光体"代表陈三立及胡漱唐、李梅庵、朱艾御、喻庶三等同游,诗词唱和,相交之契,并作《五君咏》。

理学之乡,群星璀璨。当代春桥人用自己的勤奋努力、用自己的聪明才智、用自己的豪迈壮举、用自己的青春年华,使家乡更加耀眼。

游会龙,初中未毕业父亲便去世,他就此辍学,到湖口流芳乡剪刀厂当学徒。在学徒期间,他没有放弃学习,坚持学习大哥留下来的高中课本。1977年,他凭着扎实的功底,一举考入江西财经大学,毕业后被分配到江西省统计局工作,先后任副处长、处长、井冈山市委副书记、国家统计局江西工业经济调查队队长、国家统计局江西调查总队副总队长、正厅级巡视员。彭海涛、彭习华、彭建新、余春英四人,中学毕业后以优异的成绩考入都昌师范学校,毕业后均分配在本村小学任教。他们不甘心青春年少就这样无所作为、默默无闻,工作之余,发奋苦读,苍天不负有心人,不久分别考上苏州大学、上海外国语大学、中南财经政法大学、南京师范大学的研究生。他们实现了自己的理想,成为国家各行各业有用的人才。余晓青,中学毕业后考取都昌师范学校,毕业后分配在本村小学教书。看到眼前的工作场景,他的精神受到很大的打击,甚至患上了精神抑郁症。但他并没有就此一蹶不振,他凭着惊人的毅力,坚持钻研中医学,一面给自己治病,一面准备报考中医学研究生。不到三年,奇迹出现了,余晓青不但凭着扎实的中医学知识治好了自己的疾病,还成功地考上了江西中医药大学的研究生,读完了硕士,继续攻读了博士,成为宁波市第一人民医院中医科门诊部的专家。江西文坛才俊邱林,初中毕业就走进了硝烟尚未散尽的南疆战场,成为一名边关战士,当上了战地记者,开始了他的文学生涯。凭着对文学的热爱,他几十年如一日,工作之余笔耕不辍。用他自己的话说:"有时半夜睡在床上灵感来了,马上跳下床写作。"正是因为那种迷恋文学的精神状态和毫不气馁的文学追求,邱林先后创作出版了《南疆碎影》《乡村二月》和《我的都昌》等近百万字文学专辑,成为江西文坛一颗耀眼的新星。

人最可贵的精神,就是坚持不懈。不仅邱林如此,许许多多的春桥人亦如此,贵在坚持已成为春桥人特有的人文精神。游建新有着特殊的书法情结。师范毕业后,他被分配到张岭中学教书,不久进入公安队伍,一干就是19年。他当过派出所、县公安局政工科的教导员,继而选拔到县人大和市人大工作。无论到哪个部门工作,他都不改初衷,不为物欲和世俗所动,一直做着他的"书法梦"。近30年工作之余,他没有节假日,没有白天黑夜,坚持用幽丽清新、委婉缠绵和满含情韵的笔触,抒发蕴藏在内心深处的激情和思索,成为中国书法家协会会员、江西省知名的青年书法家。同样对艺术孜孜以求的还有江苏省人寿保险公司原总经理杨宏勋,杨总年逾花甲仍不懈追求,从师学画。我们在他的画中可以看出几多潇洒、几多浪漫、几多风流,从而得到美的享受。在那背后,却不知付出了多少艰辛。用杨总自己的话说:"学画十年,坚持不懈,日有长进,只图为儿孙树立努力学习之榜样。"

问渠那得清如许?为有源头活水来。理学之风,朱子精神,惠及当代,影响深远。朱子之后,春桥文风长盛不衰,以文章节义著称,代有贤能。时至今日,程朱理学如千古不熄的明灯,照耀着一代又一代春桥学子奋力攀登,走向人生的高峰。

考亭后学黄氏世家

闵正国

据史书记载，江南黄氏都是从江西湖口县沙港黄村迁出的。据考证，湖口沙港黄村就是都昌春桥凤山村委会黄邦本村。黄邦本村即江南黄氏的祖地。

元代著名理学家、临川才子吴澄在元天历二年（1329）所撰都昌《先贤祠记》中说："秦汉而下，孔孟之传不续。历千数百年，乃得宋河南程子，远承孟氏之绪。而道国元公周子，实开端于其先。徽国文公朱子，又集成于其后。二子当熙宁、淳熙间，俱守南康郡。南康，偏垒也。传道二大贤，尝过化焉。都昌，南康属县也。畴昔仁风之所披拂，教雨之所沾濡，流芳遗润，世犹未泯。社而稷之，尸而祝之也。固宜考。江水丞，相修学碑，周朱二子有专祠在学。迩年废而莫举，讵非掌教，非人不以为意欤？大历已巳，教谕万钧用至，惕然大歉。白主簿黄将仕乎，转达县丞何进义、县尹李承、务金议谐协。遂营明伦堂之西翼，室设二子位。扁曰：先贤祠。允谓之教之本者。乡贤旧亦无祠，若朱门四友：西坡黄氏（灏）、梅坡彭氏（蠢）、厚斋冯氏（椅）、昌谷曹氏（彦约）。建祠于明伦堂之东翼室，强斋彭氏（方）深居。冯氏（冯椅之五子）暨古心江丞相配扁曰：乡贤祠。表章尊奉之余，靡不竦慕兴。起其于人心世教，岂小补哉……"这是吴澄应都昌主簿、弟子黄孚之请所写的记文，记中弘扬了周、朱两人创建发展理学的历史功绩，叙述了都昌"朱门四友"传播朱子学说的积极贡献。自宋以来，"朱门四友"之名辈声海内。

"朱门四友"之首为黄灏，字商伯，又字景夷，号西坡。原籍都昌，后裔迁居星子。黄灏是朱子及业门人，堪称"考亭后学"，而黄家则是理学世家，自宋末，到明代，诗书传家，人才辈出，在地方上很有影响。

黄灏之父黄唐发，字尧叟，南宋建炎二年（1128）进士，知永丰县（今属吉安），志书称他"勤慎爱民，情操如一"，"廉正通达，均有政声"。

黄唐发长子黄吁，字俊伯，南宋乾道二年（1166）进士，初授东阳丞又迁开化令。

黄唐发次子黄颐，字观伯，南宋隆兴间（1163—1164）举乡荐，累授鄱阳主簿，志书称其"学有本原，达不变塞"。

黄旴之子黄楷，进士出身，官至太常博士。

黄灏之子黄杭，太学生，官池州（今安徽贵池）法曹，曾为其父订正文集并约请黄榦撰序。

入元以后，黄旴、黄灏之裔孙仍有名气。有黄资元，至元间为江西儒学提举，后归星子建陪坡精舍教书育人，自号陪叟，有《陪坡集》10卷。还有黄恺，出掌白鹿洞书院，著有《素行集》30卷。

直至元末，黄灏之后裔有黄虞、黄异、黄典、黄舆、黄巽兄弟五人，一并登科，"一门五进士"，乡间传为美谈。黄异之子又有黄朋、黄珏等，均有文名传世。

黄灏是黄唐发第三子，自幼敏悟强记，"书史过目不忘""性行端饬"。少年就读于荆山精舍三年，后入临安（今杭州）太学。南宋隆兴元年（1163）中进士，入隆兴府（今南昌）学教授，任内访贤礼士，训勉诸生，增创斋舍，学政大举。朱熹知南康军兴复白鹿洞书院时，黄灏入其门下，执弟子之礼，质疑问难，相交默契。黄灏以"不敢轻为人师"为问，朱子对："以所知者语人可也。"改官江州德化县令，以"兴学校，崇教化为本"力兴县学，修葺濂溪书堂，凡关于教化育人之事，均孜孜不倦，鼎力促成。如同老师朱子一样，黄灏也是一位身体力行的教育家。后因政绩突出升为常州知州，提举浙西常平，信州（今上饶）知州，又以朝散大夫调任广西路转运判官。后因年老辞去广东提点刑狱一职。死后谥号文简（一说文懿）。《宋史》卷四百三十有其专传。祭祀于都昌县乡贤祠和白鹿洞书院宗儒祠（后改入紫阳祠），今仍列白鹿洞书院朱子祠。著有《西坡集》40卷，黄榦为其文集撰写序言。四川大学还将宋代胡寅撰、黄灏注的《叙古千文》汇入《全宋文》。

黄灏在知德化县时，恰逢岁遭饥馑，因赈灾有方，被地方上官举荐于朝。宋光宗赵惇即位，他升迁太常寺主簿和大府寺丞。上召对，他首以天德刚健，绝声色嗜好之惑为言，可见是个敢说的人。知常州时，当地大饥，人争相食，场景悲惨，上有旨停交夏税，他不待报行并停秋苗，受到弹劾被获罪削职，移居筠州（今高安），可知是个敢做之人。绍熙五年（1194），他迁居星子，先后闲居十几年，或聚徒讲学，或"幅巾深衣""若素隐者"骑驴优游于匡庐、鄱湖之间。"伪学"之禁大开，朱子门生多有另投他师，唯恐躲避不及者，但黄灏不为所动。朱熹过世之后，士子多有不敢前往吊唁者，而黄灏正谪贬乡居，却甘冒政治风险，不远千里呼号奔丧,极尽弟子之谊,"徘徊多日,不忍离去",是后世尊师重教的绝好楷模。

黄灏于淳熙六年(1179)曾在隆兴府学建周敦颐祠。他写信给朱熹,求朱熹述周氏学说的要义以启示后学,并记建祠之始末。朱子允其所请撰成《隆兴府学濂溪先生祠记》传世。次年,黄灏又刻朱子所著《语孟要义》一文于府学,朱子为之作《书语孟要义序后》一文。朱熹还应黄灏之约,为《黄氏家谱》作序一篇,赠题匾"亲义理"一块,后人加柱联"圣学千年统,家传三字符"以配。朱熹曾为黄灏之父黄唐发题写了墓志铭一篇,由此可见两人关系非比寻常。

黄灏治学专崇朱子,与士友讲论遇疑难时,则持书求证于朱子。在《朱子语类》中,有黄灏所记关于丧服、理气、戒惧、阴阳方位的语录五条。朱熹也以黄灏为挚友,对其学养有很高评价,两人书信来往不断,论及理气、阴阳、已发、未发等性理论题。朱熹在信中还谈到许多有关白鹿洞书院建设和教学的情况,是我们今天研究白鹿洞书院和朱子教育思想的重要资料,具有原始史料研究价值。

朱熹高足、女婿黄榦在《西坡文集序》中说:"善学者,先立其本。文词之末,达而已矣。然本深者未必茂,不务其本而末焉,是先未见其能工也。予始识西坡黄君,见其神清气勇,襟怀卓荦,而知其姿禀之异;见其从师学问,而恐不及,而知其趋向之正;见其临民多惠政,立朝多壮节,而知其事业之伟。岁适大侵,人相食,官吏畏首畏尾,束手坐视,君发廪蠲租,不待报,竟以得罪。伪禁方严,学者更名他师,至有师没不吊者。君谪居,不远千里哭泣奔赴。投闲十年,人不能堪,君泊如也。有本者如是。"序的最后说:"予始识君于康庐,今四十年矣。哲人其萎,而从游诸老皆无在者。过君家,访其子,如见其人焉。其子池州法曹杭,出君文一编示余,俾序之。"由此可见,黄榦对黄灏的学识、品德、政绩是十分敬佩的。黄灏行状已列清同治《都昌县志》卷九《人物志·理学传》。

首提"朱门四友"的吴澄(1249—1333),字幼清,晚字伯清,号一吾山人,元代江西崇仁(今乐安)人。历官将仕郎、江西提学副使、国子监丞、司业、太中大夫、翰林学士,知制诰同修国史,主编《英宗实录》。吴澄为元代理学名家,与许衡齐名。有"北许南吴"之誉,著《吴文正公集》《草庐精语》等。

为《西坡集》作序的黄榦(1152—1221),字直卿,号勉斋,福建闽县(今福州)人,从学朱熹于白鹿洞书院,熹以女妻之。及熹病重,以所著之书授黄,为朱熹道统继承人。黄榦以荫补官,历知新淦令、汉阳军守、知安庆府等,多有惠政于民,曾讲学于白鹿洞,后召为大理寺丞,不拜,归里授徒课业以终,卒谥文肃,有《勉斋集》。

"白鹿薪传"都昌三彭

闵正国

彭蠡(1146—1200)字师范,号梅坡,都昌县春桥乡人。曾祖父彭寿,讳戈,字祖仁,都昌治北清化乡(今都昌县春桥乡)黄湖里彭氏谱记第三代祖,生于北宋仁宗天圣元年(1023),官拜吏部尚书。宋代都昌的彭氏是名门望族,为书香门第。其子孙有热衷于地方教育,筑室讲学者;有科举及第,步入仕途者。尤其以"都昌三彭"最为突出,他们是彭寻、彭蠡、彭方三人,为兄弟、伯侄和父子,其中又以彭蠡最为有名。

彭寻、彭蠡的祖父彭图南,学识渊博,宋徽宗政和五年(1115)中进士,初授迪功郎,后官淮宁府(今扬州)教授。

彭寻、彭蠡的父亲彭立道,字昶年,读书讲求内功,不求闻达,不慕功名。志书赞其:"事亲色养备致,居丧遵从古礼,庐墓三年不移。人叹其孝。"彭立道每教人以继往开来为己任,故其子孙理学有成,多受其影响和感染,是后世问学行孝的典范,列清同治《都昌县志》卷九《人物志·孝友传》。彭立道死后,朝廷追赠其为朝议大夫,归葬于都昌县治北四十里三姑山(俗名彭家嘴)。旧县志卷十六《古迹》还记载:县治北二十八都旧有理学坊,为梅坡(蠡)、东园(寻)、强斋(方)立,今其地犹名彭家嘴。

彭蠡长兄彭寻,字师绎,号东园,自幼得益于父亲教诲,颇善辞令,写得一手好文章,与弟彭蠡同为白鹿洞书院朱熹门生。南宋孝宗淳熙元年(1174),彭寻以文笔与德行得到乡里推崇和举荐。嘉定戊辰年(1208),特奏名进士,只可惜英年早逝。明时奉祀岳祠,又供祭于乡贤祠,列清代同治《都昌县志》卷九《人物志·儒林传》。

彭蠡(1146—1200),字师范,号梅坡。在家庭的熏陶下,他从小刻苦攻读。他兴趣广泛,多才多艺,涉猎多科,大凡诗文、音乐、书法等,尤其对乐律研究颇有造诣。南宋淳熙四年(1177),彭蠡得领乡荐。朱熹知南康军时,彭蠡与兄长彭寻、儿子彭方慕名从游,或泛舟鄱湖,或畅游匡庐,诗歌酬唱,相聚甚欢。朱熹复兴白鹿洞书院后,特聘彭蠡为白鹿洞书院经谕,负责讲解儒家经典"四书"和《西铭》,他与朱子释难问答,辨析精辟,才学深得朱子赏识。所以说,彭蠡不光是朱子的学生,也是白鹿洞的先生。朱熹调离南康军后,对他仍念念不忘,时刻牵挂。老友甘叔怀游庐山时,朱熹致书信给叔怀,托其代己致意曰:"吾友彭师范胜士,在隔江都昌,可为一访。"

彭蠡之后担任常州府教授,以子彭方显贵,被朝廷特赠吏部尚书衔。晚年的彭蠡以积学名世,筑室家乡的梅坡,辟馆课士,江淮学者千里迢迢,皆师事之,称他为"梅坡先生"。彭蠡又立精舍于清化乡黉湖里石潭畈(今春桥乡中衙村),取名"盛多园",并约请"朱门四友"中的另三位黄灏、冯椅、曹彦约一道讲学其中,"讲求道学性命之蕴",亦名噪一时,影响深远,是都昌县有史可考的第一个致力于私学的倡导者。庆元六年(1200),彭蠡卒,年五十五。宋端平二年(1235),皇帝敕曰:"父子一体,子贤则善归焉,子贵则尊归焉。彭蠡乃吏部尚书,进金紫光禄大夫,都昌开国子,食邑三百户。体抱淳朴,力行孝友,才谞敏裕,志履端凝,释诗书之旨越,明道学之渊源,仁厚之风昭于里。兹赠政议大夫、龙图阁学士。"后又追其为进士。彭蠡明代配享白鹿洞书院宗儒祠,清代从祀白鹿洞书院紫阳祠,列清代同治《都昌县志》卷九《人物志·理学传》。

彭蠡之子彭方(1170—1247),字季正,又字季直,号强斋。"朱子守南康时,方随父受业焉(白鹿洞书院)。"他学习用心,勤于思考,对疑难问题从不放过,常耳提面命聆听朱子教诲,受益颇丰,他才是真正意义上的朱子门生、白鹿洞学生。绍熙四年(1193),23岁的彭方省闱夺魁,次年又中进士,授迪功郎,先为池州(今安徽贵池)教授,又任扬州教授,宋宁宗嘉定二年(1209)升从政郎、历任景陵(今湖北沔阳)知县、广东经略安抚司干办官、歙县(今属安徽)知县、秭归(今湖北)县令、袁州(今宜春)知州、国子监祭酒兼侍讲、起居注官、殿中丞、兵部右侍郎,最后晋吏部尚书,赠金紫光禄大夫,加文华阁、龙图阁学士。晚年的彭方以年老为由,上疏辞官,宋理宗看重他的文才,御笔挽留。但彭方不恋官位,连续二十余次请归,朝廷最后只得恩准,又赠封他为少师衔。

彭方虽仕途通达,身居要位,但为官清廉,一生谨慎,爱养民力,清明讼狱,造福桑梓,于朝廷和地方多有德政。他也曾在都昌治北清化乡(今都昌县春桥乡)黉湖里佛寺之阳建宝林书院(都昌历史上第一所地方私塾学校),训徒授业。彭方多次割私田资助办学,乃都昌地方教育的先驱者和倡导者,为家乡培养、储备了大批人才,他所建立的宝林书院在"文革时期"被拆毁。

彭方著有《经华续业》30卷和《强斋集》若干卷,享年78岁,卒后谥号文定,并封赠其母陈氏为淑人,其妻刘氏为庆国夫人。乡人将彭方葬于其曾经讲学的宝林书院旁,敕葬有碑立焉。其人已列清代同治《都昌县志》卷九《人物志·理学传》。

"都昌三彭"中以彭蠡、彭方父子名声最显,两人在明代都以朱子弟子的身份从祀白鹿洞宗儒祠,清代从祀白鹿洞紫阳祠。明清两代至今,从祀白鹿洞的朱子高足共14人,彭家父子占了两席,实为孤例。

旧志上载:"陶士行之忠,足卑王谢;陶元亮之节,不愧夷齐。至于赵宋,如刘锜之捷顺昌,肩随荆鄂;江古心之沉止水,伯仲文张。又如彭冯之学行,传程朱之薪火;云住之著礼,作周孔之功臣。"可见都昌先贤江万里、彭蠡、冯椅、陈澔等人在都昌历史上影响之深远。旧志上还载:彭氏子孙继承传统,热心教育,多次割私田资助办学,为都昌教育事业做出了贡献。

朱熹在白鹿洞书院的学生有姓名可考者20多人(都昌即有朱门四友),他们连同朱熹40多年教导的众多弟子形成了一个庞大的理学传播人才网络,为理学的崛起和辉煌推波助澜,使之发扬光大。"都昌三彭"就是这样的先驱者和传播者。

后裔为纪念文定公彭方,于1995年成立彭方名人研究会,对其生平和功绩进行研究,并在原宝林书院(今都昌县春桥乡春桥村彭杭村附近)遗址上建彭方陵园(被列入县级文物保护单位),供后人瞻仰。在当地,作为彭姓的始祖之一,彭方已经成为彭姓后裔的骄傲,在不少彭姓村庄祖祠内或门头碑石上刻有"文定世家"的字样,以纪念文定公彭方。

历史名贤卷

出身农耕布衣也好,出身书香门第也罢……春桥之子明理识事、担当履职、鞠躬尽瘁,他们如星光闪耀在历史长河中。

文韬武略余应桂

闵定国

余应桂(1585—1648),字孟玉,号二矶,明代江西都昌清化乡余呈湾村人,万历四十三年(1615)中举人,万历四十七年(1619)中进士。历官武康(今浙江德清县)知县、龙岩(今福建龙岩县)知县和海澄(今福建龙海市)知县,后任监察御史、湖广巡按、湖广巡抚、兵部左侍郎、三边总督等职,其人其事已列入《明史·列传第一百四十八》。

余应桂少时读书用功,曾在庐山脚下的千年学府——白鹿洞书院学习过。白鹿洞书院不仅是都昌县的上属南康府的最高学府,更是天下著名的书院,是理学的圣域与贤关。来此求学一直是莘莘学子不懈的追求,余应桂也不例外。清代同治版《都昌县志》上还有他留下的《鹿洞夏读》诗一首:"夕阳欲落万山迎,水石飞凉枕箪青。林鹤三鸣犹不寐,行吟月下和松声。"此诗文笔流畅,意境清新,尽情地描绘了白鹿洞书院美丽的自然风光和夏夜读书行吟的无穷乐趣。后来,余应桂虽从政为官,但对尊经学道仍然痴心不改,又作一首《谒奠经归祠》,诗中写道:"西山庙貌入青冥,潜德悠悠始复旌。功并洛闽家乘灿,文留天地岫云蒸。吉蠲但酌鄱湖水,跄跻仍占太史星。学道无闻鬓未变,还从筵楹授遗经。"经归祠即经归书院,为祭祀元代著名理学家、都昌先贤陈澔而创办的。元学士虞集题陈澔墓额曰经归,故名经归祠。陈澔著有《礼记集说》,与朱熹的《四书集注》同为明、清两代各类学校的御定课本,可见影响之大。余应桂谒奠经归祠并赋诗以颂,可见他是以儒教道德修养为精神支柱和安身立命之本的。

为官清正敢与权贵做斗争

余应桂自中进士后,从知县干起,一直升到巡抚一级的地方大员,几番宦海沉浮,却屡遭贬谪,历经坎坷。但他始终不为权势所畏,不为名利所累,能做到一身正气,两袖清风,好学慎行,淡泊自甘,是明代的名臣之一。周延儒是崇祯二年(1629)的礼部尚书兼东阁大学士,后升任内阁首辅,权倾一时,炙手可热。

此人性格警敏,善揣圣意,深得崇祯皇帝器重。余应桂则大义凛然,连上数道奏疏,弹劾周延儒罔上行私、贪邪倾险之状。第一道奏章劾周收受孙元化参、貂、白银,又受杨鹤重赂。然而,此时的崇祯皇帝信任周延儒,力主抚议以息事宁人,余应桂反而受到斥责。之后,孙元化守登州城被俘,余应桂又以孙元化贻祸封疆,皆周延儒曲庇所致,重上奏疏,矛头直指周延儒。崇祯皇帝大怒,将余应桂连降三级,逼得余应桂以养病为名辞官回归故里。在奏疏中,余应桂义无反顾,认为:"时事艰危已甚,奸辅悛悔无期,谨列其欺贪之实,仰祈圣明,奋然明断,以清政本事。自阁臣周延儒柄政以来,趾高气扬,横恣愈甚,且夫皇上方患无实心任事之人,而延儒明明行欺诳之术。皇上方欲一清苞苴之径,而延儒明明开贿赂之门……延儒之为人也,赋性极是贪邪,而更饶机警,行事最无忌惮而独善揣摩。今天下有三大事:曰恤民,曰治兵,曰理饷,彼皆悍不顾虑者也。今朝廷有三大权:曰用人,曰赏功,曰罚罪,彼皆懵不分明也。惟以依傍颠倒之黠肠,行其牢笼倾险之狡术。事可市权则攘臂而决之。若不相涉,纵关大计,亦必推诿模棱。大都遇所私之人,则大者小之,重者轻之,即罪极重大,惧皇上之疑也,亦复从深入浅,有转移脱卸之法。遇异己之人,则小者大之,轻者重之,即罪极轻小,惧皇上之讶也,亦复生节生枝,有借题旁陷之法。"通篇文笔犀利,入木三分,义正词严,读来令人酣畅痛快。崇祯十六年(1643),周延儒率军驻通州,因胆怯不敢出战,与幕僚终日饮酒作乐。等到敌兵退去之时,他却谎报军情,冒功领赏。事情败露后,连一向对他言听计从的崇祯皇帝也不能容忍,令其自尽以谢天下。权倾朝野的周延儒终于为余应桂所料,落得个身败名裂的下场。

与周延儒贪婪倾邪相对应的是,余应桂在为官任上,却把金钱看作身外之物,千金散尽无所吝,自律甚严,清廉耿介,不置恒产为子孙作稻粱谋。他在海澄为令时,正逢海寇猖獗,应桂捐俸银筑铳城二座、石城三里于海岸旁,以御外敌。土人为纪念余应桂,将此处命名为余公街。崇祯七年(1634),余应桂被重新起用,任湖广巡按。他到任之后,捐赎锾十余万两,用以招募壮士,修缮城池,打造兵器。右金都御史卢象升抚治郧阳(今湖北郧阳区),军需奇缺,余应桂知之,赠以赎锾一万五千两,为卢象升缓解了军需不足的燃眉之急。

心怀故里热衷地方公益事

余应桂长年为官在外,在故乡的时间不多,但他对故土有着深厚的感情和无尽的眷恋。第一次被降职时,他就毅然以养病为名回到故乡。回到都昌后,他十分关注家乡的风土人情和公益建设。

清代同治版《都昌县志》卷十一《文录》上刊载有他的九篇遗作,有五篇是为故里公益事业而作,从崇祯五年(1632)始到崇祯十三年(1640)止。如《钱公桥碑记》《革除巡拦抽税碑记》《重建新开寺记》《改建儒学于小南门外碑记》《杨侯鼎建县堂碑记》等,这在历朝历代的都昌文人先贤中是首屈一指的。对于地方公益事业,对于修桥补路、新建县衙、减轻赋税、改造学堂、重整寺庙等善举,余应桂莫不称赞不已,乐于为之作记以广流传,以存后世,为地方上保存了一份值得后人珍视的文稿。

崇祯六年(1633),余应桂作《陈侯澹庵荣觐序》,文中说道:"士则不然,双眸可以镜廉污,寸舌足以变黑白。高者以文艺为媒,卑者以趋媚为的。狡者以保留延誉为捷径,愚者以珥笔佐证为膻途。故令虽无求于士,而士则不能无求于令也。令若有求于士,而士之求益无量矣。"又说:"无求之心其心正,无求之目其目明,无求之感其感笃,盖以侯之为都也,其心如水,其政如春。其待士也,正己以树型模,较仇以广磨砺……"这颇有哲理的话语部分代表了余应桂立命处世的为人之道以及对士子高洁品行的推崇,余应桂不愧为都昌地方受人尊崇的乡贤之一。

潜力边务挽狂澜于既倒

余应桂所处的晚明是一个多灾多难的时代。此时的明王朝在民族斗争和阶级斗争的双重打击下,已成强弩之末。内有李自成、张献忠的农民起义,外有后金和海盗倭寇的不断侵扰。面对内忧外患、国空兵虚、大厦将倾的困难局面,崇祯帝刚愎自用,猜忌多疑,出尔反尔,自毁长城。朝中忠勇之士,或被冤杀,或被牵制,或弃之不用。余应桂就属这样的忠勇之士。他早年习儒,入学白鹿洞书院,后中举人、进士。出任浙江、福建三县的县令时,史书就称他"历宰三县有政绩",其中非常重要的一条就是潜心钻研边务。他深谙"工欲善其事,必先利其器"的道理,为海澄县令时,本想做个清正廉明、造福一方的太平官,不想此时的海防已陷入百孔千疮的境地。余应桂到任之后,筑铳城,建腰墙,聚民众,利兵器,海寇久攻不能入,民赖以安。崇祯四年(1631),他担任监察御史后专门上了一道奏疏条陈边务,明确提出内明政治、外修边务的主张,他说:"欲定四方之蠢动,先定半壁之绸缪。谨陈备边实著以裨庙谟,以苏民困事。"这是他上疏的出发点。他认为,"兵多则饷溢,饷溢则民穷,民穷则盗起,今盗几遍天下矣",故而向崇祯皇帝建议:"唯有先为发难之半壁,策其万全,乃可徐为蠢动之四方,苏其最急。计其实著,似亦有前著之可借者,一则布置宜定也。从来御远之法,边陲为上。边陲之法,要害为上。凡增饷增兵,或先几而修备,或亡羊而补牢,举不胜概。谓藩篱既固,堂奥自安,著先定也。"对于边务废止,他痛心疾首:"今则不然,敌来则千里扫迹,敌去则满地皆兵。兴阑则愿撤愿裁,变生则又议复议创,毕竟民膏徒供浪掷,何曾得一兵之力也。愿当事者于此一眼看明,一手握定。"在疏中,他还提出了种种御敌之策和防敌之法,如间谍侦探之法、坚壁清野之法、驰援之法、持久之法、旁击之法等。他提出:"用人宜确,吏部择贤督抚,兵部拔贤将帅,则兵自精,饷自饶,敌人自可制。"崇祯皇帝感其诚,皆予采纳。接着,他又上一道《请蠲驿递加派及生员优免疏》,疏中说:"上有轻徭薄赋之恩,而后下多洁己爱民之吏。使饷皆饱兵,兵皆堪战,何乱不除,安用新加。……微臣心有所危,不识忌讳,敢因前疏中不堪之说而补牍陈之,稍蒙矜采,天下幸甚,微臣幸甚。"他的这些诤言,切中时弊,言之有理,虽曾一时被朝廷采纳,却终究无法挽回明王朝的衰落。后来,余应桂还出任右金都御史兼湖广巡抚等职,任上,他守城护陵,运筹帷幄,不愧为一名优秀的军事指挥官,为挽救明王朝立下了赫赫战功。崇祯年间,朝廷门户之争未绝,将骄卒惰,余应桂也多次遭到政敌的弹劾和诬陷,或去职罢官或被捕下狱,虽历经磨难,但他初心不改。崇祯十六年(1643),兵部尚书孙传庭战死后,群臣举荐余应桂督师,皇上这才起用余应桂为三边总督。余应桂面见崇祯帝时以无兵无饷哭泣告之。崇祯帝却只遣随军千人护行,给银万两、银花四百、银牌二百作为军前赏功之用。余应桂迫不得已,只得起程。到黄河边时,李自成已拥有百万大军,占有陕西、山西、河南的大部分地方。余应桂赴任无地,逡巡不敢轻进。崇祯再次迁怒于他,责以逗留之罪,终被罢官。后继之官李化熙迫于时势,也不能前进,可见非应桂之责。清顺治五年(1648),金声桓、王得仁反清复明于江西,余应桂举兵响应于都昌,战败被俘,被押解到南昌惨遭杀害。余应桂也成为明末的又一悲剧人物,这是值得后来的史学研究者深思的。

余应桂与崇祯皇帝

余星初

思宗朱由检是明朝的末代皇帝。他是一个想有作为、爱才却忌才、耳朵软又刚愎自用的人。他与从都昌偏僻乡村走出来的农家子弟余应桂有一段识才、用才,又疑才、忌才且纠缠不清的历史情结,两人之间演绎了一段后世子孙应警醒的悲喜历史故事。

1627年8月,明熹宗朱由校逝世,朱由检接替了哥哥的皇位,是为崇祯帝。朱由检即位后,踌躇满志,决心励精图治。他目睹大明王朝江河日下,想挽狂澜于既倒,做一个彪炳史册的中兴之主,于是迫切希望有真才实学的人出来辅佐他这个"尧舜之君"。在他刚刚即位的时候,工科给事中颜继祖便举荐了一个人。颜继祖在奏章中说此人"一清如水、慷慨任事、区区岩邑不足尽其掀揭之才,宜调补海澄,庶咽喉得借锁钥,而鸾凤可作干城也"。这个人就是当时的龙岩知县余应桂。

余应桂是明代都昌县清化乡余呈湾村(今春桥乡余二矶湾村)人。万历四十七年(1619)进士及第后,吏部选任他为浙江湖州武康县知县。不料仅半年,他就因父亲病逝而回乡丁忧。接着其母邹氏亦逝世,余应桂继续在家为母服丧。天启六年(1626),丁忧期满,朝廷授其为福建龙岩县令。龙岩是一个土瘠民贫的地方。余应桂上任后咨询疾苦,日图抚恤。清诡米,罢苛税,以较低的价格将仓库中储存的粮食卖给百姓,救活了不少人,受到了龙岩百姓的爱戴和传颂。其正直的为人和理政的能力逐渐显现出来。崇祯帝阅读了颜继祖的奏章后,对余应桂有了初步的印象,便允准颜继祖之所请,将余应桂调任海澄县令。这是余应桂第一次给朱由检留下的印象,虽然印象不深但很正面。

余应桂的此次调动为平调,不同的是,龙岩地处闽西山区,而海澄为闽东南滨海要险。当时海寇猖獗,海澄井邑萧条,民不聊生。崇祯皇帝把这个破烂不堪却又极为重要的地方交给了余应桂。余应桂上任后,胸有成竹,审时度势,把防御和消灭海寇作为海澄的一件主要大事来抓。他用三年时间修筑铳城两座、腰墙三里许,募兵练兵,设计斩杀了海寇首领李魁奇,基本上平息了海患。崇祯皇帝知道了这一讯息,对余应桂大加赞扬,于崇祯四年(1631)擢调余应桂进京任陕西道监察御史。

得到崇祯帝赏识的余应桂,让崇祯皇帝见识到了一个"都佬"忠诚、耿直和疾恶如仇的品德与精神。御史是言官,专门负责进言建策和监察检举其他官吏。虽然没有什么实权,但非常重要,被称为清要之官。明末的不少御史畏首畏尾,做官不做事,怕得罪位高权重的高官显贵,唯唯诺诺,溜须拍马。可余应桂不怕,他上的第一道奏疏就是冲着皇帝来的,要求朝廷减免苛税。崇祯帝登基后,边寇内患不休。为了阻止后金的入侵和镇压农民起义,朝廷需要大量的军队,也需要大量的军饷,崇祯帝只有向老百姓不断地增税添赋,加上各级官吏乘机盘剥贪污,老百姓苦不堪言,被逼造反。余应桂在《条陈边务疏》中说:"兵多则饷溢,饷溢则民穷,民穷则盗起。"这个认识是正确的,且是一针见血的,但想励精图治的崇祯帝并未采纳余应桂这一建言。

余应桂耿直敢言,在纠佞劾奸的过程中,表现得淋漓尽致,连崇祯皇帝也无可奈何。余应桂的第二道奏疏是《劾户部尚书毕自严》。毕自严在崇祯元年(1628)拜户部尚书,至崇祯四年(1631),他已年过七十,做官也有39年的时间,是个货真价实的老官僚。自从他担任户部尚书总管全国财政后,问题越来越多,收不抵支,国库空虚。虽然造成经济危机的原因很多,但毕自严对财政管理混乱,治下不严,亦是主要原因之一。因他为官多年,门生故吏众多,又与当时的首辅周延儒来往密切,谁也不敢纠劾他。但正直敢言的余应桂冒着"以卵击石"的风险,以确凿的事实向皇帝纠劾毕自严,他在疏后说:"臣亦螳臂,敢问豺狼?但臣言官也,畏忌缄口,溺其职矣。"一股浩然正气由字里行间向崇祯帝扑面而来,令皇帝也深受触动。但由于首辅周延儒从中作梗,毕自严虽然表面上引疾乞休,但仍获得了崇祯帝的挽留。

余应桂纠劾毕自严虽然令皇帝和朝臣们心头一震,但未达到惩处毕自严的目的,他知道根本原因还在于首辅周延儒。只有扳倒周延儒,才可解决户部的一部分问题,朝中其他问题也才可以得到暴露和梳理。随即,他向崇祯帝纠劾首辅周延儒。这一举动令满朝震惊,连崇祯帝也对余应桂另眼相看。他想不到在周延儒正获自己重用时,余应桂敢于弹劾周延儒,而所劾事实确凿清楚,笔锋犀利。余应桂的举动引来许多朝臣的声援。周延儒不得不上疏剖陈辩解,同时以退为进,请皇帝将自己罢斥。可是,此时的崇祯帝对周延儒非常信任,认为自己获得了一个少有的贤臣,立即下旨挽留周延儒,并对"刺头"余应桂进行斥责:"首辅周延儒清贞任事,不树私交,朕夙鉴信,余应桂何得逞臆诋。"在斥责之余,崇祯帝对余应桂的看法也十分纠结,既赞赏又不满,内心还是舍不得过分处理他,便下诏说:"本当惩处,念系言官,姑且不究。"这也可以说给余应桂留了面子并给了台阶下。事情似乎应该就这样结束了,但崇祯皇帝遇到的是余应桂这个"硬颈"汉子。在皇帝下旨斥责后的第五天,余应桂又针对周延儒的自辩两疏,再上了《纠周延儒诡辩疏》,并大义凛然地说:"臣区区一念,唯知为朝廷社稷,职在言官,义无所避。"赤胆忠心,溢于疏奏之中。崇祯帝览此疏奏,真不知是什么滋味。他对周延儒宠信至极,当然听不进余应桂的逆耳忠言,对余应桂一而再、再而三地纠劾,于烦恼中又有了一丝佩服,于是训斥余应桂"渎扰不休……如何全不仰体,玩肆殊甚"。崇祯帝有点恼火了,但他训斥余应桂却像是在斥责小孩:"太不理解大人的心,太顽皮了。"两个月后,孔有德叛乱,陷登州,俘孙元化,合朝震动。余应桂又上了《一申周延儒护庇孙元化以致登变疏》。他说:"臣时以采薪之忧,呻吟床褥而每念豺狼当道,猱玃转生,不除内奸,安能攘外,辄卧不贴席,故不得不重申前疏之首事。"崇祯皇帝面对余应桂这个"强项御史",决定动真格,对余应桂"姑着降三级",降级减薪,但还是要他"照旧管事"。狡猾的周延儒此时又反过来替余应桂说情:"乞圣度优容,复其原级。"余应桂见皇帝听不进忠言,便干脆辞职归里。他宁愿丢掉乌纱帽,也不愿与奸臣并立于朝。

两年后,全国农民起义如火如荼。少了余应桂,崇祯皇帝耳根清静了不少。但板荡识诚臣,他又想起了余应桂,下诏命余应桂任湖广巡按,敕封其为文林郎。在敕中,崇祯帝赞叹余应桂"夙著清声,独标劲骨",说了他认识余应桂的过程和对余应桂在朝任监察御史一年多的感受:"每从郡国之荐牍,识尔循卓之芳名。"于是,"爱拔台班,用赍献替"。崇祯皇帝在敕中也对三年前余应桂纠劾毕自严和周延儒有了新的感受:"尔能失有犯无隐之义,为朝弹暮黜之谋,屈轶嶙峋,指摘不宽权贵。神羊竦屹,纠抨独得巨解。"他高度赞叹余应桂:"读袖里之弹文,矫矣!麝条霜劲,持殿中之大议,洒然!蚕叶风开,惟尔之望重西台。"崇祯帝这时对余应桂是歌之颂之,"故简尔以周咨南服,既辞殿陛,持斧往矣"。余应桂出按湖广后尽心尽责,不负崇祯帝之期许。一年后,皇帝又命余应桂再巡一年,守承天府(今湖北钟祥)护皇陵。其间,余应桂殚精竭虑,缮城治器,使"流寇"不敢犯,崇祯帝十分嘉许。崇祯十年(1637)四月,余应桂升任湖广巡抚。这时,余应桂手中有一定的兵权,可以施展其才能。但一个月后,崇祯又任命熊文灿为兵部尚书,总理直隶、湖广、山西和川陕等地军务,余应桂受到了熊文灿的掣肘。一年后,张献忠伪降于熊文灿,要兵要饷就是不肯调兵。余应桂知张献忠必反,便向熊文灿建议"先未发而擒之"。熊文灿刚愎自用,反而向皇帝弹劾余应桂。崇祯帝固执多疑,又把余应桂召回京。崇祯十二年(1639)五月,张献忠复反于谷城,重创明军。崇祯帝一怒之下将熊文灿处以极刑,余应桂才得以免罪而回到了家乡。

崇祯十六年(1643),朱明王朝已经风雨飘摇,崇祯皇帝又想起了有先见之明的余应桂,起用并任命他为兵部左侍郎。孙传庭战死后,余应桂被任命为三边总督,带领千余人去剿有百万大军的李自成。这不是一个天大的笑话吗?余应桂在陛辞崇祯帝时说:"无兵无饷,虽去何益?"崇祯皇帝"默然以对"。果然,余应桂到黄河边上时,"三晋已陷",他只能"徘徊河上"。崇祯帝闻言大怒,又下诏免掉余应桂的官职。余应桂无奈,只得南下返回都昌家中。

在余应桂与崇祯帝相识的16年中,崇祯帝对余应桂爱怒交加,既爱其才和忠,又怒其个性刚烈,想委以重任却又不肯放权。余应桂则对崇祯帝无比忠诚,但对这个昏庸的亡国之君也回天乏术,最终在都昌聚兵抗清,以死报答了崇祯帝。

黄锡朋

邵天柱

黄锡朋,字百我,号蛰庐(1859—1915),春桥乡沙港村人。清光绪十九年(1893),黄锡朋乡试中举,选授瑞州府学训导;光绪廿九年(1903)登癸卯科进士(名列二甲一百零八),廷受工部主事,后加员外郎衔,官部曹八年。在京期间,公务之暇,黄锡朋与吏部主事、"同光体"代表诗人、修水人陈三立及侍御胡漱唐、李梅庵、朱艾御、喻庶三等同游,诗词唱和,相交至契,并作《五君咏》。黄锡朋与南昌知县江召棠亦过从甚密,江曾赠其自绘《梅雀图》一幅。他一生俭朴,早年修脯所得,即与诸兄弟均苦乐,唯书一嗜成癖,稍有积蓄,即用于购书,故宣统三年(1911)辛亥革命后自京归里时,行李中除书籍外,鲜有他物。

黄锡朋所处的时代,既是中国社会日益陷入半殖民地半封建深渊的时代,又是中国社会发生重大政治变革的时代。他虽然对革命党人推翻帝制、实行共和不满,但帝国主义列强的暴行,亦激起他极大的义愤。清光绪三十二年(1906)三月,南昌令江召棠因调解棠浦教案被反动分子杀害,尤激起他的愤慨。因而,黄锡朋所咏多爱国声,有绝句云:"早时歌曲动皇都,曾咏圆明涕泪俱。此日江亭拼一醉,未堪回首盼苍梧。"辛亥革命后,黄锡朋以遗老自居,读书吟诗,潜心辞赋。其诗作风格瘦硬,避俗避熟,流于隐晦,与其政治态度不无关联。但他的诗词不泛泛而谈,字无虚砌,锤炼甚精,可归于"同光诗派"的作品。"同光体"代表作家、评论家陈衍在《石遗室诗话》中,对黄锡朋的诗作评价很高,认为他"古诗皆选体,律诗妥帖排傲者居多,绝不为皮裹阳秋矣"。民国四年(1915),黄锡朋患脑卒中逝于家中,遗作有《凰山樵隐诗》4卷、《蛰庐文略》2卷。

江西教育家杨士京

黄世南

杨士京,又名杨席衫,春桥乡杨培祥村人。清同治十三年(1874)生,1960年4月病故于南昌,终年86岁。

杨士京学力精深,知识渊博,乃我省现代学者,在我省教育、史学界享有较高声誉。他毕生从事文化教育工作,锐志耕耘,桃李满门,在南昌大中专院校执教数十年,治学精神为弟子所崇敬;杨士京博通经籍,对于中国史志研究造诣颇深,晚年专事省志编纂和现代史研究,并潜心于外国人物传记撰述,著有《泰西英雄传》等书。

杨士京年少聪颖睿智,尤善言辞。清光绪十四年(1888),杨士京便负笈白鹿洞书院求学,1894年,他入经训书院攻经史,1900年,入江西高等学堂。1902年,京师大学堂(北京大学前身)复校,他以清末举人及新学优等生考入这所我国近代最早的大学,入师范馆,主攻史地学科。他求学常以古人为镜,刻苦攻读,孜孜不倦。1904年,杨士京获大学堂龙文毕业文凭,之后在京任小京官数年,因不满清政府政治腐败,遂志不从仕,后在殖边学堂任教,主授中国历史课,常向学生灌输救国之道。

辛亥革命兴起,杨士京受民主思潮影响,积极拥护孙中山等革命党人的主张。1912年,南昌光复,他满怀喜悦之情,离京返赣,立志为家乡培育人才,就任江西高等师范学堂文史教员。1916年,江西农业专科学校成立,他又受聘为该校教员。1920年,杨士京受省立第一中学之聘,担任国语、历史教员先后达5年之久。当时,邵式平同志亦在一中就读,且与之交往甚密。他们常在一起切磋教学问题,交流对时事的看法,讨论拯救国民之大计。杨士京一面专心从教,一面支持爱国学生运动,深得共产党人和爱国青年的爱戴。

第一次国内革命战争爆发,北伐军占领南昌后,李烈钧出任江西省主席,杨赓笙任民政厅厅长。杨士京素与杨赓笙交往甚密,志同道合,应杨赓笙之邀,与吴哲夫(号德邻,湖口人)协力创办江西省吏治训练所,决心革除贿官鬻爵之旧弊,公开招贤任能,训练县官,以利政治。杨士京出任吏治训练所教务长,吴哲夫任训导长,在任三年,为培养新县长做出了努力。尔后,杨赓笙调南京任职,杨士京仍回学校继续任教,先后在江西法专、工专、省立二中、心远中学等学校任职兼课,直至抗日战争爆发。

杨士京执教40余年,教学态度极为严谨,修改作业一丝不苟,所授课业备受学生欢迎。为了将知识传于后代,他多兼课程,呕心沥血,常常夜以继日、分秒必争地工作。为此,他家里专门雇用一辆黄包车,甲校授课完毕,旋即乘车赶赴乙校,不分炎夏酷暑,隆冬暴寒,从不耽误教学工作,每日授课多达六七个小时。杨士京家中常有慕名求教的寄宿学生,他利用晚间予以补课,以解学生自习之疑。所以,杨士京授业的学生,不仅成绩优异,而且养成了积极探求问题的精神。

杨士京的教育思想受时代熏陶,从忠君爱国转变为爱我中华,寓革命道理于教学之中,通过颂扬古今中外的仁人志士,激发学生的爱国情怀。我省一代先烈和志士仁人,如方志敏、邵式平、刘肩三、胡德兰、向法宜、石廷瑜等人,青年时代走上救国救民的革命道路,亦与杨士京致力于民主革命思想教育的影响有关。他尤其器重人才,对才华出众的爱国青年更是爱护备至。他的学生遍布国、共两党,每每学生危难之际,他便挺身而出,设法营救。有个学生叫熊国华,都昌县大港人,当时任社会局局长,因疑似共产党被国民党政府逮捕下狱。杨士京获悉后深表同情,冒生命之危,多方庇护,大胆营救,为此遭受牵连,身陷囹圄多日。

杨士京平素生活简朴,他节衣缩食,周济贫困,常将积蓄的一些制钱或铜板,散发给乞丐和穷苦黎民。对亲友、学生中有困难者,杨士京也会慷慨解囊相助。要知道,杨家全家20余口人,四世同堂,仅仰其薪金维持生计。在窘迫的生活条件下,杨士京只得在教学之余撰写文章,或替商贾富户作寿联,以增加微薄的收入。即便生活艰辛,但杨士京始终不忘对子孙后代求学深造进行引导。因此,其儿孙大都受过高等教育,杨家也成为名闻遐迩的书香门第。

抗日战争胜利后,江西省文献委员会成立,并着手《江西通志》编修工作。杨士京应吴宗慈、辛心禅等人之邀,担任该会编纂,协助吴宗慈撰写《江西省人物新志稿》,并用工作之暇,编著欧美诸国爱国志士传记,寄爱国之厚望,书名《泰西英雄传》,可惜未曾出版,书稿便已散佚。

中华人民共和国成立后，江西省省长邵式平怀有师生情谊，深知杨士京毕生从教，建树卓著，推荐他为国服务，并专门给有关部门发函，建议根据他的特长安排工作，以使他安度晚年。1952年，省人民政府任命他为省政府参事室参事、省文物管理委员会委员。在参事室任内，垂暮之年的杨士京仍然兢兢业业，埋头工作，积极参加江西省历史档案整理工作，为辑存我省各历史时期的文献资料做出了贡献。

杨士京有五子三女，子祖陶、祖愉、祖厘、祖霸、祖光，女祖嘉、祖芬、祖蓉。祖嘉、祖蓉二女尚在我国台湾。

子，祖厘，1927年毕业于武昌中山大学经济系，1928年至1929年先后任余干县和都昌县县长。

长孙，宏道，1942年毕业于江西省立兽医专科学校，为中国畜牧兽医学会理事，中国传统兽医学会副会长，江西省科学技术协会常委，江西省畜牧兽医学会名誉理事长，江西省畜牧兽医工作者协会副主席，江西省人大代表，《中兽医学杂志》主编，江西省中兽医研究所所长、顾问、高级畜牧兽医师，是我国当代知名的中兽医专家，尤以动物针灸学造诣精深，在国内外有一定的影响。其著作等身，主编、编著了有关兽医方面的巨著，如《中国大百科全书·农业卷》中的《兽医》条目，《中国针灸荟萃·兽医针灸》分册、《中国兽医针灸学》、《元亨疗马集选释》、《历代兽医验方精选》等30余部，共计300多万字，为我国中兽医事业的发展做出了巨大的贡献。

孙，宏汉，1946年毕业于国立中正大学（南昌大学前身）化工系，1946年至1952年在台湾高雄炼油厂任工程师，1952年赴美国留学，1955年获美国密歇根大学化工博士学位，1955年至1957年，任美国得克萨斯大学教授兼美国橡胶公司顾问工程师，1963年任美国杜邦化学公司高级研究顾问。1980年，杨宏汉应邀随美国高分子化学科技访华团回国讲学，受到方毅副总理等国家领导人的接见。在南昌探亲期间，他在省化工学会做学术报告。

曾长孙，靖华，1966年毕业于江西工学院机械系，曾任桂林第二机床厂技术科科长，现任桂林科学技术协会副主席。

曾孙，绍华，1959年9月出生于美国得州波蒙市，美国杜克大学化学学士，弗吉尼亚大学医学院医学博士，现任美国得州大学医学院外科住院医师。

游 至 璇

游至璇，生于光绪丁亥年（1887）七月二十五，殁于民国庚午年（1930）九月二十三，字丙廷，又字公劭，号攻石。前清应白鹿南山课屡取入卷第一名，邑令胡印钦武印光尊观风雨取上卷第一名，未冠应府县童子试蒙郡守叶庆增取列前茅。光绪三十二年（1906），县试蒙邑侯罗伟长镛取列正案第二名，旋因诏废制科于光绪丙午（1906）由江西全省学务处总办观察传印春官考取正案第一名，咨入江西高等实业学堂肄业，次年丁未蒙提学伎林印开蓍甄别取录正案第一名，民国元年（1912），以优等毕业于江西省官立农业专门学校森林本科。岁癸丑后历任江西省立第八小学校正教员、江西省公立农业专门学校国文兼林学教员、国民党江西省农会评议长、江西农业专门学校校友会会长、国民党江西省教育会实业股兼社会股干事、江西森林研究会主干、江西通俗教育会驻办员兼总编辑，由国民党江西实业厅厅长邹印日煃聘充本厅咨议官，兼任江西省农业专门学校及省立第一师范学校国文兼农业教授，并兼国民党江西省通俗教育会编辑正主任兼周报总撰述员。

杨祖厘任都昌县县长片段

石小平

杨祖厘,1903年出生,1979年去世,武昌中山大学经济系毕业,据九江档案资料记载,曾任余干、都昌县县长。他在都昌任县长时只有26岁,但年少老成、政绩突出。典型案例有"摧毁五人团"和开展新文化运动。

1928年2月,国民党二届四中全会在南京召开,通过各地整理党务案,规定各地党部一律停止活动,由上级派人组织党务指导委员会,对国民党员重新进行登记。都昌"五人团"在县内包揽大权,横行不法,不利于国民党政府统治,国民党江西省政府和省党部极其看不惯"五人团"的所作所为,便借"整理各地党务案"整治周新亚、江晓初、刘天成、邵继先、吴秋阳等人。

4月,国民党江西省党部党务指导委员会派周梦昌赴都昌组织党务指导委员会,以代替"五人团"党务维持委员会。周梦昌是都昌人,在南昌一师读书时与冯任过从甚密,后加入中国共产党,1927年大革命失败后脱党,任国民党黎川县政府科长。由于有国民党江西省政府和省党部的旨意,加上周梦昌与"五人团"有旧隙,因此周梦昌赴都昌上任后,成立国民党都昌县党务指导委员会,周自任主任委员,沈懋楠、彭逸陶等为委员,把"五人团"排除在指导委员外,并由周梦昌代替周新亚的县立小学校长职务。这下惹恼了"五人团",他们收买流氓打手,骚扰围攻县指委,威逼周梦昌离县。周梦昌多次遇险,深感势单力薄,便向国民党江西省党务指导委员会请求调离都昌。

1929年初,国民党江西省政府代省长兼民政厅厅长杨赓笙调余干县县长杨祖厘任都昌县县长。县政府与县指委(县党部)通力合作,对付"五人团"。杨祖厘还带来了国民党江西省民政厅关于撤销刘天成职务改编警察大队的密令。当时都昌县警察大队有两个中队,一中队驻县城,中队长刘天成;二中队驻七里桥,中队长陆士郊。杨祖厘为防止刘天成发动兵变,与陆商量了一个对付刘天成的办法:由陆士郊率二中队到县城,以检阅为名,趁刘天成不备,将一中队缴械，然后撤了刘天成警察一中队职务。杨祖厘看到"五人团"失去武装力量的支撑，随即调查"五人团"的劣迹，发现周新亚侵吞县立小学校款500多银圆，江晓初侵吞田亩捐六七百银圆，吴秋阳伪造资格威逼前县长肖蕴刚、孙泽民等，于是召集行政会议，宣布"五人团"犯罪证据确凿，上报国民党江西省政府。国民党江西省民政厅和财政厅函令：撤销江晓初财政局局长和邵继先田粮处处长职务。

"五人团"遭此重创，其成员心有不甘，周新亚及党羽四处活动，企图挽回败局。当时有中共党员打入县指委内部被"五人团"察觉，周新亚通过刘士毅的亲信刘少樵等11人，给蒋介石和国民党江西省政府主席鲁涤平写信，指证"周梦昌勾结沈懋楠、彭逸陶蒙蔽登记，使共产党获选县指委，在县继续开展活动，上层指挥者杨祖厘听之任之，不闻不问。国民党县指委成立之日，即中国共产党活动之时"。不过，杨祖厘和周梦昌都是国民党江西省政府和省党部派来的，这些告状并没有起到什么作用。

为纪念苏联十月革命胜利12周年，1929年11月3日，中共都昌县委派交通员袁成尧从景德镇运来一土车标语，当晚组织中共党员在县城和农村张贴，引起国民党都昌县政府极大的恐慌。翌日上午，县长杨祖厘召开会议，讨论防范办法，命令县指委采取措施。开完会后，周梦昌回到县指委驻地，他是共产党的叛徒，心里清楚这是什么人干的，气愤地说："这些小鬼（指年轻的共产党员）真大胆，他们要敢这样胡闹，我要将他们一网打尽。"打入县指委的共产党员吴士衡大吃一惊，急忙将此情况向正在县立小学教书的中共都昌县委书记刘梦松报告。在周梦昌到都昌上任时，中共江西省委曾通知赣东北特委转告都昌党组织，密切注意周梦昌的动向。中共都昌县委决定立刻除掉周梦昌。11月4日深夜，中共都昌县委部署吴士衡、刘述尧等携带手枪在汪墩后垅村组织13名党员带着锄头、马刀连夜赶到周梦昌居住的村庄，包围了周梦昌的家，除掉了周梦昌。第二天，城内舆论大哗，都说周梦昌是被"五人团"杀害的，周梦昌的家属也认为是"五人团"暗杀的。国民党县公安局、警察队四处搜捕凶手，在5日清晨刚巧遇见一个名叫牛桃林的牛皮匠在街上经过，他满身血迹，国民党警察不管是人血还是牛血，当场把他抓住。审讯时，牛皮匠被打得死去活来，只好招供是"五人团"叫他杀死了周梦昌。国民党警察又将吴秋阳的家人捉来审问，也都供认不讳。周梦昌的家人率先向国民党省政府告了"五人团"一状。县长杨祖厘认为此案虽有许多疑点,但手中又无真凭实据,且"五人团"臭名昭著、恶贯满盈、作恶多端,全县上下人人得而诛之,就索性将此案做实,并亲自组织编写《周梦昌惨死真相》的铅印小册子,将其发到全省各地,登报通缉"五人团"。吴秋阳慌忙逃往上海,周新亚逃到余干县,邵继先和江晓初相继逃离都昌。劣迹斑斑、罪行累累的"五人团"彻底垮了台。

余 涤 欧

余炳明

余涤欧,马家塘村人,生于清朝宣统三年(1910),殁于1996年(逝世于台湾),享年86岁。

他就读于流芳小学、九江西剑声中学,毕业后入国民党中央军事政治学校第一分校六期步科、陆军步兵学校,先后任国民党中尉参谋、独立炮兵团团长、国民政府国防部人事司司长,被授予国民党少将军衔,中华人民共和国成立前随国民党残部退往台湾。

杨 宏 道

邵天柱

杨宏道(1920—1986),春桥乡杨培祥村人。1942年6月,杨宏道于江西省立兽医专科学校毕业后,先后去省农业院遂川耕牛保险分会、永新省种猪场任畜牧兽医。其时,日寇骚扰,畜牧业萧条,杨宏道被迫改行当教师,辗转于永新禾川、鄱阳等地,在湖口中学、湖口师范执教生物、化学、英语。中华人民共和国成立后,杨宏道方回兽医科技队伍,初任九江专署农科所技术员,旋调省农业厅、省农科所任畜牧兽医技士、技师。1956年10月,杨宏道奉命创建江西省农业厅中兽医实验所(1963年易名为江西省中兽医研究所),历任副研究员、高级兽医师和所长。数十年来,他孜孜不倦潜心钻研祖国传统遗产兽医学,努力使之与现代兽医科学相结合,成为我国知名的中兽医学专家,尤以兽医针灸著称,是国内牛、猪、犬、兔、猫以及家禽等实验动物针灸的创始人。1978年,杨宏道主持"牛、猪、禽针灸技术的系统研究"课题,荣获全国科学大会重大科研成果奖。他对农史与考古也有很深的造诣,为继承发扬祖国兽医学遗产,培训提高基层兽医人员,加强中西兽医结合,保护畜牧生产,开展国际学术交流等做出了杰出的贡献,受到国内外同行的崇敬。

杨宏道曾当选为中国畜牧兽医学会理事、全国中西兽医结合学术研究会副会长、华东地区中西兽医结合学术研究会副会长兼秘书长、省科学技术协会常委、省畜牧兽医工作者协会副主席、省畜牧兽医学会副理事长,是江西省第三届、第五届省人大代表。其主要著作有《实用兽医针灸学》等30余部,其中部分已为美国、日本、朝鲜等国翻译出版。

游 元 兴

李树深

　　游元兴,男,汉族,都昌县春桥乡朝阳村西舍游家自然村人,1935年1月出生,历任湖口县五区政府干事、团县委干事、秘书、监委监察员,文桥公社党委副书记,湖口县政策研究室副主任、县委组织部副部长,流芳公社革委会主任,湖口共大分校书记、校长,中共湖口县委常委、组织部部长。1977年12月,游元兴受组织派遣,任都昌县革命委员会副主任,恢复县委后,任中共都昌县委副书记。1981年3月,第7届县人民代表大会选举他为都昌县人民政府县长。

　　游元兴同志秉性耿直,刚直不阿,胸怀豁达,不计得失,诚恳务实,为政清廉。以下几个工作片段,足以折射出他的从政光彩。

　　他是都昌县"文革"后恢复县政府的第一任县长。当时正处于拨乱反正的特殊时期,全县经济正待恢复,加之都昌是个穷县,历年吃国家财政补贴,各方面的工作压力、难度相当大。为了逐步改变这一落后局面,他全身心地投入,呕心沥血,殚精竭虑,带领县政府一班人搞调研、做规划,提出了许多发展工农业生产、恢复全县经济的方略,提交县委常委会研究决策。游元兴深刻认识到,当时制约全县经济发展的瓶颈是电力紧缺、交通落后、农业基础设施薄弱。解决都昌的工农业生产用电,是发展都昌经济的重中之重。于是,他同县委常委、副县长王文明同志多次跑九江、赴省城,争取省、市政府的大力支持。1982年,省计委终于正式下达计划,列入项目,下拨资金800余万元为都昌建设输变电工程:首先在新桥建设了由湖口直达都昌的11万伏特的高压输变电站;紧接着在都昌县城、三汊港、多宝、蔡岭、狮山建成了5个变电所。从此,都昌长期缺电的历史宣告结束,输变电工程为全县工农业生产发展提供了强有力的保障。这是一件惠及全县人民、值得载入都昌建设史册的大好事。

　　要想富,先通路。为了改变交通落后的状况,游元兴同县委有关领导同志一起,跑省、市争资金,去实地做调研,到部门求合力,赴乡镇定决心,劳碌奔波,无私奉献。通过上下齐心努力,袁(袁宣)多(多宝)公路砂石路面改造得以进行,保证了道路的畅通,一举解决了我县北部5个乡镇道路不畅的难题。建设狮(狮山)杭(杭桥)公路,是解决南峰、芗溪、万户、狮山、中馆等地的交通阻塞问题的一项民心工程。游元兴在这个问题上没有少花心思、少出精力,他同主管副县长李会琅一起,想方设法,在省、市立下了项目,取得了上级的支持。后来,资金到位,在鄱阳湖的支汊"油树潭"上"一桥飞架南北",狮杭公路建成通车。这里从交通死角变成通途,狮杭公路为当地百姓解决了出行难的问题,特别是对当地经济的振兴发挥了巨大的作用。

自来水同样是当时困扰都昌县城居民的一大难题,水量不足,水质又差。为了解决这一问题,游元兴采取向上面求助一点、有关部门支持一点、县财政挤出一点的办法,对自来水厂进行了一番较大的扩容改造,基本上满足了居民的用水需求,而且水质也有了很大的改善,让居民喝上了放心水。从此,都昌昔日"灯不明,路不平,水不清"的状况一去不复返了。

游元兴在寻求都昌经济发展路径的时候,得知联合国粮食计划署决定对中国贫困地区给予援助的消息。他同县委领导同志一起,紧紧抓住这一难得的机遇,一边向上级汇报争项目,一边组织班子专门调研,按照程序和要求做好各方面工作。申请报告逐级呈送后,得到了农牧渔业部的同意。农牧渔业部、财政部、外交部、外经部联合署名报告国务院,最后获得了国务院的批准。1982年,联合国粮援组织要到都昌来评估考察,接待外宾,非同一般,但当时我县没有一个像样的宾馆。面对此情,游元兴毫不犹豫地提出,把当时县政府办公的房子(原县革委招待所)全部腾出来改建为宾馆,并限定时间在评估组到来之前改造完工。县政府领导及有关部门都搬到备用的农牧畜医站办公。后来因那里偏僻,不方便群众,县政府又搬到临街的县二轻局地下室办公。此举足见游元兴勤政为民的照人光彩。粮援组织评估考察后,正式批准了我县的2799项目。1984年初,政府换届,游元兴离开了县政府。到1986年冬,全县4万民工上阵,奋战40天,加上后续工程,在矾山湖、周溪湖等地共开挖养鱼池16500亩,昔日鄱阳湖滨的荒湖滩,变成了现代化商品鱼基地。

如今斯人已去,但政绩永存。游元兴亲民、爱民、勤政为民的行为风范,永远留在都昌人民心中。

彭 远 周

彭远周(1901—1966),彭桓六村人,江西省立医专毕业,曾任137后方医院、25陆军医院院长。

彭 伯 庭

彭伯庭(1878—1928),彭桓六村人,又名贡伟,日本早稻田大学毕业,民国初任都昌县知事。

余　塞

余塞(1917.5—),城隍余村人,国立艺专毕业,历任桂林初级美术学院、江西陶专、南昌大学、江西师大艺术系教授,省工艺美术学院高级专业职务评审委员会副主任。

彭　强

彭强(1933.2—),彭桓六村人,中国人民解放军装甲兵工程学院副师级教员。

彭乐意

彭乐意(1922.3—),彭继岗村人,杭州三江大学工学院毕业,重庆铁路分局副总工程师、高级工程师。

杨 祖 光

杨祖光(1935.11—),杨培祥村人,江西工学院毕业,江西拖拉机厂高级工程师。

彭 图 南

彭图南,宋政和五年(1115)进士,任淮宁府教授。

黄 唐 发

黄唐发,建炎二年(1128)进士,永丰县令,平阳府丞。

黄　崇　艺

　　黄崇艺(1934.9—),春桥乡黄邦本村人,兰州大学毕业,北京市劳动保护研究所所长、研究员。

当代名人卷

为真理上下求索,为信念奋发图强,他们不但无愧于家乡,而且无愧于时代。

杨 宏 汉

　　杨宏汉,1926年出生,都昌县春桥乡凤山村杨培祥自然村人,1946年毕业于国立中正大学(今南昌大学)化工系,高级教授;1946年至1952年在台湾高雄炼油厂任工程师;1952年赴美国密歇根大学留学;1955年获美国密歇根大学化学博士学位;1955年至1957年任美国得克萨斯大学教授兼美国橡胶公司顾问工程师;1963年任美国杜邦化学工程高级研究顾问;1966年起一直兼任台湾清华大学和高雄大学客座教授;1980年应邀随美国高分子化学科技团访华,回国讲学,受到国务院副总理方毅等国家领导人的接见,并在清华大学、南京大学等大学做学术报告;1983年、1994年两次回南昌探亲均受到江西省委书记白栋材、吴官正的接见,并在江西省化工学会和南昌大学做学术报告。

杨 宏 勋

　　杨宏勋,1948年八月初七生,中共党员,高级经济师,都昌县春桥乡凤山村杨培祥自然村人,1981年7月毕业于江西银行学校大专班外汇专业;1981年11月分配到中国人民保险公司江西省分公司国外业务处工作;1984年11月任中国人民保险公司南昌市分公司副总经理;1988年任中国人民保险公司南昌市分公司总经理、党组书记;1990年10月调入中国人民保险公司江西省分公司,任总经理助理、党组成员;1992年11月任中国人民保险公司江西省分公司副总经理、党组成员;1996年10月中国人民保险公司分别成立中国人民财产保险公司和中国人寿保险公司,实行分业经营后,任中国人寿保险公司江西省分公司总经理、党委书记;2004年调入中国人寿保险公司江苏省分公司任总经理、党委书记;2006年退居二线任中国人寿保险有限责任公司总部督导员;2009年退休。

游 会 龙

游会龙,春桥乡腊舍自然村人,1969—1979年在湖口流芳剪刀厂当工人;1979—1983年就读于江西财经学院;1983—1996年在江西省统计局工作;1987—1996年任江西省统计局综合处副处长、处长;1997—2005年任江西省企业调查队副队长、队长(其中,1997—1999年挂职任井冈山市委副书记);2006—2013年任国家统计局江西调查总队党组副书记、副总队长;2014—2015年任调查总队巡视员;2015年下半年退休。

彭海清：人生，都是一个个必然的偶然

到上海工作，真是一个偶然。

记得1993年大学快毕业的时候，找工作的氛围并不那么紧张，这或许是因为当时的大学生国家还包分配，反正工作是有的，面包会有的吧！或许是因为社会招聘尚处于起步阶段，资讯不发达，外部世界还没那么诱惑吧！或许是因为还处在人生懵懂时期，在象牙塔里过着忧虑但不紧迫的日子吧！或许，都有之。

但是，一个偶然，在学校学生处看到广东省、福建省的人事厅去函学校，说什么某某同学今年毕业，希望他能回家乡工作，为家乡建设发展贡献一份力量！我很高兴，原来大学生还是很受重视的，家乡还惦记着我们！我迫切地查找我们省的邀请函！可惜，一无所获。顿时，我感觉像是一叶小舟，在大海上漂泊，无方向、无依靠，感觉像是被抛弃。

想想，如果我的学生档案被学校发往省里，省里再发往市里……像我们这样的冶金部部属院校，当时毕业生基本上在这个系统里就业，省城钢铁厂不怎样，市钢铁厂据说也是半死不活的。想想，我都感到恐惧！

正在迷茫之中，我偶然在学校阅览室看到《解放日报》上刊登的上海宝钢冶金建设公司招聘会计毕业生的广告。怀着忐忑的心情，我和一个舍友各写了一封应聘信，居然回信了，同意接受我们！真是天无绝人之路！

就这样，我来到了上海。现在看看，这家企业还真不赖。在当时，宝钢是冶金部施工能力最强、效益最好的一家建筑企业。这些年来，宝钢是同行业发展最稳健、效益最好的企业，也是同行业最有前景的企业。

刚工作的时候，我被分到下面的一个分公司，然后又被分公司分配到外地的一个项目部，是企业的最基层了！我当时还真有点失望！想象中的上海，是远东金融中心，是一个繁华的大都市，是东方巴黎。实际上，这和工作又有什么关系呢？！

工作不管是忙是闲、是难是易、是繁是简，日子似乎总是漫无目的地过着！基层工作对我们刚毕业的学生来说太简单了，要做好，就看你用不用心！可能

是我出生于农村吧，为人诚诚恳恳，做事踏踏实实，和同事相处得非常融洽。

转眼半年了，春节过后，上海有个项目，我被调回来独自承担该项目的财务工作。项目结束后，我又被派到其他最基层的单位！我一如既往地踏踏实实地工作！到1997年年终的时候，我利用财务理论提出了一项工作的解决方案，偶然被一位年轻好学的公司领导看到，觉得很新颖、很实用，也很有效。方案讨论通过后，他深感各行各业都需要有技术的人才。他或许就是我人生的第一个伯乐吧！应该说，当时单位里我最早运用财务会计理论解决实际问题。实际上，这并不难，就是看你学得扎不扎实，对事物敏不敏感。1993年，我国会计理论进行了颠覆性的改革，随后的几年，许多人还没有掌握新的理论，许多人还不能够学以致用。

从此，我开始走上了财务、企业管理、行政等部门和重要岗位。时间过得很快，转眼到了2000年，春节刚过，总公司领导到我们单位调研听汇报。会后，他说把写汇报材料的人调到总公司工作。其实读书的时候，我并没有觉得自己的写作水平有多高，现在只是认真、踏实地工作，掌握公司的实际情况，运用理论，学以致用，逻辑清晰、简明扼要地表述出来罢了。

就这样，我被调到总公司工作。在总公司工作的日子里，根据国家新的政策和新的理论，我全面、系统、前瞻性地建立财务内控管理体系，承担了公司重大的企业运行分析工作，工作成绩有目共睹。这应该得益于当年在大学里学到的东西，并且掌握了一些新的会计知识。记得有一次在电梯里，一位公司领导指着我对公司的一把手说："这是我们公司最有水平的财务人员！"

时光之轮很快转到了2005年，正值中央企业如火如荼地做大、做强的时候，各家央企大力并购、重组、改制。集团公司要挑选一名财务人员，后来听说条件要是大企业的，要是施工企业的，要在管理水平好的企业，视野要开阔、能力要强的。经过挑选，我被选中了，到中国冶金科工集团公司总部工作。就这样，我偶然来到北京，仍旧一如既往地踏踏实实地工作！面对那些重大的并购、重组，我经受了严峻的考验，实践证明我的工作是踏实的，为人是正直的，成绩是突出的，集团公司的领导也认可我。我被评为2015年度集团公司劳动模范，也经常被同事称为集团财务部门业务能力最强的部长。

2015年末，经国务院批准，中国五矿集团公司和中冶科工集团有限公司进行战略重组，中冶科工集团有限公司整体并入中国五矿集团公司。2016年中，重组工作正式启动后,经过认真评选、推荐、公示,我到中国五矿集团公司总部工作。

回顾往昔,我人生一个个重要的转折点,其实似乎都是非常偶然的,因为我没有显赫的背景,没有雄厚的经济支持,自然无法自如地安排自己的命运和前程。黎民百姓想一夜飞黄腾达,想一夜暴富,那是故事中的故事,传说中的传说。刚参加工作的时候,身边刚毕业的同事一个个跳槽,获得了不错的薪水,我们坚守的人也羡慕过、彷徨过。那时候,每年也到人才市场去转悠,看看自己的身价,但是感觉那些高工资的外资企业在中国大多没有发展前景,在当前的社会制度下,国有企业还具有非常广阔的前景,慢慢地,我也就留下来了。

命运的偶然,不是我们浑浑噩噩地活着的理由!当前,我们正处在一个改革开放、相对自由也非常繁荣的时代,人生的机会其实有很多。抓住你所处的每一个平台,感恩你所遇到的每一个好人,脚踏实地做好每一件事。你付出的必然,就是你命运的偶然!

余 文 龙

余文龙,云山村委会余良山村下屋人,武汉大学计算机学院院长助理、教授,湖北省网络信息安全办公室副主任(副厅)。

向绍祖：足下寻踪

一、求学之路

1946年正月二十九,我出生在春桥乡老山向康村。父亲向国柱,毕生从事家乡的教育事业,先后担任过西源中心小学校长,汪墩中学、徐埠中学校长和都昌县文教局副局长,是第四届、第五届县政协委员。母亲余镇妹,生于景德镇市,14岁时因外祖父去世,随外祖母一道回到都昌老家。我母亲自小受都市文化的熏陶,长大以后知书达理、聪明贤惠,一辈子克勤克俭、操持家务、相夫教子,深受乡邻的尊敬和子女的热爱。

官桥小学是我的启蒙学校,课桌椅自备,条件十分简陋。20多名学生分三个年级由启蒙老师徐旭先生进行复式授课。我后来进入春桥中心小学、西源中心小学学习,1959年考入都昌中学,当年这是全县唯一的全日制中学,历史悠久、教学严谨,在全九江地区素享盛名。1962年,我读完初中,顺利升入高中。当时国家经济困难,教育战线同其他战线一样,在"调整、巩固、充实、提高"的政策下,全县20多个班有数百名初中毕业生,高中只招收两个班80名新生。那时的师生面临三大考验。一是饥饿。吃不饱饭,连红薯丝拌饭都不够果腹;冬天洗脸、洗脚全靠井水。二是劳动艰苦。除了在校园空地四处开荒种菜,我们还得经常到南门头码头搬砖挑瓦建县委大楼,参加修建东湖大坝,抬着粪桶送肥下乡,往返徒步数十公里到高桥山里搬运柴火。三是功课繁重。当时都昌中学的奋斗目标是"誓夺九江第一名",在九江地区十个县中,升学率要独占鳌头,稳夺第一,成为师生引为自豪的行动目标和共同信念。老师勤奋教学、学生刻苦读书始盛不衰。1965年暑假,我以较好的成绩考入复旦大学经济系,开始了进一步的深造。复旦大学是享有盛名的国内重点大学,学校历史悠久,办学理念和传统不仅国内一流,世界知名度也较高。学校拥有一大批知名教授,研究成果和学术成就在国内首屈一指。大学生活和中学学习迥然不同,各门课程大都由任课教授自己编写、印刷,体现教授学术水平和教学自主思想,各种讲义、书籍数不胜数。教授讲授的内容大多涉及古今中外,旁征博引,把最精髓的学术思想浓缩交给学生,然后开出一系列甚至多达数十本相关书目,提供给学生阅读、参考、消化、吸收。复旦没有固定的教室，很多教学是通过讲学方式进行，讨论交流很多。在教授们的指导下，大家畅所欲言，海阔天空，充分拓展思想空间和学术创新空间。学校的出版能力极强，发表观点和见解十分方便。校园内海报精彩纷呈，大师级的著名教授登台讲学，学生可以自由选择参加，就像百花园中鲜花盛开怒放，为莘莘学子提供采撷知识的机会和条件。复旦大学当时拥有上海最大的、藏书极为丰富的图书大楼，古今中外海量的各式图书、典籍和读物，为每位师生提供方便快捷的服务。每间数百个座位的巨大阅览室宽敞明亮，安静舒适。校园内梧桐婆娑，笔直的校园大道被称为"南京路"。栋栋宏伟高大的教学楼、实验楼、办公楼、宿舍楼整齐排列。周末和假期，校园内时时播放着中外名曲，各个运动场内则是龙腾虎跃，各种球类比赛和体育活动十分丰富。正当我们满怀壮志豪情在著名高等学府孜孜不倦地读书学习的时候，一场疾风暴雨式的政治运动骤然而至。好在复旦的"文革"运动另有特色，作为上海市政治晴雨表的校园，每天徘徊在大字报的海洋里，政治斗争也不失儒雅、文明之气。1967年，上海《解放日报》与复旦大学经济系成立一个写作组，学马列原著，深入工厂、农村调查，人员则由著名教授蒋学模、张薰华、洪远朋等先生和一些中青年教师组成，同时还有工宣队代表和学生代表。我和系里另三名同学也有幸参加了这个写作组，又进入了读书、调研、写作的生活，长达三年，直至1970年8月毕业分配为止。

二、缘结韶山

1970年，"文革"持续深入，我们这一届在校大学生也陆续离开复旦大学校园，踌躇满志地走向祖国的天南地北。我与同班上海女同学严婉华一道被分配到湖南省，先是在西洞庭湖畔的军垦农场劳动锻炼，一年半以后被分配到韶山——毛主席的家乡，做了一名小学教师。湖南真是"物华天宝，人杰地灵"。自古湘楚文化源远流长，屈原、贾谊广留胜迹，历代杰出人物灿若群星。特别是中国近、现代史上更是人才辈出，很大程度上影响和决定了中国的命运。长沙千年学府——岳麓书院的正门上"惟楚有才，于斯为盛"的名联，千百年来向后人昭示着湘楚之地的文化底蕴！置身于这方沃土之中，我深深地感到幸运和自豪。我大学毕业走上工作岗位的第一站，是一所位于韶山与宁乡县（今宁乡市）交界的小学校，由当时的韶山公社的一个生产大队管理。全校12名男女教师，均为本地人，讲的是本地话，语言交流不便。课余时间，教师除了备课、家访，还要承担为当地农民扫盲、出黑板报、写大标语等文化宣传工作,农忙时节还要帮助农民插秧、收割。此外,教师还要完成校内种红薯、蔬菜以及担水施肥的农活。我是全校三位男教师之一,责无旁贷地要主动承担诸如买米、挑煤、担水等力气活。

这所学校的办学条件十分简陋,没有图书,也没有什么教具,连音乐课的脚踏风琴都没有,教学活动全靠粉笔和黑板进行。学校几间教室和教师宿舍是"干打垒"筑成。下雨地面冒水,踏上去像踩在海绵上,软软的。教师伙食非常简单,每月伙食费3~4元,除了买点盐、米、煤,鱼、肉、蛋等很难见到,蔬菜自种自给。最常吃的是空心菜,连根带叶洗净切碎装进大瓦罐子里过几天再挖出来,炒一炒,放点辣椒就是一道佳肴。每年,学校都会派人买来一头老母猪,待其长膘后再杀,当天全体教师就能欢天喜地地吃上一次肉,剩下的猪头、猪脚都切成块,抹上盐,装进陶缸里密封,以后隔三岔五拿出一条半条来改善生活。

在这所学校里,老师们多半是当地人,学历不高,月工资比较低,大多只有二三十元,还要养家,所以生活十分俭朴,安排伙食低廉便宜。我每次周末回株洲探亲总要带些诸如"什锦菜""萝卜条""腌大蒜"之类的酱菜回学校,中午吃饭时老师们高兴地一拥而上,一大包酱菜很快就一扫而光。这是我大学毕业之后的初始经历。一位全国名牌大学毕业的江西青年来到一所偏远的农村小学教书,与当地群众同甘共苦,这令他们感到很意外。而我却很快乐,也很安心。在这里,我不讲价钱,不怕艰苦,认认真真地把全部精力奉献给韶山的教育事业和韶山的农民群众,很是光荣和自豪。当地的干部群众也对我表示欢迎,给了我较高的评价。我交了不少农民朋友和教师朋友,当地党组织还特地研究了我的入党问题,并安排我参与该学校的管理工作。

三个学期后,韶山教育主管部门决定把我调到韶山二中任语文教师。用他们的话说叫作不再"高射炮打蚊子"。开学后,我被分派担任高中一年级两个班的语文教学。这所学校是韶山地区历史比较悠久的老学校,抗战前曾是湘潭县第三中学,韶山特区成立后被命名为韶山第二中学,在湖南省特别是湘潭地区一带依然还有相当大的影响,是一所比较规范的中学,并有一批在当地颇有名望的老教师。我既不是正规师范学校毕业的,也不是学中文专业的,但凭自己对中文、历史、哲学等方面均有涉猎的一些功底,应付一下教学还是没有问题的。学校对我组织的数次教学观摩和教学研讨活动,反映和评价都还可以。有一次,北京大学中文系10多名教授带领40多名学生到韶山教学实习,决定要在韶山二中听一堂语文课。我刚从株洲探亲返回学校,行李尚未放下,校长就把任务交给了我。我感到十分突然,离上课时间不到一个小时,临阵磨枪的时间都没有,要在北大中文系的教授和专家面前上这一堂课实在是没有把握。由于安排已定,无法推辞,我只能勉为其难。记得当时讲述的课文是《改造我们的学习》。这是毛泽东同志在延安整风座谈会上的一篇重要讲话,是对中国共产党和党员干部进行的关于学风、文风和党风教育的重要论述。通篇观点鲜明,逻辑严密,语言旁征博引、生动诙谐,要利用两节课时间讲深、讲透,让学生听懂、听明白,确实不易。事前来不及备课的我,只能临时拿一本语文教材上讲台。我以教材为脉络,对文章抽丝剥茧,结合当时的历史背景,重点分析文章的主题与写作特点和方法,间以学生适当发言讨论。课堂气氛比较热烈,两个小时的教学结束后,校领导听取了北大教授、北大学生和全体参与听课的本校教师对这堂课的分析与指导。他们认为,我这堂课中心突出,详略得当,对课文含义发掘较深,表述清晰生动,板书规范工整,讲课过程中师生交流沟通和谐,是一堂比较成功的语文课。后来,这堂课还被作为较好的示范课在全区语文教学活动中加以推广介绍。

三、叶落株洲

1976年因照顾夫妻关系,我从韶山调入株洲市第七中学工作。这是一所株洲市直属中学,有百余名教职工,约两千名在校学生。学校创办时间不长,教学设施和师资力量均较薄弱。在这所学校里,我被安排在教导处从事教务管理,具体负责课表安排,兼管学生纪律,实际上要做的工作还很多,比如打扫卫生、组织文娱活动(看电影)、教育调皮学生、保障学校安全等。我还负责代课,科目也很杂,有语文、历史、政治、地理等。有一年,一位女教师突然调离学校,她所在的文科班历史教学无人接手。当时的老校长找到我,要我接手这门课程。自己从未教过历史课程,所学的专业也不是历史学,加之文科班的学生距参加全国高考只剩两个月左右时间,这个担子实在过于沉重。当时,高中历史教材共有6册,那个女教师只完成了前三册的教学,尚有中国现代史和世界史三册教材未教,我在两个月的时间内必须先上完这些新课,才能复习迎考。我不得不采取了非常规的应急方法,即打乱常规教学体系,捕捉课程中的重点,一边讲授新课,一边启动复习,要求所有学生对中外重大历史事件有较深的了解,能比较精准地记住重大历史事件发生的时间和重要的历史人物,并加强学生对历史事件的综合、比较、分析能力。这个方法果然奏效,在不到两个月的时间内,我顺利完成了新课教学和高考前的总复习工作。该年高考结束后,该班历史单科成绩非但没有拖后腿,反而名列全市第三,文科班的高考升学率也极高。

20世纪80年代,国家开始将一些中学改办为职业高中以发展职业技术教育。株洲市第七中学在株洲市率先开办了工艺美术班,以培养一批小学、幼儿园的美术教师和企业的美术宣传干部,共招收了30名学生。学校指定我兼任这个班的班主任。我建议学校聘请全市乃至长沙、湘潭地区的美术名师,同时也加强文化基础课的学习,全面提高学生的综合素质。我坚持与学生朝夕相处,和学生打成一片。每天天刚亮,我就到学生宿舍检查学生起床,晚上十点熄灯后学生全部就寝安静地进入梦乡,才下班回家。我利用周末、节假日骑自行车跑遍全市各处上门家访,与家长交流沟通学生的情况,建立家长与学校紧密配合机制。为了鼓励学生展翅腾飞、积极成才,我建议学校不拘一格,支持学生参加艺术高考,以进入更高一级的美术院校深造。这个班班风优良,学业成绩优异,23名学生分别被全国著名美术学院以及地方美术院校录取,为株洲市职业技术教育多出人才、快出人才提供了经验,开了个好头。这所学校后来也稳步发展为株洲市职业中专。

四、执掌一校

1983年10月,国家进行干部人事制度改革,中央提出干部"四化",即"革命化、知识化、专业化、年轻化"标准,同时株洲市第七中学的老校长也到了退休年龄。中共株洲市委通过深入调查了解,进行了广泛的"民意测评",决定任命我担任这所学校的校长,并兼任党支部书记和工会主席。我在上任后与全校同事励精图治,并采取了一系列治校措施:一是积极创收,大力改善教职员工的生活待遇,增加教职员工的收入;二是大力整顿教学秩序和工作纪律,严格工作要求和规范;三是弘扬正气,树立榜样,表彰教学工作中的先进事迹和先进人物;四是增强团结,凝聚七中团队精神;五是大力招募引进有经验的管理骨干和优秀名师;六是办好食堂和幼儿园,让教师减少生活中的后顾之忧;七是组织骨干培训,经常对口参观交流;八是以身作则,模范带头,主动接受群众的监督。这些规定和做法现在看来并无新鲜之处,但在当时十分有效,也曾让人刮目相看,从此,学校走上了稳定发展之路。

五、涉足机关

1984年10月,我接到调令,到中共株洲市委宣传部担任宣传科长,半年以后又改任市委宣传部办公室主任。市委宣传部是市委主管宣传意识形态的领导部门,除了理论宣传和外事宣传,还直接对全市文化、教育、新闻、体育、卫生、民族、宗教等9家政府部门实行政治领导。宣传部门的干部要具备较高的政治素质和文化理论素养,十分强调"笔头、口头"功夫,大多是能写会说的行家。而办公室又是宣传部的综合部门。我作为办公室主任,主要任务是既要当好部长们的"参谋长",协助他们安排部署全局工作,又要熟悉全市的政情、民情,钻研党的理论方针政策,还要经常组织全市的重大调研活动和理论探讨活动。其他工作还包括:编辑出版理论动态和信息内参,热情接待各单位人员。20世纪80年代初期,改革浪潮迭起,为了做好改革的宣传工作,中共株洲市委决定开展全市性的思想政治动态大调查,由市委宣传部牵头,市委政策研究室、市委办公室、市工交政治部、市总工会、市委组织部以及团市委等18家单位,在全市范围内听取干部、工人、居民、农民等各行业干部群众的意见和反映,最后由我综合整理成调查报告,并向市委常委汇报。一个半小时的汇报,市委常委们十分满意,认为情况准确、观点鲜明、建议得当。株洲市是湖南省的工业重镇和南方交通枢纽,万人以上的大型国有企业很多,企业宣传历来是株洲市委宣传工作的重中之重。这次大型调查研究之后,市委决定开展"对话"活动。市委、市政府主要领导下到工厂、农村与群众面对面地沟通交流,就改革过程中出现的各种现象,向群众解难释疑。时任市委书记曹伯纯同志(后任中共广西壮族自治区党委书记)安排我同他一道去南方动力机械厂、田心电力机车制造厂等大型企业"对话",受到企业干部和职工的好评。

1987年初,为了进一步加强地方人民代表大会的建设,我由市委宣传部调往市人大常委会任教科文卫委副主任委员。地方人大是地方权力机关,根据我国宪法和地方组织法规定,地方人大依法决定本行政区域范围内的重大事项。选举决定地方政府组成人员,听取他们的工作汇报,依法监督他们对宪法和其他法律的执行情况。我的主要任务就是深入开展执法检查,从宏观上审议教科文卫等事业发展的状况,向主任会议、人大常委会和市人民代表大会提出审议报告和建议意见,并大力开展法制宣传。尤其是教育方面,对提高义务教育普及率,建立基础教育、中等专业教育、高等教育以及远程教育的有机配套,协调发展的机制等进行专题调研,为株洲市社会经济发展提供近期和中远期发展的依据。1992年,株洲市第十届人大召开,我的职务又发生了变化,改任株洲市第十届人大常委会委员、副秘书长兼办公室主任。

六、再返杏坛

20世纪80年代,国家把教育事业列为发展的战略重点,特别是普及九年制义务教育更是重中之重。株洲是一座新兴工业城市,文教基础相对比较薄弱,普及九年制义务教育师资力量严重不够。为了解决这一瓶颈问题,株洲市委、市政府决定将原教师进修学院改建为高等师范专科学校,肩负双重任务:一是招收培养新的师资力量;二是对原有教师进行培训提高。市委调我至此校担任党委书记,组建新的领导班子为改建工作做准备。1994年底,我带着改建株洲师范高等专业学校的重任走马上任。任务十分艰巨,当时学校面临几大问题:一是教学设施严重不足,学校图书馆、教学仪器等必备设施少得可怜;二是教师人数不够,质量很差;三是经费投入很少,教职员工的工资都难以保障,学校规模也很小。从1994年底开始,我和全体校领导班子励精图治、背水一战,在株洲市委、市政府的支持下,三年内,学校图书大楼、标准运动场、实验大楼、教工宿舍、学生宿舍等相继拔地而起,办学条件有了很大改善,新培养和引进了大批高素质的教授、博士生教师,特色学科经过上级评审不断建成,办学规模发展到了在校学生一万余人,师生生活、工作、学习条件都得到很大改善,学校因校园环境优美被评为省级园林式单位。1997年,教育部派出专家组到学校进行了为期7天的实地考察、评估验收,一致通过了改办工作。学校挂牌成立以后,株洲市另一所中等师范学校并入株洲师专,规模进一步扩大,我被任命为这所新组建的学校的党委书记。之后,这所学校继续鼓起风帆,乘风破浪:一方面继续加大建设力度,提高教学质量和科研水平,为株洲市的教育,特别是九年制义务教育输送更多优质的人才;另一方面学校趁势而动,与时俱进,继续自我发展。世纪之交,我国高等教育正以前所未有的速度向前发展。这是新的压力,也是新的机遇。由于株洲市不仅是湖南省的工业重镇,也是我国南方重要的交通枢纽。曾为株洲市市长后任湖南省省长的周伯华先生,早就希望在株洲市创办一所高标准、高质量的工业大学。省长的深意得到教育部的大力支持,于是湖南工业大学应运而生。湖南工业大学由株洲工学院、株洲师范高等专科学校、湖南冶金职业技术学院三所高校合并组建而成。在新成立的湖南工业大学校务委员会中,我担任副主任。由于省长高度重视、株洲市大力支持,筹建工作进展得十分顺利。株洲市国家级高新科技产业区内一所占地5000亩、设计新颖、功能超前、配套完善的大学顺利建成。我参与了该校筹建工作的全过程,担任筹建的领导工作。2005年,教育部下令撤销原株洲师专等三所高校的编制,正式批准成立湖南工业大学。在组建湖南工业大学党委领导班子时,我担任学校党委副书记,参加新学校的建设和管理工作。从此,株洲结束了"只有大楼、大桥,没有大学"的历史。

一年以后,我也完成了使命,开始了"闲云野鹤"的退休生活。

杨宏益：忠诚党的教育事业，干一辈子教育工作！

想当年抗美援朝，我16岁离家参军，在朝鲜负伤回国，痊愈后保送进入炮兵学院学习，1954年毕业后留在学校当了教员。1959年，我又在福建前线负了重伤，休养痊愈后，24岁的我经组织安排转业到扬州，在江苏商业专科学校当教师。1992年，商专并入扬州大学，我在商学院经济管理系担任系主任。又过了两年，为支持扬州大学税务学院的发展，我调入该校担任教务处长。因为工作需要，直到1998年，我延迟到63岁在税务学院退休。

干了一辈子教育工作，我总觉得心有不甘，还有一股没有用完的"劲"。1997年，国家颁布了《社会力量办学条例》，由税务学院刚刚退休的老院长薛钜同志牵头，我们七位在扬州大学退休的志同道合的好朋友，凭着满腔的热情，向江苏省教委打了报告，要求创办"民办扬州江海学院"。

我们在报告中袒露心声："受党的教育和革命工作磨炼几十年，只要认定是符合党和国家利益的事，我们就会认真地去做，就一定争取做好！党给了我们优厚的物质条件和较高的社会地位，我们本可以享清福，但是科教兴国的使命感又让我们想继续做点贡献。我们七个老头子觉得在扬州创办一所民办大学，可以继续为党的高等教育事业发挥余热，为党和国家培养适应21世纪需要的实用型、技能型、开拓型的高级专门人才。"

申报材料送上去后，经过专家论证，居然通过了。江苏省政府于1999年5月28日发文批准成立"民办扬州江海学院（筹）"。省政府特别在校名后加上一个"筹"字，就是向我们强调：办一所高等院校要经过三年的筹备期，才可以招生。这真的给我们泼了一盆冷水！我们凭借满腔热情想为教育事业做点实事，完全没有想到民办大学还有筹备程序。现在要我们筹备三年，上面还不给一分钱，又不让招生，那还筹备什么？这个"筹"字成了我们心中的"愁"。

就在山重水复疑无路的时候，中央召开了教育工作会议，决定全国高等院校大扩招，这给我们几乎陷入绝境的筹备工作带来了生机。经过省教委的专门考察，最终同意江海学院挂靠河海大学招生600名。这无疑是个令人振奋的好消息！我们七个人全力以赴、分工合作，很快就把招生的各项准备工作搞定，自已掏钱去教委的招生现场。省招生办公室的同志看到我们这支头发灰白、年龄最大却热情高涨的招生队伍，都非常感动，当场又拍板给江海学院200个招生名额。我们欢天喜地超额完成了招生任务，带着800个学生回到临时租借的校园，举行了开学典礼。

学生进校了，怎么实现当初向省教委承诺的培养适应21世纪需要的实用型、技能型、开拓型的高级专门人才？首先，我们对进入江海学院的学生进行了调查研究。由于民办大学是按照办学成本收费，没有国家一分钱的补贴，所以收费比公办院校高一倍。成绩好的学生都上了公办院校，只有成绩差的才无奈进了我们学校。但是，不管是富裕家庭还是贫寒家庭，花费这么大的代价把孩子送到江海来，寄托着家长改变孩子、让孩子成人成才的期待。学校肩负着培养社会主义建设者和接班人的重任。如何培养好这些学生，使他们成人成才，不辜负学生、家长、社会对我们的信任、支持和期望？我们要求江海学院全体教职员工要改变培育人才的观念，探索一套具有民办特色、科学严谨、规范有序的教育教学管理体制。

然后，我们结合社会需求设立专业，按照用人单位的要求制定培养目标、教学计划，根据学生的水平组织教学活动，突出动手能力、实践能力的培养。我们开设了25个专业，包含了信息工程、机电工程、土木工程、工商管理、经济贸易、外语、应用艺术等。我们重视学生专业能力、职业能力和实践能力的培养，实行"校企合作""工学结合"的办法，推行"教学做"一体化以及情景教学、模拟教学、案例教学等新型教学形式，建立了50个综合实验实训基地。学生通过去工厂实习、去实验室实习、去企业顶岗实习，锻炼专业技能，在毕业时既能取得学历证书，又能获得专业职业技能证书，真正成为"实用型、技能型、开拓型的高级专门人才"。所以，办学17年来，我校几万名毕业生深受用人单位的欢迎，每年的毕业生就业率都在99%左右。2008年、2010年和2012年，江海学院都被评为全省高校大学生就业先进单位。

最后，我们一直坚持高质量的学校必须有一群高素质的教师的办学理念。一开始，我们主要是聘请扬州大学的退休教师，现在江海学院已经拥有一支结构合理、学术水平高、教学经验丰富的专兼结合的师资队伍，有各类教师396人。同时，我们还逐步建设了具有江海特色的班主任队伍，在每个班设立专职班主任，集教育、管理、维权、服务于一身，是教育、管理、爱护学生的第一责任人。

在租借校园办学一年以后,我们就着手规划校园建设。我们这些从大学走来的七个创办者,又开始头脑发热,提出要建设"万人大学"的目标。等到千辛万苦把1000多亩建校用地批下来,进行规划设计时,方才想起来这几个亿的资金怎么筹划呢？向社会融资,可是各个银行、借贷机构都认为我们风险太高,委婉地拒绝贷款；高利息向教职员工集资,也只解决了几百万元。是改革开放的思路,使我们走出困境：划拨土地的征地、拆迁费用,采取与有关部门和农民签订协议的办法,分年度支付并计算利息；教学大楼、学生宿舍和各种教学生活用房,与建筑施工单位签订协议分期从学费收入中支付；又引进外资2000多万元人民币,以解决仪器和设备的购置。现在校园占地1040亩,校舍总建筑面积22.45万平方米,建筑物体现中国园林传统风格,全院绿化面积20万平方米,四季常绿、鲜花绽放。秀美的校园,为学子营造了绝佳的学习环境。

2004年,江海学院经江苏省政府批准、教育部备案,去"筹"正式成为具有独立颁发专科文凭资格的民办全日制高职院校。办学规模达到8000人,学校进入良性循环发展。我们七个创办者终于在年老时为社会办了最后一件有意义的事情。

游 华 新

　　游华新,1949年闰冬月廿九生,春桥乡游学舍村人,先后就读于石大舍村塾、春桥小学、张岭初中、九江师范。1968年九师毕业后,他被下放劳动,1972—1974年先后任春桥公社办公室干事、多宝公社团委书记兼华光大队书记。

　　1974年,游华新入赣南师院(赣南师范大学的前身)中文系学习,在校三年间一直任院学生会主席、团委副书记。1977年,游华新被分配至九江师范任教,先任语文教研组组长,后任校团委书记、学生工作部部长。当时的九江师范,团委、学生工作部两块牌子一套人马,教学以外所有关于学生的事务,诸如招生、学生日常教育管理、毕业分配等,全归团委、学生工作部管,支撑着学校的"半边天"。虽重任在肩,但游华新干得轻松愉快,他注意充分发挥学生自我教育、自我管理的作用,常年不断地开展形式多样、丰富多彩的人格修养、思想教育、文艺体育及社会公益活动,校园生活生气勃勃,在绵延百年的九江师范历史中留下了光彩的一页,其优良的学风、校风至今仍为不少人所称道。

　　1984年春,九江市教育局决定创办市十一中,由游华新任校一把手。回顾十一中的创办历程,游华新将其概括为8个字:"其始也艰,其兴也勃。"初创之时,十一中仅有原浔阳区党校留下的一栋面积不到300平方米的两层楼房,根本不具备办学的起码条件,更要命的是,老师以刚从九江师专毕业的年轻人为主,得不到社会和学生家长的信任。面对困境,游华新以"存亡之道在质量"激励、鞭策自己与老师们,一手狠抓教师队伍建设,帮助年轻老师们快速积累教育教学经验,不断提高自身素质与教育教学水平;一手狠抓教育教学常规管理,向管理要质量要效益。一个学期下来,家长要求转学、退学的风潮终于平息,社会对草草创办的十一中开始有了一些积极的评价。随着时间的推移,家长、社会的赞誉之声日浓,渐成口碑。三年后,首届学生毕业,在全市中考中一举夺得市直学校人均总分第一名及个人总分第一名。至1990年游华新调离时,十一中连续三年中考质量市直第一,赢得了社会的广泛赞誉,成为有口皆碑的九江市初中教育的品牌学校,为学校日后的不断发展打下了坚实的基础。

　　1990年下半年,游华新调至市二中当党支部书记。在市二中的两年间,游华新恪尽职守、努力工作,最大的收获就是积累了重点中学治校办学的可贵经验。

1992年,游华新调至市一中任校长,成为当时江西省百余所重点中学中最年轻的校长,后兼任党支部书记,至2007年退休。在市一中的15年间,游华新倾其全部的智慧与人生积累,呕心沥血、奋勇向前,铸就了九江一中的辉煌,也实现了自己的人生价值。在治校方面,他始终坚持把建设一支高素质的教师队伍作为治校办学的基础与根本,提出"事在人为抓主题、刚柔相济建队伍"(即坚持人的因素为第一理念,紧紧抓住教师队伍建设这个永恒的主题;在建设队伍的实践中,努力做到把制度管理之刚与情感管理之柔有机融合)的总体工作思路。为此,他先后进行了一系列改革,如:对全校教职工实行工作聘任制(实行聘任制的第一年,就有6名高级教师在教学一线落聘);建立起富有活力的工作机制;彻底打破论资排辈等升职陋习,推行以能力为核心标准的职称评聘管理改革;实行年级组长负责制,赋予年级组长"小校长"的权与责,把年级打造成充满活力的基层实体;废止中层及以下干部由党组织任命及评价的传统做法,实行干部民主评议民主选聘制;实行两年一届教职工代表大会及教代会闭会期间由教代会主席团代行其职权的民主治校制度,凡涉学校大局、长远及教职工切身利益的事项,均须由教代会或教代会主席团审议决定。这一系列改革,开江西乃至全国之先河,构建起既充满活力又和谐融洽的内部运行机制,较好地调动了老师们的工作积极性、创造性和提高自身素养的自觉性、主动性,为一中的快速发展提供了体制、机制的保证。在努力打造一支优秀教师队伍的同时,游华新从对国家民族的未来负责、对同学们的一生发展负责这一高度出发,于1995年即提出了"把学生培养成三有四会的人,为学生一生的发展打下坚实基础"的培养目标("打基础"的理念至2003年方见于官方文件"新课程方案"),不断深化教育教学改革,努力推进素质教育,实行课程改革,构建以必修课为主体,选修课、活动课为补充的新课程体系;开设研究性学习活动课,培养学生的创新精神与创新能力;开展丰富多彩的各项课余活动,给予学生自主学习、自由发展的必要时间与空间等。

20世纪90年代中期,九江一中即跃居全省百余所重点中学前列,每年向北大、清华输送生员10人左右。学校获全国教育先进集体、全国德育先进学校、全国体育先进学校、全省优秀重点中学等集体荣誉百余项,游华新本人也获全国先进教育工作者等多项荣誉,并享受省人民政府特殊津贴。

袁 传 红

袁传红，1952年10月出生，春桥乡海落舍自然村人，助理工程师。他毕业于南京航空学院（现南京航空航天大学），曾任江西省景德镇市政协常委、提案委员会主任。

袁传红1970年12月应征入伍，1973年8月24日入党，曾任602部队战士、文书，1978年后历任昌河飞机工业公司工艺员、党委办公室秘书、车间党支部书记。1985年后，袁传红先后担任中共景德镇市委组织部副科级组织员、组织科副科长，办公室副主任、主任（副县级），市电子工业局党委委员、副局长，1994年底任市政协"三胞"联络委员会主任，2001年调任市政协提案委员会主任。1998年，袁传红在"全省万名机关干部帮助灾区重建工作"中，被评为省、市、区先进个人，次年被市直机关工委授予"优秀共产党员"称号。在职期间，袁传红多次被评为"优秀领导干部"，2013年10月退休。

游 案 龙

　　游案龙,1946年9月9日出生,春桥乡朝阳村委会游腊舍村人。1965至1970年,他就读于江西工学院(现南昌大学)机械机制专业。大学毕业后,游案龙将自己的青春年华全部奉献给了江西第三机床厂。他从技术员干起,经过十年的努力成为一名出色的技术工程师,之后他先后担任江西第三机床厂技术科科长、副厂长、厂长、调研员等职务。2006年,江西第三机床厂企业改制后改称江西昌大三机中兴木工机械有限公司,游案龙任总经理。2007年,61岁的游案龙退休,但他并没有离开工作岗位,依然在江西三机下属的机电设备有限公司担任董事顾问至今。

余 镇 龙

余镇龙,1961年3月27日生于景德镇,1963年5月至1981年8月在都昌县春桥徐良山生活,1983年7月毕业于江西财校预算专业,同年进入江西省审计厅工作,历任主任科员、副处长、处长,2001年创办江西华赣会计师事务所,任所长、法人代表。

余 发 新

　　余发新,1967年11月生,都昌春桥乡余世甫自然村人,现任江西省科学院生物资源研究所所长,二级研究员,博士,享受国务院特殊津贴。1989年8月至2002年7月,余发新在南昌市科所从事科研及管理工作,任高级工程师、副所长;2002年8月至今,他在江西省科学院生物资源研究所工作,从事科研及管理工作,主要从事林木遗传改良研究与开发,在鹅掌楸和樟树种质资源及其创新利用领域,完成多项创新性成果和技术突破。他主持科技部国际科技合作、农转资金、自然科学基金等国家级项目7项,是第一完成人,获得江西省科技进步一等奖1项、三等奖2项。出版专译著4部,发表论文100余篇,为国家科技奖励评审专家,荣获江西省青年五四奖章和省直机关十大杰出青年等称号。

"最美医生"彭乐

彭乐出生于都昌县春桥乡九义舍自然村一个贫困农民家庭，艰苦的生活环境练就了他坚强自立、勤奋踏实的品格。

千里之行，始于足下。1990年，以优异的成绩毕业于江西医学院的彭乐被分配到江西省人民医院工作，一干就是27年。他相貌清秀有学者风范，虽然中等身材不够魁梧，可说起话来声音洪亮，底气十足。他为人正直、诚实，与人相处真诚、热心，工作作风朴实、严谨、务实。从医27年来，虽没有轰轰烈烈的伟绩，但他在自己平凡的岗位上兢兢业业、刻苦钻研，恪守职业道德，凭着熟练的医疗技术、高尚的思想品德获得到了领导、同行的赞誉及患者的称赞。工作期间，他多次被江西省卫计委和省人民医院评为"优秀共产党员"及"先进工作者"。由于工作成绩和业务技术突出，2005年，他被调到一部C区工作，并先后担任科副主任、科主任。

怀着对患者的真情以及对医疗事业的无比热爱，彭乐27年如一日，守望着一部C病区这块生命的麦田。

一、对待病人认真负责，一丝不苟

每天病房内都能看到彭乐忙碌的身影。C区的服务对象均是享受副省级以上医疗待遇的干部，平均住院年龄在86岁以上，往往身患多种疾病，多个脏器功能不全，不仅有内科病人，还有各种外科、肿瘤科病人。彭乐在给他们进行治疗和用药时都十分细心。他说，对待患者，任何一环都不能有细小的疏忽，否则就有可能导致严重的后果。查房时，他总是认真细致地了解每一位患者的病情，并做详细的体格检查，认真查阅和分析各项检查报告和监护数据，在诊治过程中遇到新的问题时沉着冷静，仔细分析病情，寻找最佳、最有效的治疗方案。

他花费了大量时间，率先在病区为每一位患者建立了检验结果数据库，极大地方便了医务人员对患者病情变化的分析，也为同行间的交流及会诊提供了便利，受到省内外专家的一致称赞。这种严谨的工作作风及习惯得到了病人及家属的一致好评，也激励着一部C区的全体医护人员。

二、始终坚持"病人第一"的思想

因长期埋头苦干,他患腰椎间盘突出已经有好长一段时间了,可他从未放下手里的工作。正骨科主任几次要求他住院接受治疗都被他谢绝了。后来因病情严重到不能行走、疼痛难忍,彭乐才住院。可他是个"不听话的病人",经治疗疼痛稍有减轻就立即投入工作,天天坚持查房。他说:"我的病是小问题,病人的事是大事,他们才是最重要的。"在他身边的护士和医生听到后,感动得流下了心疼的泪水。彭主任没有豪言壮语,心中始终装着病人,视病人安危高于一切,他用自己的实际行动,默默地践行着"一切为了患者健康"的神圣诺言。带病坚持工作,虽不算什么大事,但正是这种小事彰显出医务人员的高尚品质。

三、无私奉献的"全天候"主任

作为科主任,他在科室里没有一点主任的架子,对待同事谦逊有礼,与同事和睦共处。科主任不但要有精湛的医疗技术、过人的胆量,更要有出色的管理能力。为了做好科室工作,他狠抓严管,鼓励科室医生、护士参加学术交流,科室人员不足时,不论白班晚班他总是站出来顶班。为了科室的病人,他没有请过一天假,科室病人总说他除了出差看不到外,没有节假日,没有双休日。27年来,他把医生的职责当成自己的神圣使命,他始终认为,患者的需要就是他的职责。热爱本职工作,五加二,白加黑,身先士卒、率先垂范,敢于担当,以一名优秀共产党员的标准践行着自己的职责,这就是大家眼中的彭乐。所以,大家背后都说彭主任是"全天候"主任。

四、刻苦钻研,激励全科

"以医疗为职业,就必须对技术精益求精。"在日常工作中,他总是刻苦学习名医医案、名家论著,认真阅读有关医学杂志,不断摸索和积累临床经验,参加相关学术会议,及时掌握本学科的国内外发展新动态、新技术、新方法,以提高自身的诊疗水平,并将其运用于临床实践中,率先在省内开展老年综合评估并应用于临床。在繁忙的临床工作之余,他善于总结临床工作中的成功与失误,分析原因,积极开展科研工作,先后发表论文30余篇,主持省科技厅及卫计委课题多项,并担任南昌大学医学院硕士研究生导师。

对于自己掌握的知识,他从不吝啬,只要有人请教,从来都是倾囊相授。他拼搏进取、孜孜以求的钻研精神激励、引导着大家不断刻苦学习。在他的带领及指导下,近两年,科室共发表医疗护理相关论文20余篇,有4项课题成功立项。

五、践行"两学一做",服务病人

身为二部总支三支部委员的他除了抓业务,还要管党务。他平时组织大家认真学习马列主义、毛泽东思想、邓小平理论、"三个代表"重要思想、科学发展观、习近平新时代中国特色社会主义思想等,在思想上、行动上与党中央保持高度一致,践行"两学一做",服务病人。

医生面对的病人,很多因病痛的折磨而情绪急躁、焦虑、抑郁。医生在详细诊治疾病的过程中,必须心怀大爱,耐心细致地与病人交流、沟通,安抚病人,消除其疑虑,增强其战胜疾病的信心,调动患者及家属配合治疗的积极性。在日常工作中,彭乐面对病人,态度始终和风细雨,体贴关心。有时在病房工作时,经常遇到门诊病人到了下班时间赶来求诊,他总是毫无怨言地重新穿上工作服为病人诊治。

C区病房都是老年患者,患者出院后需要定期复诊,有些患者复诊为了方便不去门诊,都是直接来病房,他们也知道只要到病房就一定能找到彭主任。可有时都到了下班时间还有门诊病人来,彭乐从不推诿,不管多晚,不管患者是谁,总是细心地扶老人坐下,倒一杯热水,认真细致地给老人看病。

从医27年来,彭乐对工作认真负责、任劳任怨、踏踏实实,有崇高的敬业爱岗精神。他对业务技术精益求精、刻苦钻研,为病人解除疾苦,深得病人的信赖;对同事情同手足,有良好的团队合作精神,深受大家的好评。彭乐是一位平凡的医生,他热爱本职工作,以强烈的事业心和责任感,兢兢业业地工作,怀有一颗仁爱之心,练就一双妙手,以仁心仁术,为万众带来安康。

方建华：行走在中国商业前沿的"时尚闯客"

方建华，年销售规模过10亿的汇美集团掌舵人，也是国内知名女装品牌茵曼的创始人。他是春桥乡官桥方村人。20世纪90年代南下广州，1998年创业，2008年开创第一个品牌茵曼。2013年，天猫"双11"，方建华率领集团一举夺得全国集团女装第一、茵曼单品牌女装第一两个冠军。目前，汇美集团旗下已经拥有十余个服饰品牌，集团销售超过20个亿的规模。

其首创的"茵曼+千城万店"备受行业认可，成为引领O2O商业模式的标杆。他预计用5年时间，使线下体验店数量达到10000家，成为线上、线下融合的领军时尚生活品牌。

未来，方建华领导下的汇美将在线上、线下融合的格局下，继续以第一个"吃蟹人"的姿态引领和探索新零售的未来。

一、江西小伙的他乡创业路

1998年，刚刚从服装学院设计专业毕业的方建华，和很多江西九江的年轻小伙子不一样，他选择怀着激情和梦想，坐着拥挤的绿皮火车，一路南下来到广州。他创办了一家叫"汇美"的小服装厂，从事外贸代加工、代设计业务。不到两年的时间，发展到了300人的规模。

2005年，阿里巴巴在广州东方宾馆召开了第一届网商大会。已拥有几百名员工的方建华，坐在观众席中听马云讲美国、韩国、日本的电子商务，讲中国的商业环境。会议结束之后，方建华毅然决定加入阿里巴巴诚信通，带领汇美集团由ODM向电子商务企业转型。

方建华是一个乐于接受新事物的人，但是成为阿里巴巴诚信通的第一批加入者的道路并不是那么平坦。因为早年没有专门学过计算机课程（主要是打字），方建华就用汉王写字板摸索着和顾客交流，甚至连公司在广州市海珠区完成的第一笔网上银行交易，他都跟工商银行的工作人员倒腾了大半天才弄明白。

坚持做第一个"吃蟹人"的过程，总是充满了质疑和挑战。他说："当时公司内部很多人反对我做这个事情。"2008年，在创立茵曼品牌之初，方建华的公司在电商业务上一年的亏损就达到两三百万元。他告诉同事，公司盈收状况还好，亏损的事实只能自己放在心里。

"我一直有个强烈的渴望,就是要自己创立一个品牌。"2008年,方建华创立的第一个互联网品牌"茵曼",正式登陆淘宝商城(现在的天猫),瞄准刚刚处于萌芽阶段的我国电子商务B2C品牌零售。

2010年,公司第一次参加"双11"活动就因为ERP系统故障,导致订单超卖了10000多单。当时如果发不出货,很可能因被客户投诉导致关店(意味着"茵曼"这个刚刚起步的品牌可能从此在天猫上消失)。公司面对危机时,方建华紧急制定了对策。

首先,他跟天猫小二(当时的淘宝商城)坦诚沟通面临的困境,以及处理措施,避免平台误解把店铺关了。随后,他在淘宝帮派(论坛)全程文字图片直播处理进度实况。为此,他紧急采购了200多套耳机,让员工给超卖的订单顾客挨个打电话致歉。有的员工连续打了20多个小时电话,嗓子都哑了;有的客服被客户骂哭了……经过连续十几天的一一沟通,最终没有一个客户因为缺货而投诉茵曼,茵曼度过了一场生死危机。被质疑甚至面临生死危机时,方建华都有着超常的自信心与抗压力,这通常被解读为区分成功者与平凡人的特质,但在方建华的眼里,坚持并不需要太多的理由。

短短6年时间,方建华成功地将"茵曼"模式进行复制延展,把茵曼打造成全国销售规模多品牌、全渠道的时尚品牌集团。

二、敢于尝试:千城万店树立新零售时代标杆

2013年天猫"双11",汇美集团一举夺得全国集团女装第一、茵曼全国女装销售第一两个冠军,单日实现总销售额1.65亿元,创下中国女装品牌线上单日销售历史的新纪录。这是天猫"双11"以来,第一次出现一个集团两个品牌前十名上榜。

方建华常常对员工强调,没有经历过"双11"的汇美人,不是真正的战士。他认为,每经历一次"双11",都是对一个团队的历练、对一个品牌的升华。

高端财经杂志《周末画报》专访方建华,刊出《茵曼,弄潮儿》专版文章,这是《周末画报》首次对非上市公司的互联网女装集团CEO进行专访。"从外贸转型做电商,如今又在探索移动互联和多元化发展,方建华要做服装行业的新闻客。"专访文章是这么评价方建华的。

在众多人眼中,方建华是一个"网红"级的企业家,他的个人微博拥有17万的"粉丝",在一次花椒视频直播中在线观众人数甚至达到77万之多。光头和

1111是他留给"粉丝"的印象,光头是他的个人形象,1111则是因为在东方卫视的跨界时尚真人秀节目《女神新装》中,他富有幽默感,喜欢用1111的数字拍下喜欢的服装设计作品。与很多商界大佬不同的是,方建华更喜欢尝试新事物,例如真人秀等新营销方式、VR等新技术。

日常工作忙碌的方建华,坚持每天抽一到两个小时看书,一周看两万条以上的顾客消费评价,也会花时间做一些行业的案例研究。无论是互联网还是传统行业,他都在很早就敢于尝试。

方建华和他的团队一直保持着创业初期的激情和敢打敢拼的精神,这不仅使得汇美集团不断成长发展,也得到了社会各界和投资方的认可。2014年,阿里巴巴在美国上市,茵曼作为唯一女装案例入选其招股书。据招股书介绍,茵曼代表了中国服装由ODM向原创品牌(B2C)转型的成功实践案例。2015年,汇美连续获得国内著名投资机构IDG,及上市服装公司搜于特近5亿元的投资。

2016年,在"新零售"成为热门词的同时,茵曼迎来了它的又一个重要时刻。方建华正式宣布:茵曼从互联网品牌向新零售品牌转型,对线上、线下零售融合进行大胆探索,成为国内"吃螃蟹"的第一个互联网时尚品牌。

事实上,茵曼先于阿里巴巴,先于友商,在2015年7月就已启动了线上、线下全渠道融合的战略。方建华凭借个人前瞻性的判断启动"茵曼+千城万店"项目。他多次强调,互联网品牌5年内不做线下,就没有未来。线上、线下"两条腿"走得顺、走得快,品牌才能发展得快,未来线上、线下零售将进入全面融合的时代。

"茵曼+千城万店"就是在1000个城市开10000家店,和茵符(茵曼"粉丝"的昵称)一起共创茵曼的慢生活空间。"无粉丝,不经济!未来品牌就是偶像。"拥有这样的创新理念,"茵曼+"打破了传统商业零售的模式,从传统的"卖货"思维转变为"经营人",将"茵曼家"打造成有情感温度的慢生活社区。

截至2016年9月,不到一年时间,茵曼线下店布局了全国23个省份144座城市,已有超过377家体验店落地,"茵曼+千城万店"店铺销售额在短短9个月时间突破了1个亿。

而在江西老家,一共有30多家"茵曼+"体验店,其中九江市有7家。近几年,汇美集团斩获不少重量级的荣誉,先后被评为国家电子商务示范企业以及2016年度第四届中国零售业十佳成长型标杆企业。在新零售时代,方建华和汇美集团的线上、线下全渠道融合一直不断探索实践,且捷报频传。

三、向"时尚生态集团"进发

"当企业不断发展起来,它和社会便成为一个命运共同体,公司的资源来自社会,未来也将使社会受益。"方建华还有一个更长远的计划,希望打造一个时尚生态圈,整合社会各方资源,生态圈里有开放性的服装生态平台,帮助中国的原创设计师实现他们的梦想。

如今,茵曼已经成为中国服装原创品牌的代表,并且形成了以"茵曼"为中心的多品牌发展格局。从"茵曼"到"初语",再到"生活在左",汇美对消费者的尊重始终未变,而汇美人理解的尊重,就是把自己的真诚和善意融进每一件衣服,让消费者绽放她们内心的美。

一直以来,方建华领导的汇美集团还积极参加公益活动,影响了数千万国人。公益,是被经济学家誉为"社会第三次分配"的事业。方建华一直认为,茵曼走过8年的漫长岁月,离不开近千万"粉丝"的支持。当企业发展壮大后,茵曼更要坚定信念,通过自身的影响力,向社会传递更多的正能量。

从品牌创立以来,茵曼陆续发起了多个公益活动。比如,5·12汶川大地震,汇美集团和员工共同为灾区捐赠善款和物资;与广州青基会、狮子会、淘宝众筹、品牌代言人范玮琪等共同发起"最初的梦想"公益助学活动,为湖南安化凤形小学捐建校舍;与《LOHAS乐活》杂志合作发起"真爱不孤独"地球水公益活动;与环保再生机构、设计高校合作,发起"衣起重生"旧衣回收环保行动⋯⋯

集团一点点壮大起来,方建华"闯客"的脚步从未停歇,他还要走得更高、更远,闯出一片更宽广的天地!

今年7月,汇美集团正式向中国证监会申请公开发行股票并在创业板上市。汇美集团"应考"资本市场,IPO后,方建华将有望成为新零售时尚品牌上市集团的掌舵人。近几年,方建华秉持一贯的创新精神,带领汇美集团通过一连串的战略升级、线上线下全渠道整合以及"品牌+"("粉丝"创业计划)、社群电商、网红经济等创新商业模式驱动,打造了领先的时尚生态圈。对于未来,方建华总是敢于想象和挑战。

他希望始终坚守初心,给"粉丝"提供最好的产品和服务,让"茵曼+"携手"粉丝"创业计划在全国各地开花结果,让有中国元素的原创品牌走向世界!他是一个充满激情与想象力的勇者,不断在人生和企业的道路上,探索更远、更高的未来。

公仆风采卷

汲取这片山水的神韵之力,才有无比铿锵的前行步履;忠诚这方故园的四季耕耘,才能绘就胸中理想的灿烂彩虹。不忘初心,方得始终。

余 传 缘

余传缘，中共党员，1930年农历十二月初一生，春桥乡云山村珏舍自然村人。

余传缘，1950年任官桥乡民兵分队长；1951年上半年，参加都昌县第一批土地改革，分配在汪墩区林丰乡任土改工作队员（土改工作队长为谢克林）；1951年在春桥乡堰上片搞土改，主要任务是划阶级成分；1952年春，调入徐埠区（都昌县第三区）任公安特派员；在徐埠区工作三个月左右调入县委组织部，随即被推荐到省委党校，参加全省的新生力量培训班，在省委党校学习回来后开办全县党建学习班；1954年春，被安排到三汊港区（都昌县第八区）任组织员（区级干部）；1954年6月，任三汊港区委副书记；1954年12月，任县纪监委秘书（主持工作），1955年，任县纪监委副书记，其中被安排到省委党校学习并担任学员党支部书记；1955年底，调任北山区第二书记兼区长；1955年，在全县第一次党代会上当选为县委委员；1958年撤区建社，任北山公社（包括都昌镇西山、七角）书记；1959年，调任大港公社（包括盐田、武垦）书记；1961年，任马涧区第二书记（第一书记由县委周遇炳兼任），其中在1966年兼任大港水库建设指挥部副总指挥；1968年下半年全县撤区后，任土塘公社（包括杭桥、化民）书记，在土塘任职初期针对土塘农业生产存在的实际情况，提出"一年治涝、二年治旱、三年夺取农业丰产"的口号，大搞水利基本建设，通过三年努力，达到了预期的目标；1973年春，调县委工作，担任县委常委兼县委办公室主任；1976年，兼任矶山联圩建设工程指挥部总指挥；1979年，任县委常委、组织部部长；1985年，任县人大常委会党组副书记、副主任；1991年12月退休；历任县委第一、二、三、四、五届委员。

向 重 新

向重新,1966年5月生,1986年8月入党,1983年8月参加工作,研究生学历,春桥乡老山村委会向康自然村人。1981年9月至1983年7月,向重新就读于江西省第二林校林业专业;1983年8月至1990年12月,供职于北山乡政府,其中1988年9月至1990年7月在江西行政学院行政管理专业学习;1990年12月至2016年9月,在都昌县委组织部先后任县委组织员、县委组织员办主任、县委组织部副部长、县委村建办主任,其中2001年9月至2003年12月在江西省委党校(江西行政学院)经济学专业深造,并取得研究生学历;2016年9月至今,任县人大常委会党组成员、副主任。

游焱龙

游焱龙,男,1949年9月16日出生于都昌县春桥乡游腊舍村,大专学历,曾任湖南省长沙市民族宗教事务处处长、副调研员。

吴 革 森

吴革森,1967年8月生,春桥乡春桥村委会彭新舍人,江西交通学校中专、长沙理工大学本科、江西财经大学硕士毕业,1987年8月参加工作,教授级高工、一级建造师。1987年8月至1996年2月,吴革森在九江公路分局修水公路段、都昌公路段任技术员、工程师;1996年3月至2007年12月,任九江市公路管理局都昌分局副局长、局长;2008年1月至2011年8月,任江西省高等级公路管理局工程养护处党总支书记;2011年9月至2015年8月,任江西赣粤高速公路工程有限公司董事长、总经理;2015年9月至今,任江西赣粤高速公路股份有限公司副总经理。

彭 干 雄

彭干雄，1965年10月出生于春桥乡彭杭自然村，1989年3月入党，大学本科文凭，军校学士学位，我军自主培养的第一批本科班飞行学员。1984年6月，彭干雄考入飞行院校，毕业后在空军航空兵应急机动作战部队服役20年，于2008年从空军航空兵第十四师参谋长助理岗位转业到江西省国家安全厅（任副处长），其履历如下：

1984年6月至1986年6月，为空军第二飞行基础学校飞行学员；1986年7月至1987年7月，为空军第六飞行学院飞行学员；1987年8月至1989年6月，为空军领航学院学员；1989年7月至1992年5月，先后任空军航空兵第四十九师干部、股长；1992年6月至2008年10月，先后任空军航空兵第十四师作战科副科长、侦察科科长、师参谋长助理，其中2005年参加空军指挥学院培训；2015年5月至今，在机关二大院综合办公室任政治协理员。

在军队及地方工作期间，彭干雄多次获得个人荣誉：1990年12月，因工作成绩突出被评为原南京军区空军优秀领航参谋；1997年至2000年，四次受到嘉奖、三次被评为优秀共产党员；2010年7月和2011年6月，先后两次荣获全省国家安全机关"优秀共产党员"称号；2013年12月，在2013年度工作考核中，被评为"优秀公务员"；2014年12月，在2014年度工作考核中，荣立个人三等功。

游永青：勤奋敬业的春桥人

"管理企业有方法，目标、方向明确，带领着我们工作，心里特踏实。"这是中层干部对他的评价。

"总是替我们着想，实实在在解决我们最关心、最迫切的问题，跟着这样的领导干，就是带劲！"这是发自员工内心的朴实话语。

他，就是中国邮政集团南昌市分公司副总经理游永青，一个用责任书写人生、以企业发展为已任的南昌邮政管理者。

胸存韬略提质增效

游永青，中共党员，1976年10月出生于都昌县春桥乡腊舍自然村。1999年8月，刚刚大学毕业的游永青进入江西省宜春市邮政局，开始了他的邮政之路。在宜春市邮政局运行维护部机务员、技术支撑中心科员、副主任，11185中心主任等岗位先后工作了十年后，2010年1月，游永青被任命为高安市邮政局局长。2013年7月，他被调至南昌，担任南昌市邮政局副局长（现为南昌市邮政分公司副总经理）。基层丰富的管理经验、组织的重托和职工的期盼让他十分清楚身上的重担，更给他增添了强大的动力。

作为南昌邮政的高层管理者，游永青身上体现了一名邮政人的优良品质。分管市场部以及金融、集邮、函件等邮政业务的他，把全部心血付诸事业。"想到组织和员工的信任，总感到肩上有一份沉甸甸的责任。"为此，游永青带领企业持续加大转型力度，在他的引领下，金融业务以实现利润、收入和规模增长为目标，牢固树立用户思维，储蓄余额改变了首季储蓄先升后降的发展轨迹，仅2016年上半年就实现储蓄余额净增6.12亿元，同比增长8.9亿元；在江西省邮政分公司跨赛中，南昌市邮政分公司综合储蓄累计净增14亿元，完成江西省邮政分公司余额净增四档计划的350%，获得余额发展优胜奖；跨赛综合储蓄累计净增11亿元，完成"10亿"目标的117.2%；金融总客户数增加6399户，其中万元以上客户数增加1889户，万元以上客户带来总资产净增额达8.63亿元；2016年上半年，南昌邮政集邮业务利润实现1281万元；集邮产品毛利率达80%，列全省第一；截至9月30日，南昌邮政实现函件广告专业收入1960.6万元，同比增长18.2%，增幅在江西省邮政排名第一，收入规模第一；商函完成收入1006.7万元，列全省首位。

扬眉亮剑实干托举

干事业就要有一股巧劲。游永青带领南昌邮政金融人夯实客户基础，以节假日活动"引"客户，开展了"猴年新春赢猴票""春节七天新春抢元宝""三月丽人节""缤纷夏日"等主题活动，带动储蓄余额和客户数稳步增长；开展进社区活动"邀"客户，2016年二季度开展进社区（村镇）活动累计达477场，收集有效客户信息8000多条；以"疯狂周六"活动"留"客户，目前活动持续开展11期，邀约客户数6525人，参加活动人数达到4811人，到访率73.73%；送出抽奖券12828张，新增定期2.06亿元。2016年10月20日，南昌邮政金融余额净增已突破9个亿。

干事业就要有一股拼劲。游永青带领员工成功组织举办"弘扬长征魂，同筑中国梦"纪念中国工农红军长征胜利八十周年全国青少年集邮教育实践活动启动仪式，现场销售邮品100余万元，后续预计项目收入可达1000万元。他还带领员工举办2016"庚丙聚首四世同堂"集邮高端客户品鉴会活动，现场邮品交易额达到77万元，以及组织生肖贺岁季主题推广活动，借助邮票首发式、新春品鉴会、市县网点联动销售、项目营销等方式，实现收入100余万元。在集邮业务的有效发展上，他发挥"双创"模式，充分调动项目组的积极性，集邮网厅"双创"项目组采用预售模式，实现业务收入220万元。

干事业就要有一股闯劲。游永青突出函件业务文化传媒的优势，以项目为抓手，书信比赛项目实现收入58.81万元，旅游门票项目实现收入39.3万元，演艺媒体项目实现收入85.4万元，校园商函项目实现收入102.6万元，村志项目实现收入25.5万元。同时，他大力发展新媒体，拓展函件传媒外延，策划房地产业主答谢会、主题儿童剧、保险公司VIP客户音乐会等项目，实现业务收入85.4万元。在无数个经营亮点的背后，是员工点赞的目光，是游永青艰辛的付出和不懈的努力，是对南昌邮政未来的期许。

建立健全三重保障

经营保障对企业的发展至关重要，游永青建立健全了经营的"三重保障"，为企业的发展尤其是金融业务的拓展保驾护航。

游永青建立财富中心队伍,重点与商业超市接洽,结合"你购物,我买单"活动,增加卡业务附加功能,提升卡片的吸引力;由三方咨询公司进行网点产能提升辅导,带领网点人员进社区、走商户,提高网点外拓、经营客户、开展社区活动的实际操作能力,并多次组织集中培训,针对非导入网点进行客户经营、活动组织辅导。

在游永青加快渠道建设的领导步伐下,2016年南昌邮政已经完成22个金融网点的改造(网点数共67个),为网点配备多台免填单叫号一体机,新增ATM取款机、CRS存取款一体机等自助设备,对所有储蓄网点安装了独立的理财及代销产品销售录音录像系统,健全完善了网点的硬件设施。在发展业务的同时,游永青不忘强化合规管控,对助农取款业务、理财及代销产品销售录音录像情况、金融网点汇兑业务、资金及重要单证和印章清查情况、电信诈骗堵截情况、重要空白凭证管理情况、金融网点"双录"自查整改情况开展7次专项检查;针对金融风险合规的126项日常检查内容,共开展了112次现场检查,覆盖64个金融网点,占全部网点的100%,发现问题555个并全部进行了整改。

厚德载物,自绽光华。作为一个企业经营者,游永青是杰出的;作为一个企业管理者,游永青的目标是明确的。曾荣获中国邮政集团公司授予的"知识型职工标兵"荣誉称号,省、市邮政劳动模范,优秀中层干部,优秀党员等荣誉,并每年获得"先进工作者"称号的他,清醒地意识到,他肩负的是邮政人的梦想。面对未来的道路,游永青坚定地说:"我们的工作要理念前沿、机制做活、举措到位,脚踏实地地促进企业的发展!"

春桥南望水溶溶,一桁晴山倒碧峰。身为春桥人的游永青始终兢兢业业,在奋斗的路上永不停歇。

段 兴 兰

段兴兰,1964年11月17日出生于万户乡段家嘴村,中共党员,工程师、政工师。1985年,段兴兰毕业于江西省邮电学校通信线路专业(中专),参加工作后继续深造,从中共中央党校函授学院经济管理专业本科毕业,在职就读江西财经大学MBA经济管理硕士班。

1985年,段兴兰参加工作,被分配至都昌县邮电局。在都昌县工作期间,他从汪墩乡邮电所话务员岗位干起,由于踏实肯干、任劳任怨,不到两个月就调至都昌县邮电局办公室任文书,同时负责职工教育事务。在县城工作期间,段兴兰历任电信股综合电信技术员、办公室秘书、政工干事。尤其是在政工干事岗位上,他努力学习,勤奋写作,在省、市、县各新闻报刊发表了大量的新闻稿件和文学作品,所撰写的多篇政治思想工作论文多次在全省、全市邮电系统内获奖,其中《论当前企业改革中思想政治工作应注意的几个问题》一文,代表江西省邮电系统参加华东地区邮电系统政工论文成果发布会,被评为一等奖。也正由于此方面的突出表现,1993年,段兴兰被调到九江市邮电局办公室任秘书。

他亲身经历并参与了九江通信事业的高起点、超常规、快速度发展。1993年,九江市在全省率先实行程控电话化、传输数字化;1994年,又在全省率先实现全区一个本地电话网,电话号码从6位升至7位。后来,通信建设精彩纷呈、好戏连台:大哥大、BP机、GSM数字移动电话相继推出。高质量、快速度的通信技术对助推九江地区经济的发展发挥了非常重要的作用。

从1998年开始,国家对邮电通信体制进行重大变革。1998年,九江市从市到县进行邮政和电信分家,成立了九江市邮政局和九江市电信局。段兴兰被分到九江市电信局,在局办公室任副主任。作为中枢位置的办公室,面对邮电分家千头万绪的事务,他主动配合,积极协调,把各项工作处理得有条不紊,使员工心情都愉快,分家工作圆满顺利完成。1999年,国家对电信体制改革又纵向推进,把移动业务剥离出来,成立移动通信公司,即九江市电信局又一分为二成为两个单位:九江市电信局、九江市移动通信公司。九江市电信局继续承担政府行业管理职能,已转变为九江市电信公司。紧锣密鼓的改革对办公室工作是一个严峻的挑战和考验。在总结邮电分营经验的基础上,他充分协调好干群关系,化解各方矛盾,权衡各方利益,认真调查研究,使得分营方案在上报省时一次性通过。

2002年,他被提拔到武宁县电信局任局长。他平易近人,深入群众,深入基层,走群众路线,关心职工生活,注重培养人才,深得干部职工的尊敬和爱戴。他严以修身,严以律己,从不搞特殊化,要求干部做到的自己首先做到,要求干部不做的自己坚决不做,正人先正己,做事先做人,赢得了广大干部职工的一致好评!他坚持两手抓,一手抓生产经营中心工作,一切为了客户,一切为了一线,一切为了市场,连续两年超额完成业务收入任务,小灵通发展成为全市的一面旗帜;一手抓企业文化建设,言传身教,潜移默化,注意教育,春风化雨。他注意充分发挥党支部的战斗堡垒作用和党员的先锋模范作用,让榜样的力量激励人,让榜样的形象影响人。通过企业文化建设,他使全局上下心往一处想,劲往一处使。

2005年,位于省城南昌的江西省通信管理局在全省通信行业公开招聘副处级干部,经过层层选拔和笔试面试,段兴兰脱颖而出成功入围。2006年9月,他来到江西省通信管理局工作,历任办公室副主任、网络管理处副处长、职业技能鉴定中心副主任、通信质量监督中心副主任等职务。由于母亲年迈多病,经个人申请、组织批准,他于2012年从江西省通信管理局调至九江市联合网络有限公司任副总经理。

彭汉华

　　彭汉华,1954年9月9日出生,春桥乡朝阳村委会彭桓六村人。他1960年至1965年就读于村小、乡中小学;1966年9月至1968年12月就读于县张岭中学;1969年至1970年下乡务农;1970年12月参加中国人民解放军;1971年至1976年6月在中国人民解放军32738部队81分队任战士、副班长、班长;1972年入党;1976年6月提干任32738部队82分队三排排长;1977年任江西省军区赴福州军区军体大队学员排排长,集训于三十一军九一师二七一团;1978年4月至1979年10月任吉安军分区警通排排长;1979年10月至1980年10月任江西省军区独立第八营一连连长;1980年10月至1984年6月任吉安军分区教导队副队长、队长(正营);1984年6月至1987年2月任吉水县人民武装部副部长(副团);1987年至2014年9月转业回地方工作,曾任吉安地区对外经贸局外资管理科科长、吉安地区行政公署利用外资办公室副主任;2014年在吉安市商务局退休。

余 传 经

余传经,1934年生,春桥乡珏舍自然村人,1958年10月至1961年1月,任徐埠公社第四书记;1962年1月至1965年10月,任平峰公社(光明、日光、莲花、大塘、云步、杨岭六个大队)第一书记;1965年10月至1966年5月,任春桥公社(凤山、朝阳、堰上、十方、春桥五个大队)第一书记;1968年3月至1968年10月,任春桥公社管委会主任;1968年10月至1971年11月,任大沙公社管委会主任;1970年10月至1971年11月,任大沙公社党委书记;1973年3月至1976年10月,任狮山公社党委书记;1976年11月至1984年7月,任多宝公社党委书记;1984年3月至1987年10月,任都昌县林业局局长。

袁 建 勋

　　袁建勋,1928年1月28日生,春桥乡老山海落舍自然村人,湖口师范毕业。袁建勋1959年2月至1959年7月任县水产局副局长;1959年7月至1961年3月任县水产局局长;1961年12月任县农业水利局副局长;1961年12月至1962年6月任县水利局副局长;1964年至1965年10月任周溪渔业公社管委会主任;1965年10月至1976年任左里公社(含多宝乡所有村)社长、党委副书记;1976年至1980年任苏山公社党委副书记;1980年至1984年任徐埠乡党委副书记;1984年退休,于2008年11月在家病故。

向　松　春

向松春,春桥乡向康自然村人。向松春1958年10月至1959年3月,任化民公社第四书记;1960年5月和1966年5月,先后两次任春桥公社副书记;1962年1月至1965年10月,任春桥公社第一书记,其中1962年8月至1964年3月兼任春桥公社管委会主任。

余 祖 斗

　　余祖斗,春桥乡余马家塘村人。1950年,余祖斗参加徐埠区土改队;1950年8月至1952年,在都昌县委办公室工作;1954年12月至1956年2月,担任县财政局副局长;1956年2月至1956年5月,任县财政贸易局副局长;1957年3月至1957年7月,任徐埠乡乡长;1957年7月至1957年11月,任官桥乡(云山、老山、官桥、子云)乡长;1958年1月至1979年,任县贸易公司经理。

黄 黎 明

　　黄黎明,春桥乡黄邦本自然村人。1962年2月至1964年9月,黄黎明任平峰公社管委会主任;1966年5月至1968年3月,任北炎公社管委会主任;1976年10月至1977年12月,任狮山公社管委会主任。

余 传 柏

　　余传柏,春桥乡珏舍自然村人。1957年3月至1958年10月,余传柏任官桥乡(云山、老山、官桥、子云四大队)党总支第二书记;1958年12月至1962年1月,分别任苏山乡苏山垦殖场第四书记和副书记;1962年8月至1966年5月,任官桥公社副书记;1962年8月至1964年3月,任官桥公社管委会主任;1966年5月至1969年5月,任官桥公社副书记;曾任张岭公社副书记。

刘 炳 发

刘炳发,春桥乡朝阳村委会下畈自然村人。1956年5月至1957年3月,刘炳发任春桥乡(春桥、美阳、朝阳、十方、凤山、堰上、沙墩、横山)总支副书记、乡长。

余　帆

　　余帆,1966年12月出生于春桥乡蒲塘自然村,1984年10月参加工作,1989年8月入党,毕业于解放军南京政治学院新闻系。其履历如下:1984年10月至1985年2月,在海军东海舰队3705部队服役;1990年10月至1993年3月,在海军东海舰队直属政治部宣传科工作;1993年3月至1995年8月,在海军东海舰队37835部队,任分队长(副连);1996年2月至1998年2月,在海军东海舰队37875部队任指导员;1998年2月至1999年12月,在海军东海舰队37875部队任宣传股长;1999年12月至2003年4月,在海军东海舰队37875部队任政治教导员;2004年10月至2008年10月,在宁波市北仑区文体局行政执法大队工作,从2006年6月开始任主任科员;2008年10月至2010年4月,在区政协办公室任主任科员;2010年4月至2012年12月,在区政协办公室任秘书科长;2012年11月开始担任北仑区商务局纪委书记。

余传林:携笔从戎绘辉煌

余传林,原名余风格,1979年出生于江西省都昌县春桥乡官桥村东位湾自然村。东位湾是一个偏僻的小山村,交通不便,经济落后。和村里的许多同龄孩子一样,余传林的童年是在半学半农的状态中度过的。除了学好科学文化知识,他还练就了一身干农活的好本领,"犁田、挑担、插秧、喷农药、种棉花、养猪、砍柴"等农活样样在行。朴实的父母教会了他"勤劳、勇敢、坚强、厚道"的生活态度,苦中泡大的孩子是懂事的,为改变自己的命运,余传林从小发奋读书,成绩一直名列前茅。功夫不负有心人,1998年7月,余传林以都昌二中第二名的优异成绩考取了南昌大学,就读于给水排水工程专业。2002年7月,大学毕业的余传林积极响应党的号召,参军入伍来到中国人民武装警察消防部队广东省消防总队工作。他多次受到公安部、广东省公安消防总队表彰,荣立三等功两次,被评为广东省公安消防总队优秀共产党员,发表学术论文十余篇,历任广东省公安消防总队建审处副处长、深圳市公安消防支队战勤保障大队大队长、广州市公安消防支队防火监督处副处长。

一、难忘的童年

余传林的童年是艰苦的,也是幸福难忘和丰富多彩的。余传林从小就表现出了很强的组织能力和集体荣誉感,是村里的孩子王,带领小伙伴们干了不少让乡亲交口称赞的好事:

一是成立东位湾青少年协会。1992年暑假,13岁的余传林组织全村的中小学生成立了青少年协会,并当选为会长。他带领全村中、小学生利用寒暑假修桥补路。村里的祠堂是全村公共活动的中心,也是每年祭拜祖宗的场所,由于历时久远,地面坑洼不平。余传林看在眼里,1995年暑假,他带领村青少年协会的全体成员用土筐运土,平整祠堂地面,使得百年未修整的祠堂焕然一新。余传林还多次带领伙伴们维修被洪水冲垮的堰坝,修整村里的麻石路。青少年协会还从春桥中学引进了法国梧桐,环村栽种了60余棵,20年过去了,当年的小树苗已长成了参天大树。

二是确定村文艺日。1999年寒假期间,余传林以全村大、中、小学生为骨干,采取募款的方式筹集资金,发动全村乡亲参与,成功组织召开了东位湾村首届迎春文艺晚会,将腊月二十七定为村文艺日,并得到了很好的传承。

三是勤工俭学锻炼自己。穷人的孩子早当家，父母吃的苦，余传林看在眼里。为减轻父母的负担，高二时，余传林背着父母前往武汉，想一边打工一边求学，后被好心人劝回学校继续学习。

二、投笔从戎十余载

余传林大学毕业后参军来到部队，在无背景、无人脉的情况下，凭着积极主动、任劳任怨、不断进取的做事态度，很快取得了突出成绩，得到了上级的一致认可。他勇挑重任，参加总队"一畅两会专项整治"，参与并组织开展"全省防火墙试点工作""广州亚运会消防安全保卫""深圳世界大学生运动会保卫"等多项重要安保工作。

余传林参加工作的第一站是广东省河源市和平县。虽然地处广东，但和平县是全国有名的贫困县，城市建设远不如家乡都昌。面对巨大的落差，余传林没有失去工作热情。他迅速调整心态，从打字员、财务管理到日常消防业务审批、消防监督检查等所有工作一肩挑。成绩和付出的汗水是成正比的。很快，全县的消防工作由后进变先进。一年不到，由于组织上要重用"德、勤、廉、能"的干部，余传林很快由和平县调往河源市工作。截至2007年调任广州市工作，余传林无怨无悔地扎根河源山区工作5年多。

消防监督工作是一项敏感的工作，手中权力大，责任大。如果思想上有丝毫放松，就有可能犯错误。多年来，余传林时刻用"厚德载物、无欲则刚"来警醒自己，所经手近万宗工作审批没有出现过一宗错案，也没有一起社会投诉。他坚持原则不放松，秉公执法树廉洁，勇担重任为人民。2010年5月，余传林被委以重任，直接负责大学城赛区亚运会消防安保组织工作。余传林主动出击，凭着一股咬定青山不放松的韧劲，以扎实的工作作风为亚运会的成功举办奠定了良好的基础。

参加亚运会消防安保工作，余传林感到无比自豪，但同时也经历了许多辛酸：2010年9月4日，妻子手术，他不能陪在身边；孩子几次发高烧到39.5摄氏度以上被送到医院治疗，他都没能顾得上去看看。因劳累过度、身体虚弱、严重透支等原因，他晕倒在了工作一线，顽强的工作作风给予其他同志很大触动。2010年10月16日，余传林临危受命，接管工作极其滞后的广东工业大学亚运消防团队。在他的带领下，团队成员团结奋进、锐意创新，完成了"从后进到先进"的华丽转变，场馆消防工作有效推进，亮点频出。为确保大学城赛区亚运会消防安全万无一失，余传林顾全大局，全力以赴，加班加点。通过一年多的艰苦努力,大学城赛区消防安保工作取得了丰硕成果,余传林同志所负责的大学城赛区亚运会及亚残会消防安保工作取得了圆满成功,实现了"不冒烟、零火灾"的总目标,为"平安亚运"做出了突出贡献,他本人两次受到《总队政工简报》通报表扬。

2011年4月,余传林胜利完成总队"防火墙"工程试点工作任务后,立刻奔赴大运消防安保第一线,担任总队专家督导组南山组组长,直接负责对包括开幕式、闭幕式、国家领导人下榻酒店等核心场所在内的32家涉大运场所消防安全进行督导,为平安大运目标的实现打下了坚实的基础。工作期间,他对发现的火灾隐患"严要求,零容忍"。7月9日,余传林带领专家组成功督促拆除了开幕式场馆地下室82间聚氨酯保温材料板房这一火灾隐患。7月28日,他在对开幕式舞台上方54米的马道进行消防检查时,发现贵宾席上方存在大量被锯短的钢管、石块、废弃的钢梯及6个电缆钢线圈等高空重物,他指挥消防人员及时清理,消除了人身安全隐患。8月2日,他在对开幕式场地开展检查时,发现二楼四个高空水炮的手动控制盘线路被景观业务口的施工人员全部剪断,还有多个手动控制盘线路被部分剪断,造成了整个水炮系统的瘫痪,情况十分危急。他立即通知施工方负责人、事故责任人、景观业务口经理等相关人员到团队办公室,对他们进行了严厉的说服教育,并明确责任该由谁来负、怎么负等具体事项。在他的强势推动下,晚上11点半,被损坏的高空水炮灭火系统被顺利修复,及时解决了一起重大消防安全隐患。8月11日上午,余传林成功解决消防总指挥部的供电问题,为大运会开幕式指挥部供电安全提供了可靠保障。深圳大运会期间,余传林带领专家组克服天气炎热、持续高强度作战可能造成的厌战情绪,以饱满的热情投入即将到来的闭幕式消防保卫战中,为第26届深圳大学生运动会成功举办画上了圆满的句号,并做出了自己应有的贡献。

三、游子在外,心系故土

余传林心系家乡的经济建设。广东地处改革开放的前沿,经济发达,是内陆省份招商引资的重点地区之一。余传林充分利用自身工作的优势,积极配合九江市、都昌县领导做好招商引资拉线搭桥工作,努力为家乡的经济建设出一份力。他还心系家乡的基础设施建设。余传林的家乡是一个偏远的山村,多年来都没有一条像样的马路与外境相通。为解决这一落后局面,余传林主动与政府相关部门对接,争取政府的大力支持,并自己带头捐钱筹款。2015年,全村通往乡道的路面终于硬化,一改以往下雨不通车、晴天尘土飞扬的窘境。余传林常说:"乡亲就是亲人。"他眷恋生他养他的这片故土,热爱他的乡亲。

余 更 新

余更新,1974年3月生,春桥乡官桥村委会南塘畈村人,原为武警水电二总队后勤部财务科科长,2014年转业到厦门市集美区委宣传部社科联工作。

余更新1995年7月毕业于河北地质学院,带着满腔的热血和年轻的梦想,带着报效祖国的心愿投笔从戎,分配到中国武警水电第二总队,成为一名光荣的武警警官,实现了自己少年时立志从军的愿望。来到部队后,从工作上的生手到精通熟悉业务的骨干再到科长,他一干就是19年,先后在西藏羊湖、沃卡,广西隆林等地工作。2004年12月,他调至支队机关工作,先后任八支队财务股长、后勤处长、支队总会计师等职务,2011年3月任水电第二总队财务科科长。

在部队的近20年,余更新始终怀着军人的职责使命默默耕耘,按照部队"西藏羊湖"精神,本着"缺氧不缺斗志,海拔高追求更高"的境界,严格要求自己,完善自我,在组织的关怀下,从一名地方青年逐渐成长为一名合格的团职领导干部。在部队期间,因饱满的工作热情、扎实的工作作风,他多次受到部队的表彰,三次荣立三等功,并被评为全军"廉洁自律先进个人"。

雄关漫道真如铁,而今迈步从头越。过去的成绩,永远只代表过去。2014年转业后,他再次以无比的热情重新投入到新的工作岗位上。

余 欣 宇

余欣宇,1970年9月10日生,春桥乡官桥村委会蒲塘自然村人,中共党员。其履历如下:1990年9月至1994年7月,就读于江西中医学院中药制剂专业;1994年9月至1998年2月,在庐山区(现濂溪区)人民医院任药剂师;1998年2月至2002年5月,在庐山区先后任科员、药政股股长;2002年5月至2012年7月,在九江市食品药品监督管理局先后任医疗器械科科长、药品流通科科长、监察室主任;2012年7月至今,在九江市纪委工作,任第二纪工委、监察分局副局长,驻市工商局纪检组副组长。

余 祖 英

余祖英,名国华,字晨松,生于1972年10月22日,官桥东位湾人,汉族,中共党员,政工师、经济师、高级企业信息管理师。余祖英多年来一直坚持学习、深造,以充实自己。1992年,他从武汉水运工业学校船舶修理与制造专业毕业;1998年,他又在广州市职工大学攻读了工艺美术设计专业;2005年,他在福建集美大学系统学习了交通运输管理知识;2011年,他又赴上海交通大学MBA核心课程高级研修班学习;2015年,他参加中央党校国资委分校处级干部进修班,并顺利拿到毕业证书。

1992年8月至2008年11月,余祖英先后任广州海运管理局城安围船厂宣传干事、团委书记、团委书记兼党委办副主任,广州海运集团团委委员,中国海运集团总公司团委委员。

2008年11月至2014年12月,他先后任中海工业有限公司菠萝庙船厂企管发展部主任、企管设备部主任。其中,2014年9月至2014年12月,他被借调至中海工业有限公司纪委工作。

2015年1月至2017年8月,他任中海工业有限公司纪委委员、监审部副主任(主持工作),其中在2016年3月至2017年8月,兼任上海市一电机有限公司、上海万度力机械工程有限公司整合组组长。

2017年8月至今,他任中远海运重工有限公司上海万度力市一机电有限公司(筹)、上海丰昌船务有限公司联合党总支书记,上海万度力市一机电有限公司(筹)副总经理。

段 兴 光

段兴光,1972年6月23日出生,春桥乡凤岭新村人,高级会计师,1995年7月毕业于江西农业大学,现为江西赣禹工程建设有限公司副总经理。

段 样 春

段样春,1975年9月1日出生,春桥乡凤岭新村人,本科学士学位。

2009年至2016年7月,段样春在烽火通信科技股份有限公司(央企)工作,该公司员工总人数达到3万人,主要业务覆盖通信光纤光缆、视频监控、安全产品、公安大数据和移动互联产品,众多产品出口国外100多个国家和地区,属于光通信行业中国领军企业。入职烽火的后期,段样春晋升为公司华南区总经理,负责公司在华南区域的销售和市场覆盖工作。在职期间,他业绩突出,拿下华南地区众多标杆性项目,经营数据屡创新高,多次荣获公司优秀员工、优秀干部标兵称号。

2016年8月至今,段样春跳槽至深圳市前海圆舟网络科技有限公司,担任该公司副总经理,负责公司的全国销售管理工作。这是一家互联网创业公司,公司人员规模数百人,办公地址和腾讯总部大厦隔路相望,和腾讯公司有众多合作,主要经营范围是移动互联产品、移动行业应用、大型企业移动门户平台。该公司凭借人才优势、技术和创新能力,在移动互联平台领域的产品和技术处于业界领先水平,2017年在新三板实现上市。

彭 返 庭

彭返庭,1946年2月18日生,春桥乡彭上畈村人,中共党员,高中文化程度。

1964年,彭返庭以优异的成绩考入全省重点中学——九江市第一中学。彭返庭1967年高中毕业后,由于"文革",无机会进入大学深造,因此响应国家号召回到农村这个广阔天地务农,在公社农科所开过手扶拖拉机,当过会计,1971年4月在该所加入中国共产党,同年5月调公社电影队,1975年被公社招聘为"三结合"干部,1980年转为国家正式干部。之后,彭返庭先后任公社办公室文书、公社革本委会副主任、公社党委副书记,1984年换届调北炎乡任党委副书记,10个月后平调至苏山乡任党委副书记。1987年4月,彭返庭调任都昌县良种场书记兼场长。1990年2月,他调苏山乡任中共苏山乡党委第一书记。1993年,他调徐埠区工作委员会任副书记,1999年撤区后,调入都昌县建设局退居二线,任主任科员。2006年,经报九江市委批准,彭返庭享受副处级生活待遇,并于当年在都昌县建设局退休至今。

工作期间,彭返庭先后在县委党校、九江市农业干部学校、九江市委党校培训,获得结业证书。在1998年特大抗洪抢险中,彭返庭两次荣获中共都昌县委、县人民政府颁发的"抗洪抢险先进个人"荣誉证书。

余 喜 平

余喜平,1956年1月2日生于都昌县春桥乡云山村委会珏舍自然村,大专文化,历任职副科、正科、非领导职务副处。

1970年7月,余喜平于都昌县新妙共大农机专业毕业后,为响应国家号召,回到春桥乡云山村委会。其间,他因积极上进,经村委会团总支书记余松山等介绍入团。在农村广阔的天地里接受贫下中农再教育后,余喜平于1972年12月报名应征入伍,成了一名光荣的海军战士,在东海舰队厦门水警区37848部队服役期间,因表现较好,于1976年4月由指挥排长王殿康、战士高正明介绍入党,一年后转正。1976年3月,余喜平作为海岸炮连指挥仪班的培养骨干被选送参加独立营三大条令骨干培训班学习,学习结束后被任命为指挥仪班班长。因一时未配副班长,出于重任在肩,他认真自学了海岸炮有关指挥理论,在实践操作中摸索要领,力求熟悉战时状态下仪器的一般性紧急故障排除方法,较快地掌握了指挥协同的基本要求,且略有心得。先后在二、三、四、五号操作手岗位上得到过历练的余喜平改进训练方法,将规定动作由三秒优秀缩短为两秒优秀,为争分夺秒打赢未来战争提高了宝贵的一秒时间,为训练大纲史上的第一次,该班也史上首次荣获厦门水警区司令部、政治部联合嘉奖。余喜平本人也受到连嘉奖鼓励。

超期服役的余喜平于1978年春退伍。1980年至1983年,他在都昌县文化馆办公室工作。其间,为迎接九江地区解放30年首次举办的群艺会演,在上级主管部门的统一领导下,余喜平承担了协调组建队伍、组织保障等繁重工作,并积极协助处理排练过程中出现的各种矛盾与问题,较好地保证了排练工作的顺利进行,为都昌代表队赴九江会演成功打下了取胜的基础,并以优异成绩扛回了大会特等奖,为都昌县赢得了荣誉。为加快都昌县群文事业发展,更好地将群文活动引向深入,在上级的关心支持下,余喜平努力争取,使乡级文化站由之前的4个增加到14个,为改变都昌县较为落后的文化面貌创造了有利条件。在下乡蹲点期间,他敢为人先,帮助建起了全县当时第一个农村三级文化网点,即以汪墩乡为中心的文化站,喆桥以墙板报为特色,茶铺以群艺活动为特色的大队文化室,红星村民小组为支点的文明村,多次受到九江地区文化处和群艺馆领导的视察与首肯。1983年至1984年,因职干身份的转变(考核选拔),余喜平调往县公安局秘书科工作,主要从事公安志编修的前期准备工作。经搜集、整理、归类资料,抢救或者走访当事人等基础性前期工作,余喜平使起步较晚的都昌县公安志编修进度由位列全省公安系统三十多名跃居到前六名,工作受到了省厅的肯定,也得到了组织上的信任和支持。1984年至1989年,余喜平先后升任县陶瓷公司副经理、县陶瓷局副局长。在职期间,他担负着建设瓷乡的协调与配合工作,任内较好地执行了县委、县政府关于建设瓷乡的一系列决策,配合新办了景都、景泰、景民、景塘、景乡五家瓷厂,完善巩固了先行创办的景昌、景阳两家老厂。当时有报道称"江西又添新瓷乡,取的名字叫都昌",可谓小有名气。1990年至1998年,在组织的栽培下,余喜平调至县农机管理局任局长兼党总支书记。任内,他带领全县广大农机干部职工团结拼搏,秉持改革、开拓、奋进、创新精神,适时提出"以县局为中心,完善县一级;以乡站为基础,巩固乡一级;以村户为骨干,发展村一级"的三层农机服务网络、一个体系的建设构想。通过三年的努力,县局中心在完善中得到加强,乡站基础在巩固中得到提高,村户骨干在发展中得到壮大,基本形成了管、监、培、供、修一条龙服务的格局。余喜平始终坚持以农业为舞台,让农机唱好戏,先后开展了"三学一赶"(即学上田、学横江、学河西,赶高安)的乡站升级达标、北炎乡百台农机抗旱大会战、鸣山乡百台铁牛闹春耕、全国铁牛杯竞赛、五三一一工程(即办好五个局属企业,夯实三十个乡站,达到年产值一千万,利润一百万目标)等一系列比、学、赶、超活动,从而大大促进了都昌县农机事业的蓬勃发展,取得了令人瞩目的成就。农机综合产值由1990年的约400万元发展到1996年的1500余万元,利税由20余万元跃增到200多万元,职工队伍由100多人扩大到近300人,新增固定资产投入800余万元。都昌县连续七年被评为九江市农机管理先进县,连续六年被评为省农机管理先进县;都昌县农机管理局获得一次中国农机化科普三等奖,1993年荣获全国铁牛杯赛优胜单位,受到农业部表彰,连续四年被评为县文明单位,被评为市文明单位两次;余喜平也被评为省农机系统先进管理工作者。依照一贯勤勉的工作表现,照顾到归队的个人愿望,余喜平于1998年至1999年调整到县公安局任副局长兼党委委员,分管武警、消防大队、森林公安、看守所方面的工作。尽管未能授衔,但他不计得失,尽职尽责,在组织看守所迁建的前期准备工作中,迎难而上,全心投入,为成功搬迁做出了应有的贡献。在1998年抗洪抢险的日子里,他吃苦在先,冲锋在前,抱着舍小家顾大家的精神,顾不上当时自家遭灾，仍坚守岗位不下火线；在处置突发张家塘与石塘刘村因村民落水溺亡的事件中，他果敢坚定，勇于担当，平息了将要发生的一场械斗，制止了流血事件的发生。总之，他在工作中基本做到了任劳任怨、不辱使命。受制于非个人原因，余喜平于1999年底改任县教育局副局长兼党委委员，先后分管局办公室、综安、人事、勤办方面的工作。身为副职，他在工作中能摆正位置，努力当好配角，在贯彻执行事关党的教育方针、政策等方面，在充分领会精神的基础上，结合工作实际，发挥主观能动性，创造性地做好分内的工作。在分管办公室工作的三年里，他根据工作的特点，适时提出了"对上要发挥好参谋助手作用，对下应服务好基层，对外须搞好纵横向沟通协调，对内要抓好机关管理"的四句话要求；2000年对徐埠片区"双十佳"评选活动中参选的班主任及教师提出了要扮演好"严师、慈父、益友、偶像"四种角色的要求；在主抓学校与学生安全及综治工作中，先后提出了"立足安全，抓好预防""巩固成果，防止反弹""居安思危，与时俱进""反骄破满，固本强基"的年度工作要求，并建议按"一、二、三、四、五、六"的工作思路开展安全与综治创建工作，即全县76所中小学，每校要实施一牌（告示牌），二线（楼道警戒线、水边安全线），三簿（安全隐患排查登记簿、安全隐患整改登记簿、安全事故责任处理登记簿），四查（一天一小查，一周一细查，一月一大查，发现隐患及时查），五勤（心勤、眼勤、嘴勤、手勤、脚勤），六无（无重大学生水陆交通事故、无重大学生饮食卫生中毒事故、无重大课间安全事故、无重大校舍倒塌事故、无刑事和治安伤害案件、无重大易燃易爆事故）等措施。为确保任务落地，他组织编写《安全三字经》印发广大师生遵循，并在全县进一步倡导"总体实施贯彻意见"，即围绕一个六无目标（略），坚持两个依靠（依靠各级政府，依靠各职能部门），实行三个不变（谁主管谁负责的责任制不变，周边环境整治任务不变、一、二、三、四、五、六综安防范架构不变），达到四个提高（提高广大师生的安全防范意识，提高学校的软硬件建设水平，提高学校的综安管理保障系数，提高校内外环境的净化质量），而任务的完成离不开组织的保证。在各级领导的大力支持下，县教育局及时组建了法制副校长、安全管理员、义务消防员、政教主任四支队伍，在明确各自职责的基础上通力配合，从而取得了学校与学生综安工作的丰硕成果。2000年以来，县教育局连续四年被评为县综治工作先进单位、"3·5"普法先进单位，他本人也先后被评为市普法先进个人、县综治先进工作者，受到市、县领导的表彰，为保一方平安做出了应有的贡献。2007年，余喜平退居二线，2014年依政策享受非领导职务副处待遇，2016年光荣退休。

余 景 星

余景星,1974年7月生,春桥乡堰上村委会余世甫自然村人,研究生学历。其履历如下:1996年10月,在都昌县团县委工作;2000年7月至2010年8月,在狮山乡工作,历任纪委书记、党委委员、人大主席;2010年9月至2014年1月,在蔡岭镇工作,任党委副书记、镇长;2014年1月至2016年5月,在万户镇工作,任党委书记;2016年6月至今,任土塘镇党委书记。

袁　欣

袁欣，1970年10月生，春桥乡海落舍袁村人。其履历如下：1991年7月，毕业于九江农校，同年8月分配到汪墩乡政府工作；1991年8月至1999年12月，在汪墩乡先后任一般干部、计生办主任、办公室秘书、喆桥村支部书记、办公室主任等职，并于1995年12月加入中国共产党；2000年1月至2000年6月，任汪墩乡常务副乡长；2000年7月至2001年12月，任汪墩乡纪委书记；2002年1月至2006年3月，任大港镇党委副书记、纪委书记；2006年4月至2011年3月，任大港镇党委副书记、镇长，其中2010年10月至11月在九江市委党校学习；2011年4月至2016年5月，任大树乡党委副书记、乡长，其中2014年5月至6月在省委党校学习；2016年6月至今，任北山乡党委书记。

游 泉 水

游泉水,1945年10月生,春桥乡春桥村委会墩上游家自然村人。其履历如下:1963年,在春桥中心小学代课;1964年至1965年,在火烧湾村教书;1966年至1967年,在彭桓六村任教兼大队民兵指导员;1968年至1969年,在春桥中心小学任校务委员;1970年至1979年,在春桥公社任党委委员、团委书记;1980年至1984年,在北炎公社任党委副书记;1985年至1986年,在盐田乡任党委副书记、乡长;1986年至1989年,在徐埠区工委任区委委员;1990年至2005年,在春桥乡任主任科员;2006年退休。

彭 康 助

彭康助,1949年10月生,春桥乡春桥村委会新舍自然村人。其履历如下:1967年,毕业于张岭(现为蔡岭)中学;1967年至1978年,在春桥乡老山村、春桥村小学任教;1978年转行从事行政工作,1978年至1983年,在北炎公社管委会任办公室主任;1984年至1987年,任北炎乡党委委员、副乡长;1987年11月至1990年4月,任北炎乡党委副书记、纪委书记;1990年4月至1992年11月,任北炎乡党委副书记、乡长;1992年11月至1996年2月,任中共徐埠区工委委员;1996年2月至2000年1月,任春桥乡人大主席团主席;2000年1月至2010年,任春桥乡主任科员,享受副处级待遇;2010年3月退休;2017年10月去世。

杨 秀 山

杨秀山,1945年生,春桥乡凤山村庙下杨家人,函授自学大专文化水平。1960年起至2005年止,杨秀山从事小学教育工作3年;应征参军5年;从事电力事业工作5年;从事行政管理工作32年。

在45年工作长河中,杨秀山虚心学习,团结同志,服从领导,服从组织分配。他从小学教师干起,当过战士,当过部队文书,当过工人;在县政府机关工作时也是从底层的办事员做起,一步一个脚印地前进,先后担任县政府机关总支干事、苏山乡党委副书记、七角区党委委员、县工商联主委和县农机局副局长。

工作期间,虽然职务低微,但杨秀山不争名夺利,不计较升迁得失,对工作兢兢业业、任劳任怨、忠心耿耿、诚恳踏实,在各个阶段的工作中都获得了嘉奖:在小学教书时,被评为"先进工作者",出席全县英模表彰大会;在部队当兵时获奖两次;在行政部门工作时三次被评为"优秀党务工作者",并出席表彰大会。由于良好的表现,杨秀山得到了上级组织的首肯。1993年9月30日,经中共九江市委组织部批准,杨秀山转为正科级干部,享受正科级待遇。

石 小 平

　　石小平,春桥乡春桥村石全生湾自然村人,中共党员。其履历如下:1981年7月,毕业于江西省水利水电学校陆地水文专业;1981年9月,分配到武宁县水文站工作,任技术员;1983年10月调回都昌,在张岭公社工作,任武装干事;1984年4月,任张岭乡副乡长;1985年5月,任左里乡副乡长;1987年5月,任多宝乡党委委员;1992年9月,任多宝乡党委委员、常务副乡长;1993年3月,任春桥乡党委委员、常务副乡长;1994年11月,任春桥乡党委副书记;1999年,任春桥乡党委副书记、乡长;2001年11月,任春桥乡人大主席团常务主席;2003年4月,任县档案局党支部书记、副局长;2007年12月,任县档案局党支部书记、局长;2014年2月,任县文化广播影视出版局党总支书记;2015年11月,任县文化广播影视局主任科员,享受副处级待遇。

游 双 福

游双福,1966年6月生,都昌县春桥乡朝阳村委会火烧湾自然村人。其履历如下:1974年9月至1979年7月,在朝阳村委会小学读书;1979年9月至1982年7月,在春桥中学读书;1982年9月至1985年7月,在北炎中学读书;1985年9月至1987年7月,就学于江西农校植保专业;1989年9月至2000年7月,就学于中央党校函授学院经济管理大专班;1987年7月至2000年6月,在左里镇工作,曾任左里镇团委书记、副乡长、纪委书记,1990年9月加入中国共产党;2000年7月至2004年11月,任三汊港镇党委副书记;2004年12月至2011年10月,任三汊港镇党委副书记、镇长;2011年11月至今,任都昌县人力资源和社会保障局副局长。

彭 桂 林

  彭桂林,春桥乡春桥村杨边塘自然村人,1964年11月生,1986年8月参加工作,1989年5月加入中国共产党。其履历如下:1984年7月之前,在春桥及都昌县城读书;1984年9月至1986年7月,在江西省第二林业学校林业专业学习;1986年8月至1992年12月,在北炎乡人民政府工作;1992年12月至1999年3月,在春桥乡人民政府工作,任党委委员、纪委书记;1999年3月至2010年8月,在徐埠镇人民政府工作,先后担任党委委员兼纪委书记、党委副书记、党委委员兼人大主席,并到县工业园区挂职(其中,1999年8月至2002年6月,在江西省委党校函授学院学习;2002年8月至2005年12月,在中央党校函授学院本科班学习);2010年9月至2017年,在都昌县交通运输局工作,先后担任工会主席、副局长,并在2017年1月荣获省级"劳动模范"称号。

段 兴 春

段兴春,1960年7月生,春桥乡凤岭新村人,恢复高考后的首届大专生。1981年1月,段兴春大专毕业后被分配在都昌县南峰镇工作,先后在南峰、土塘、徐埠等乡镇担任过党政领导职务。2009年1月,他被调至县纪委监察局工作,曾在执法监察室、信访室及纪工委监察分局任职,2013年8月任主任科员,享受副处级待遇。

向 重 生

　　向重生,1970年1月生,春桥乡老山村向康自然村人,大专文化,中共党员。其履历如下:1990年8月,在徐埠镇镇政府参加工作,先后任办公室秘书、纪委副书记等职;1999年12月,任徐埠镇党委委员;2001年12月,任蔡岭镇党委副书记、纪委书记;2006年3月,进城待安排;2006年6月,任都昌县纪委副科级干部;2007年6月,任县纪委审理室主任;2011年12月,任县纪委正科级纪检员、审理室主任。

彭 晓 明

彭晓明,1971年9月生,春桥乡朝阳居委会彭桓六自然村人,现就职于都昌县良种场,任党支部书记、场长。他1994年7月毕业于江西省轻工业技工学校;1994年9月在都昌县良种场参加工作;2000年7月毕业于江西省委党校函授学院;2001年6月任都昌县良种场副书记、副场长;2010年5月主持良种场工作,任场书记、场长;2012年7月毕业于江西电大企业管理毕业(专科);2016年7月于江西电大法学专业本科结业。

余 开 初

　　余开初,1978年10月生,春桥乡老山村委会马家塘村人,毕业于中央电大,法律专业本科学历。其履历如下:1997年8月至2001年12月,在苏山乡工作;2001年12月至2006年2月,任苏山乡党委委员;2006年3月至2009年2月,任苏山乡党委委员、人武部部长;2009年3月至2011年2月,任苏山乡党委委员、常务副乡长;2011年3月至2016年6月,任苏山乡党委副书记;2016年6月至今,任鸣山乡党委副书记、乡长。

邱林：总在路上

曹爱珍

邱林，1965年8月19日出生于春桥乡茅店街，为江西省作家协会会员、都昌县作家协会主席。他致力于散文创作多年，作品散见于《散文》《散文选刊》《创作评谭》《江西日报》等文学期刊和报纸副刊，已出版散文集《南疆碎影》《乡村二月》和纪实文学《我的都昌》，现供职于都昌县电视台。

朴实厚道，透着憨劲，做事执着，这是邱林给人的深刻印象。这个在都昌县春桥乡茅店街长大的青年，当过兵，参过战，立过功，退伍后成为县广播站（今电视台）的一名新闻工作者。近年来，他又来了个猛的转身——搞起了文学创作，成果颇丰。

邱林18岁走出家门去当兵，竟当来了这一连串的精彩。每每想起这些，他总觉得好像是从时空的梦境里走过一般。文学大师林语堂先生说："梦想是很真实的东西。"邱林的梦是他一笔一画书写的，他任何时候都行走在路上。

他从猫耳洞走来

邱林当的是边防兵，他所在的部队驻守在中越边陲的广西前线。当时的广西边境并不是风平浪静的后方，而是硝烟尚未散尽的战场。1979年春，对越自卫反击战落下帷幕后，敌方挑衅的枪声、骚扰的炮声和地雷的爆炸声仍不绝于耳，阵地的争夺战随时都在发生。

邱林家境贫寒，他只读了初中，和许多来自农村的战士一样，他是带着改变自己命运的念想去当兵的。在这个念想的支配下，邱林在连队什么脏活累活、什么冒险不要命的事都抢着干。

有一次，连队要在一个新设的阵地上修山路、挖坑道。全连官兵日夜三班倒，别人只上一个班，唯独邱林争着抢着上两个班，打炮眼、运土石、扛砖头，他样样都干。他所在的连队守备的阵线长、山头多，露天作业还时常要防敌方的冷枪冷炮，但他就这样干了大半年时间。1986年春节前后，双方炮火大有一触即发之势。正在休整的邱林,大年三十晚上向团首长打电话,请求补员上阵地。正月初一早上,他只身穿过敌人的封锁线来到阵地,和六个战友一直守卫到元宵节,才被撤换下来。其间,他和战友们一起,经受了激烈的炮火考验,守住了阵地。

邱林在校读书时就特别爱好写作,到了部队,他觉得光靠一股蛮劲苦干可能是行不通的,于是,他开始了艰苦的自学新闻写作的历程。白天,他一有空就在弹药箱上、猫耳洞里看《新闻写作知识》之类的书籍;晚上,阵地上是不能有灯光的,他就在被褥里打手电看书。一年下来,他从一个手持枪杆的战士,成长为一个手捏笔杆的战地新闻兵。1985年春季炮战,邱林在阵地上采写好了三篇新闻稿。为了及时将稿件发出去,他冒着敌人的炮火,绕过一个又一个爆炸点,冲下阵地,用山下连队的备用电台(阵地上的电台都在指挥作战),及时准确地把稿件发往了新闻媒体,来自战地的声音当天就在大江南北传播。

从军四年,邱林的战地新闻稿件被《解放军报》、《战士报》、《广西日报》、广西人民广播电台采用的就有两百余篇。1987年7月,他还与人合著了报告文学《法卡人》一书。如今,邱林仍保留着那时的剪报本,翻开它,就有一股浓浓的硝烟味扑鼻而来。

邱林先后四次立功。1985年6月,他还荣获全国边陲优秀儿女评选委员会授予的"全国边陲优秀儿女"荣誉称号;1986年6月,他被师团推荐到《解放军报》驻原广州军区政治部记者站,当见习记者五个月。

执着地握住一支笔

邱林是幸运的一个。南疆军旅四载,他没有"秦时明月汉时关,万里长征人未还"的悲情,有的是"春来前线花偏好,血溅边陲土亦香"的襟怀。每每想起那些长眠在南疆的战友,他就眼含热泪。

从广西边陲退役后,他被安置在都昌县广播站,当了一名记者,干起了他在部队时的老本行。那时候,退伍兵大多没有文凭,有一技之长的人都希望能够对口安置,但要达到这个愿望,是非常困难的。邱林得以"对口",凭的是他在部队发表的两百多篇通讯报道。不然,他在县城无亲无故,一点"靠山"都没有,要想安置到理想中的单位,好比痴人说梦。邱林对曾经帮助过他的人,至今都心存感激。

从战地记者到地方记者,邱林一直保持着"总在路上"的行进状态。他这样告诫自己:执着地握住一支笔,强化精神气质。

邱林把新闻工作视若自己生命的一部分。在他看来,任何不尊重职业的行为,都是一种愧疚。1987年底至1988年4月,在家等待分配工作的他,迫不及待地奔走于本土乡村,采写了一批稿件,且多数被省、市媒体采用。20世纪90年代,县广播站专业性的工作环节,为邱林采写大量的新闻稿件提供了可能,他常常白天采访新闻素材,晚上挑灯夜战把它写出来,第二天上班,他做的第一件事就是邮寄稿件。时任广播站站长的刘水金,看到了邱林身上的这股韧劲,便带鼓励性质地把江西省人民广播电台特约记者的发稿签全部交给了他。这样,邱林在省电台的用稿率大幅上升。县委宣传部每年下达广播站的上级用稿任务,邱林一人完成还绰绰有余。这之后,县广播站发展了新业务,办起了有线电视台。邱林自我加压,学习电视新闻业务,加之他经常参加省、市的新闻业务会议,这让邱林如虎添翼,从中获益良多。

在地方从事新闻工作的这些年,邱林在各级报刊的用稿剪报本就有十多本,多篇作品在省、市乃至全国获奖。

向新的高地出发

邱林怎么也没想到,今生能与笔结下不解之缘。在校读书时,他把大量的时间用于阅读课外书籍,数理化成绩不佳。踮着脚盼望儿子能考上大学的父亲,常气得指着他的脑门骂:"崽呀,你看这些书有用啰,就掏我的眼珠!"邱林当兵那几年,部队每年都有一张立功喜报寄到春桥乡政府,他父亲这才逐渐转变了心态,逢人就说:"我的崽读书不行,在部队却写出了名堂。"如今,邱林在县里撰写新闻稿有了新的成果,他父亲知道了,又常有新的溢美之词。

邱林可不满足于已有的新闻成就,向新的高地进发了。

他说,自从在学校读课外文学书起,就萌生了文学梦。之所以没让它过早地生长出来,是因为文学乃高雅的艺术,他才疏学浅不敢贸然涉足。邱林说,是杨廷贵先生的引导,他才慢慢地萌生了写散文的冲动,拗不过手痒就写了。

2000年,邱林从他终生难忘的军旅生涯入手,以散文的笔触,记述对战火的所思所想和血肉之躯的所感所悟。不知不觉写下来,竟有六七十篇,那时由杨廷贵主编的《鄱阳湖文艺》刊发了不少。2002年,他把这些散文结集成册,谓之

《南疆碎影》,由中国文联出版社出版。从此,邱林一发而不可收,创作的素材由部队转向了本土,文化思考、亲情怀旧、家园厚土、人生感悟,无所不有。邱林少年时的文学梦终于开了花。他的散文频频在省、市文学报刊上发表,受到好评。全国著名影视剧作家王一民多次评价他的散文:扎实有分量,多以细节打动人。文学评论家杨廷贵动情地为他写了《文学的朝圣者》的评论文章。他认为:邱林如果阅读面再广一些,能够"取法乎上",数年之后,他又会给人新的惊喜。近些年来,邱林创作并得以发表的散文逾两百篇,出版了散文集《乡村二月》。2005年5月,邱林加入省作家协会。2006年和2007年,他两次荣获九江市年度文学创作奖。2010年至2014年,邱林采写创作了纪实文学《我的都昌》一书。

邱林写散文避免了轻浮式的贪多求快,而是在情感的打磨里缓慢地诞生。他也深感自己功力不足,一有时间,就在家里看书,鲁迅、巴金、林语堂、孙犁、陈忠实、余秋雨、贾平凹、金庸、莫言等名家的书,还有外国文学,他都买了来,一本本细读。每当有人问他双休日和业余时间在家干什么时,他都很简洁地告诉别人:看书、思考、写东西。邱林以正在出发的姿态,总给人以无尽的期待。

正走在文学路上的他,一向低调不张扬。他说:"读一本名著,多一分功力;写一篇散文,多一篇作品。"邱林似乎总在前行的路上,从没有停歇的时候。

余 晒 喜

余晒喜,男,汉族,都昌县春桥乡堰上余式昂村人,1962年3月10日出生,1980年11月入伍,1984年11月入党,大学本科(函授)学历,现为深圳市公安局牛湖派出所主任科员、一级警督。

1980年11月,余晒喜响应祖国号召应征入伍。艰苦的新兵生活,使他由一名普通青年成为一名合格的军人。新兵结束时,他被评为优秀士兵。1981年2月,余晒喜被组织分配到团后勤处修理所工作。修理工作专业技术性强,条件艰苦,但他刻苦学习,认真钻研,兢兢业业地工作,很快成为一名技术能手,曾参加师部组织的多项专业比试,都取得了很好的成绩。由于各方面比较优秀,1990年3月,余晒喜被部队从专业军士队伍中破格提拔为干部,选送到原广州军区桂林陆军学院学习。1990年8月,余晒喜回到本团修理所任技术员,负责武器装备的管理和维修工作,1994年3月,被任命为修理所所长(正连级),负责部队武器、车辆、工程、防化装备的管理和维修保养等工作。1994年8月,余晒喜所部从广东省博罗县长宁镇调防进驻深圳市龙华区。在特区,他更加严格地要求自己,遵守部队纪律,自觉执行命令、条例和各项规章制度,认真探索新形势下部队的管理和装备保障工作纪律,为部队的全面建设做出了较大的贡献。因工作需要,1999年4月,他被组织任命为团装备处副营级助理员(少校军衔),主管全团弹药、工程防化装备。任职期间,他面向基层为官兵服务,具有良好的职业道德,工作坚持原则、实事求是,作风公道正派,始终把安全稳定工作放在第一位,先后参加了1984年清远抗洪和1998年湖北抗洪抢险工作,积极参加了多次战备演习和各种军事斗争准备等工作,较好地完成了保障任务,经受了各种考验。余晒喜先后任班长、专业军士、技术员、所长、助理员等职,先后多次受嘉奖,荣立三等功两次,被评为优秀干部、优秀共产党员、学雷锋先进个人、科技练兵先进个人。

2001年5月,他因工作需要,转业到深圳市公安局工作。

余 汉 雄

　　余汉雄,1973年2月生,官桥村委会余大舍自然村人。其履历如下:1991年12月至1994年12月,在湖南怀化二炮部队服役;1995年1月至1995年12月,在官桥村委会工作;1996年1月至2000年4月,在春桥乡政府工作;2000年4月至2002年1月,在西源乡政府工作;2002年1月至2003年3月,在狮山乡政府工作;2003年3月至2016年7月,在蔡岭镇政府先后任党委委员、武装部部长、副镇长、纪委书记;2016年7月至今,任苏山乡人大主席。

石 柏 初

　　石柏初,1965年5月出生于春桥村委会石纯里村,初中就读于春桥中学,高中毕业于徐埠中学,1982年考入江西卫生学校,1985年分配到庐山卫生处工作,现就职于庐山市场质量监督管理局。工作30多年来,他先后获1993年全省卫生知识竞赛一等奖,2004年、2005年庐山管理局先进个人称号。

陶 淼 松

陶淼松,1954年9月13日生,春桥乡堰上村委会陶家村人,1968年9月参加工作,中共党员,大专学历。他先后在县黄梅戏剧团、县计生委工作,1998年任县计生委计生协会秘书长(副科级),2006年5月转为主任科员(正科),2014年12月退休。

游 全 贵

游全贵,男,汉族,1953年1月8日生。其履历如下:1959年至1965年,在火烧湾村小、春桥小学读书;1965年至1968年,在张岭初级中学读书;1969年至1970年12月,在春桥五七中学读书;1971年1月至1976年3月,任朝阳大队团支部书记、乡团委委员;1976年1月,加入中国共产党;1976年3月至1983年,任朝阳大队党支部副书记、大队长;1984年至1986年,任春桥水产场场长;1987年,任乡企业办公室会计,负责全乡乡办企业账目;1988年至1990年,任朝阳大队党支部书记;1990年7月至1995年,任春桥乡组织干部、土管员、集镇规划员;1996年1月至1999年,任春桥乡党委组织委员;2000年1月至2002年,任春桥乡党委委员、乡政府常务副乡长;2002年3月至2006年,任春桥乡人大主席团副主席(正科级);2006年6月至2013年1月,任春桥乡主任科员;2013年1月退休。

余 明 生

  余明生,1957年10月出生于春桥乡余大舍自然村,大专学历。他1980年2月参加工作,1983年12月入党,毕业于九江师范都昌分校理科班,现任都昌县人民防空办公室干部(正科)。其履历如下:1974年9月至1975年9月,在都昌县徐埠高中就读;1975年9月至1977年12月,在家务农;1978年1月至1979年9月,就读于九江师范都昌分校理科班;1979年9月至1980年1月,在都昌县北炎中学任实习教师;1980年2月至1980年9月,在北炎中学任教;1980年9月至1984年9月,供职于春桥乡政府,任办公室主任;1984年9月至1987年7月,任春桥乡党委委员、纪委副书记;1987年7月至1988年7月,任张岭乡党委委员;1988年7月至1990年1月,任张岭乡副乡长,并于1984年至1990年6月参加省委讲师团干部马列主义理论教育;1990年1月至1992年12月,任徐埠乡副乡长;1993年1月至1995年12月,任春桥乡党委委员(主任科员);1996年1月至2001年12月,任北炎乡党委委员、纪委书记、党委副书记;2002年1月至2006年4月,任蔡岭镇人大副主席(正科);2006年6月至2017年12月,任都昌县人防办干部(正科);2017年12月退休。

江 松 保

江松保,1951年9月生于春桥村委会大江家自然村,现为春桥乡诗词分会会长。他7岁上学,先后就读于春桥中心小学和张岭中学,1968年7月毕业,毕业后受聘为春桥小学教师,当年12月应征入伍,被分在河南二炮军营。1973年,江松保退伍回乡重操旧业,曾在春桥、官桥、坦上等高小教书,并担任过学校负责人。1982年8月,江松保入都昌师范民师班进修,毕业后分配在春桥中学教书。因工作需要,他1987年7月调春桥乡政府工作,被选为副乡长。1988年,他拿到了江西电大函授文凭。1994年,他被评为主任科员,2011年9月退休。

袁 志 锋

　　袁志锋,1960年11月17日生于春桥乡海落舍袁村。其履历如下:1976年,高中毕业于徐埠中学;1976年9月至1978年7月,在苏山中学教书;1978年9月至1980年7月,就读于都昌师范;1980年9月至1983年7月,在徐埠中学教书;1983年7月至1984年9月,在春桥中学教书;1984年9月至1985年3月,成为徐埠乡干部;1985年3月至1989年10月,任张岭乡武装干事、副部长,1987年6月加入中国共产党;1989年10月至1992年11月,任新妙乡党委委员、武装部部长;1992年11月至2006年11月,任蔡岭镇党委委员、武装部部长(主任科员);2006年11月至2011年11月,任蔡岭镇组织员(正科);2011年11月至今,为蔡岭镇主任科员(享受副处待遇)。

彭 晓 东

彭晓东,1964年1月出生于春桥乡堰上村,汉族,中共党员,大学文化。其履历如下:1984年7月,在蔡岭镇政府工作;1984年8月至1985年1月,任蔡岭镇团委书记;1985年1月至1986年7月,任徐埠区工委武装干事;1986年7月至2000年11月,任蔡岭镇司法员、纪委副书记、党政办主任(其间1992年9月至1994年7月在江西行政学院毕业,1993年9月任蔡岭镇副主任科员);2000年11月至2002年3月,任春桥乡综治办副主任;2002年3月至2006年4月,任春桥乡党委委员;2006年4月至2016年6月,任春桥乡副科级人大秘书;2016年6月至2017年7月,任春桥乡人大副主席,2017年1月晋级主任科员;2017年7月,退居二线,保留待遇。

余 干 平

　　余干平,1962年11月生于春桥乡珏舍自然村,中共党员,大学学历,原都昌县高招办主任(2015年晋升副处级待遇)。他1979年参加工作,从1980年开始,从事招生工作38年。在主持县高招办十年工作期间,他工作认真负责,爱岗敬业,尽职尽责,为都昌县普通高考做了大量工作,付出了不少心血和汗水,也取得了一定的成绩,得到了领导的高度赞扬。

游 海 辉

游海辉,1965年10月生,春桥乡朝阳村委会西舍村人,现任都昌县教学仪器电化教学站站长,事业单位六级职员(副处)。

余 小 兵

余小兵,1979年9月生,春桥乡官桥村委会南塘畈自然村人。

余小兵出生在贫苦的家庭,儿时尚在温饱线上挣扎,但父母的善良、勤劳成为余小兵日后砥砺前行的动力。春桥小学、官桥联小、春桥中学求学的日子,苦涩却又快乐,懵懂的少年贪玩无知,以致初中毕业连北妙中学都没有考上,后来辗转到大港武垦中学借读。离家不受监管的孩子,学业荒废,直到高三那年,他才顿感危机,开始意识到不足一年就要进入社会了,于是,他再次转学到三汊港插班就读。这一年是他最努力的一年,但高考仍然名落孙山。1997年暑假,电视剧《和平年代》启发了他要去养家的念头,于是,他的人生从此朝着另一个方向前行。

1997年12月,余小兵有幸成为都昌县20名驻港战士中的一员,也是春桥乡唯一的一个。带着父老乡亲的嘱托和期望,他踏上了南下的列车。驻港部队的军旅生涯,让这个农村的放牛娃开始真正认识世界,认识自己,他立志报考名校,走出农村。1999年,澳门回归祖国,组建驻澳门部队,余小兵再次有幸被选中作为首批组建成员,并出色地完成了澳门回归祖国的防务交接任务。2000年,余小兵如愿考入第一军医大学,毕业后分配到原广州军区联勤部下属一家军队医院(188医院)工作。不到三年的从医经历,让余小兵不再安于现状,几经周折成了那年他们系统中最年轻、职别最低(副连级)的军队转业干部。2007年,余小兵被分配到现在的单位,初来乍到没少遭人白眼,也没少吃苦头,但他用实际行动和工作能力证明了自己。这些年,他拼命工作,刻苦学习,不但拿到了双本科学历,还拿到了学士学位,成为单位的业务骨干。机会都是留给有准备的人,他一路从科员到副主任科员,从副大队长到大队长,近10年的时光,也是他人生再启征程的时光。一路走来,余小兵想分享自己的一点成长心得,那就是人生有很多十字路口,往不同的方向前行,就有不同的人生,但前行的目标要明确,行动要坚定,做人做事都要不忘初心,砥砺前行。

余 福 平

余福平,汉族,1964年11月生,江西都昌春桥人,1988年3月参加工作,2005年1月加入中国共产党,江西省卫生学校检验专业和江西医学院医学检验学专业毕业,在职大专学历,主管医技师,九江市传染病检验诊断专家、九江市艾滋病确证专家、江西省麻(风)疹实验室现场认证专家,现任九江市疾病预防控制中心微生物检验科科长。其履历如下:1985年9月至1988年1月,在江西省卫生学校学习;1988年3月至1993年1月,在九江市卫生防疫站检验科工作;1993年2月至1998年12月,在九江市卫生防疫站卫生监测三科任副科长,负责全市卫生用品及消毒杀虫管理工作;1994年9月至1998年7月,在江西医学院医学检验学专业学习;1998年1月至2003年12月,任九江市卫生防疫站检验科二科副科长,负责全市传染病控制检测诊断;2004年1月至2008年12月,任九江市卫生防疫站检验科副科长;2007年3月至2007年4月,参加卫生部(今卫计委)华西公共卫生管理学院微生物检验专业技术骨干培训班;2009年1月至2010年11月,任九江市疾病预防控制中心检验科副科长;2010年12月至今,任九江市疾病预防控制中心微生物检验科科长。

余福平自1990年起一直从事各种传染病诊断及临床检验,主持开展了九江市的各种消毒监测工作、各种传染病病原学及分子生物学诊断以及流感病毒培养,主持组建了九江市国家致病菌识别网等。

余 新 秋

　　余新秋,春桥乡余马家塘村人,1969年7月24日出生,1993年入伍后考入海军军校,大学文凭,现任东海舰队某部舰长,上校军衔。

余 程

余程,1971年3月生,春桥乡云山大队珏舍村人,中共党员。其履历如下:1994年7月,毕业于江西理工大学工业会计专业;1998年,毕业于中南财经政法大学财务会计专业;1994年至1999年12月,在景德镇会计师事务所工作;2000年1月至9月,在景德镇市地税局稽查分局工作;2000年10月至今,任景德镇市财政国库支付局综合科科长。

技术人才卷

有道是：三百六十行，行行出状元。春桥之子在各自岗位上勤学苦练、施展才华，又知行合一、锲而不舍，他们秉承了一种文化，彰显了一种精神。

余 亚 平

余亚平,1957年8月生,云山村委会珏舍村人。其履历如下:1982年12月至1988年4月,在都昌县中医院任医师;1988年5月至1996年3月,在都昌县中医院任主治医师;1996年4月至2004年10月,在都昌县中医院任副主任医师;2004年11月至今,在都昌县中医院任主任医师。

游 春 华

　　游春华,朝阳居委会火烧湾村人,博士学历,副教授、民革党员,曾担任湖南省建筑科学研究九所副所长,现为湖南工学院建筑工程与艺术设计学院副院长、校学术委员会委员、硕士生导师,湖南省教学能手,湖南省建筑房屋工程质量司法鉴定专家。其主要社会职衔还有：湖南省岩土工程学会会员、湖南特变电工房地产开发公司特聘技术专家、湖南天嘉置业有限公司顾问专家。他主持或参与省级科研项目5项,湖南省教育厅教改项目2项,横向科研项目30余项,在《工程力学》《建筑结构》等学术期刊发表学术论文10余篇,出版专著1部,获得国家发明专利1项、实用新型专利6项。

彭 小 华

彭小华,1969年11月出生,春桥乡春桥村委会矗藤树自然村人。他1988年考入江西医学院临床医学专业,1993年毕业,获医学学士学位;2000年在浙江省海盐县人民医院工作;2001年至今,在浙江省嘉兴市第二人民医院工作。彭小华1999年晋升为主治医师,2006年晋升为副主任医师,2015年晋升为主任医师(教授级),先后在国家级、省级医学杂志发表论文12篇。

常言道:人贵有自知之明。他的体会是,无论自己怎么努力,永远都是一位普通的医师。

刘初生：为了大地长丰收

他，每年下乡不少于300天，病虫调查不少于150天，忙的时候几乎要天天下乡，天气最热的时候需要起早贪黑。为了掌握病虫发生情况，他常常手拿一根棍子，脚穿一双拖鞋，深入田间，日晒雨淋，弄得脸黑体瘦、满身是泥。2005年，他被确诊为舌癌，当年6月做了舌根部分切除术，手术后修复的舌头令他说话很不自然流畅，但这并没有影响他对工作的热情和对生活的追求。他就是都昌县植保植检站站长刘初生。

刘初生20世纪60年代生于都昌县春桥乡公积自然村，1984年九江农校毕业后分配到家乡，在农业植保一线默默奉献数十载。2005年查出得病后，他完全可以向领导要求换个轻松点的岗位，但他舍不得放弃，因为他认定了这是一份有益于人民的事业。患病后的他，工作比以前更积极，更能吃苦。十几年来，他把每天的工作都视为一种享受，为工作中取得的每一点成绩感到快乐。全县近400个种植大户几乎都认识刘初生。看到乡亲们脸上挂满因减少病虫灾害损失而增收的喜悦，这个忠实的植保人心里比蜜还甜。

刘初生深知，善于发现虫情，准确分析虫情，科学指导防控，是植保人的主要职责。每当看到农民因作物受病虫危害焦虑不安时，他就心生同情和不安，宁愿自己吃苦受累，也要帮助种植户解决问题。他直面问题，从不抱怨，每年都会向县委、县政府分管农业的领导，农业局的主要领导专题汇报工作。他曾生动地将植保与一些其他行业做比较：气象局也是发布预报的机构，他们说明天要下大雨、下冰雹，可老百姓带不带伞，他们管不了；可植保人不一样，如稻飞虱大爆发，他们得组织开会，下乡指导防治，万一成灾了，他们有责任。经过不懈的努力，他终于说服了领导，从2006年开始，他们的"病虫情报"就可视化了，像天气预报一样，每期都在电视台播放。现在，站里买了一台田间自走式喷杆喷雾机和两台无人植保机，以备应急防控所需。征地3亩的区域站检验检测大楼正在施工，县区域站观测场已经投入使用，观测场内10亩农田耕种从没请农工，全是他们自己在做，这样既省了钱，又加强了实践。为了植保区域站项目，他跑了23个部门，先后数百趟，前后一年多才把手续办下来。

近10年来,刘初生先后与农业部、全国农业技术推广服务中心江西省植保植检局、南京农业大学、中国水稻研究所、江西省农科院、九江市气象局等单位合作开展了20多项植保课题的研究。他在省级以上科技书刊上发表论文20余篇,参与了6本植保专业书籍的编写;先后获得12项农业科技成果奖,其中全国农牧渔业科技贡献奖1次,全国农牧渔业丰收奖二等奖2次;5次荣获全国植保系统先进个人,13次获全省植保先进工作者。2012年,刘初生被都昌县委授予"优秀共产党员"称号,连续4年被县委组织部授予"都昌县专业技术拔尖人才",2013年县委、县政府授予他"都昌县劳动模范"荣誉称号,2014年荣获"都昌县十佳科技工作者",2016年被评为"十大江西农业人"。更难能可贵的是,他把这些荣誉看作是全县植保人共同努力的结果,是大家共同的荣誉。

彭 竹 涛

彭竹涛,春桥乡继岗自然村人,本科函授学历,现为中国瑞林监理公司(江西瑞林建设监理有限公司)九景事业部负责人。

彭竹涛1993年毕业于武汉铁路桥梁学校铁道桥梁专业(中专),毕业后被分配至中国中铁大桥局集团第七工程公司,历任实习生、技术员、助工、工程师、项目工程部部长、项目副经理等职务,直至2001年。

2001年,积累了项目管理经验的彭竹涛跳槽到中国瑞林监理公司工作至今。其间,他于2001年至2004年拿到了华东交通大学土木工程专业的本科函授学历。彭竹涛勤奋上进,在瑞林公司工作期间积极参加国家专业技术人员资格考试,先后获得高级工程师、国家注册监理工程师、造价工程师、一级建造师证书,在公司历任总监代表、总监理工程师、九景事业部负责人。他参与了上饶市五三大道东延、西民主路、市民广场工程和南昌市红谷滩新区红角洲片区市政路网工程(学府大道、丰和南大道等)项目的监理工作;主持了九江市胜利大道、胜利广场、前进西路工程,修水香炉山钨矿、广西新村铀矿冶炼项目,浮梁县、黎川县、崇仁县污水处理厂工程,九江欧洲风情街、九江职业大学新校区等项目,国家开发银行江西省分行办公大楼精装修,景德镇市高铁商务区核心区路网建设工程,景德镇市地下综合管廊的监理工作。

彭　诚

彭诚,1983年8月15日生,春桥乡堰上村委会彭罗家舍人。他2004年毕业于华南理工大学无机非金属材料系(本科),2009年毕业于中国科学院上海硅酸盐研究所(博士),同年进入华南理工大学材料学院工作至今,现任华南理工大学硕士生导师、副教授、无机非金属材料系副主任,中国硅酸盐协会陶瓷分会色釉料专业委员会副主任。

彭诚长期从事陶瓷材料科学与工程的教学与科研工作,主要研究方向为结构陶瓷材料功能化、日用微晶陶瓷。目前,他已承担国家自然科学基金1项,广东省教育部产学研项目2项及企业合作项目若干,获得广东省科技进步一等奖1项(2017)、广东省科技进步二等奖1项(2014)。近年来,彭诚先后在 *Chemical Communications*、*Journal of the American Ceramic Society*、《无机材料学报》等期刊发表科研论文40余篇,获中国发明专利5项。

彭华安:读万卷书,行万里路

1980年,我出生于江西省都昌县春桥乡彭继岗村,这是一个有着70多户人家的村庄,地处湖口和都昌交界处,有500多年历史,村子里有多栋古老建筑,全村都姓彭。尽管村庄偏于一隅,但在我心中,它是个山环水绕、绿树掩映的美丽之地,哺育着我成长。

一、童年

虽然我是在贫穷中长大的,但在记忆中,我的童年生活充满了无限的乐趣,就像鲁迅先生《从百草园到三味书屋》中写的那样,充满了童真童趣。有采花捉虫的春天,有水中嬉戏的夏季,有草地上摸爬滚打的秋天,有堆雪人打雪仗的冬季……童年生活中占比最重的,还是放牛。牛是一种很有灵性的动物,我和它逐渐成为好朋友。慢慢地,我可以把它放在山上不去管它,而此时我就可以品读从朋友那借来的各种书籍,更多地了解外面的世界。每当黄昏来临之际,我就和牛儿一起回家。记得有一次,我在放牛时看书太入神,忘记了照看牛,等太阳落山时,我到处都找不到牛。那时,牛是一个家庭种田不可或缺的生产要素之一,我害怕把牛弄丢了,便哭着跑回了家。正当我和爷爷准备重新上山去找牛的时候,牛却自己回家了。

每天放学回家后,我都会和小朋友一起玩各种各样的游戏。童年记忆中,老鹰抓小鸡是我最喜爱的游戏之一。在父母的养育和教导下,我在快乐中慢慢成长为大孩子。小学阶段在父母的关爱和老师的教育下,我德、智、体、美、劳得到了充分的发展。虽然那时我还不知道学习的重要性,但那时却是我最开心快乐、无忧无虑的阶段。

二、父母

爷爷有三个儿子和三个女儿,奶奶在我很小的时候就去世了,我对她印象不深。我父亲彭宝树是老大,二叔是个教师,三叔学过手艺但后面荒废了。作为家中长子,父亲虽然读过几年书,但很早就辍学挣工分,承担一大家子的口粮,为人本分、善良、老实。母亲彭菊花是本村人,个子较小,没有上过一天学,只会写自己的名字、认识几个简单的字,但她聪慧又善良,勤劳又俭朴,乐于助人,深得乡亲们的赞誉。

虽然1980年就已经改革开放了,但是我们村还十分贫穷落后。父母都是老实巴交的农民,不善于经营,每年靠着几亩田地过日子。他们每天面朝黄土背朝天地辛苦劳作,每年的收成除去上交国家的各种税费,仅仅够一家人填饱肚子而已,根本没有什么积蓄,贫穷是当时我们家的真实写照。

我记忆里最深刻的事情是我考上大学,家里却凑不齐上大学的钱。由于各种原因,父亲到银行也没有贷到上学的钱。整个家庭当时处在茫然不知所措之中,母亲坐在灶台旁掩面而泣的情景历历在目,深深地刻在我内心深处。我仍然记得母亲脸上的眼泪和无助、父亲的沉默不语和沮丧。此后几天,在亲戚、邻居和好心人300元、500元和1000元不等的帮助下,家里终于凑齐了我上大学的费用。

在大学那段艰难困苦的日子里,我最担心的不是我的学习成绩,而是每年九月开学的日子。因为,学费问题常常让我一筹莫展。我不忍心看见父母为了我的学费向别人说好话借钱,有时借不到钱还要忍受他人的白眼。但人间的亲情和友情让我孤独、受伤的心灵常常充满了阳光和雨露。家里的亲戚、村庄的好心人常常帮助我,供我上学,让我顺利读完了四年大学。更可喜的是,我硕士和博士都考取了国家公费研究生,没有再花家里一分钱,总算为家里减轻了一些负担。

三、导师

2008年,我硕士毕业后直接进入南京师范大学教育科学学院,师从张乐天教授,成为攻读教育政策方向的博士研究生。张乐天教授是九江师专原校长,江西彭泽人,2000年从九江调入南京师范大学教育科学学院担任博士生导师。早在读大学时,我就听说过张教授,听说过他出于对学术研究的执着和热爱,毅然放弃从政的机会去南师大从事学术研究的故事。第一次见张教授,我就被他的气质和谈吐折服。更幸运的是,张乐天教授在学术研究方面极为自律和宽容,他几乎从不和自己的学生合写文章,从不强迫学生接受自己的学术观点,而是给予学生充分的自由去探索教育政策领域的各种现象和问题。从博士一年级开始,我接连上了张乐天教授的四门课程。这其中既有20人的大课,也有一对三的阅读课。三个学期下来,我慢慢地从参与、思考到领悟、把握这个"麻雀虽小,五脏俱全"的研究领域,而且找到了博士论文的选题和理论突破口。

在读博期间,张乐天教授给我提供了各种参加国际国内学术研讨会的机会,锻炼了我的学术研究品性,提升了我的学术成果表达能力。比如我这辈子在国家级学术研讨会上的第一次发言,就是他给我的机会。2012年,全国教育学博士论坛在南京师范大学召开。根据规定,每位导师门下只有一位学生发言。为了把这个宝贵的机会让给我,张乐天教授给他的另一位博士生做工作,请他自愿放弃。我当时知道后既兴奋又紧张,一夜都没有睡好,把要发言的材料反复看了很多遍,好在研讨会上的发言比我想象的要顺利许多。这一次宝贵的经历就像捅破了一层窗户纸,从此,我无论在哪里讲课或发言,都没有紧张过。

丁晓昌副厅长(教授)不仅是我在江苏省教育厅的主管领导,更是我的博士后合作导师。丁晓昌教授本是南京师范大学中文系的教授、博导,后来出任南师大党办主任、校长助理,2000年在全省公推公选中脱颖而出,担任省教育厅副厅长之职,主管全省高等教育。担任"厅官"16年,丁晓昌教授仍保持着强烈的社会责任感、富有激情的学术创新精神和强有力的学术管理能力。他不仅一直在南京师范大学文学院带应用文体学的博士研究生,而且始终坚持结合管理实践开展省域高等教育研究,在全国高等教育研究界产生了广泛而积极的影响。非常幸运的是,2012年9月,我成为丁晓昌副厅长的博士后。虽然他的行政管理工作非常繁重,但他仍不时关心我的学习、工作和生活情况,给了我巨大的帮助。听说我当时在南京还没有买房子、没有地方住,他立刻打电话给南京师范大学帮我申请到了两室一厅的博士后公寓,解决了我的燃眉之急;我爱人博士毕业时,丁教授帮助她联系南京的高校,介绍了合适的工作;当我表达出想出国深造的念头时,他给我提供了一个由江苏省政府资助出国留学的宝贵机会……可以说,跟随丁教授治学期间,他毫无保留地把他的学术追求、治学品格和批判精神悉数传授给我,对"善歌者使人继其声,善教者使人继其志"做了很好的注解。在他的身上,领导的特征和学者的品格得到了完美的统一。

很多过来人都说,跟随自己导师的时间长了,在很多方面都会变得越来越像自己的导师。学术观点、着装、为人处事和谈吐等都会被导师的品位影响,所谓"为人师表"的强大影响力与号召力,或许就是这个意思。我觉得,对于我个人而言,两位导师一直在履行既"教书"又"育人"的职责。他们不仅传授我学术知识,而且对我进行了严格的学术训练,让我在漫长而孤独的研究领域领悟生存处世之道。我从两位导师身上学到了很多东西,但现在想起来,最重要的一点就是对学术研究的执着和纯粹的追求,这也是他们身上所体现出的高贵的学术品行。

四、读书

初中时,我每个周末都要回家。因为要带干萝卜丝、咸菜和米回学校。天热的时候,带的干萝卜丝会馊,我只能吃干饭。那时,我很羡慕家境好的同学,因为他们几乎能天天吃到肉和新鲜的蔬菜,离家近的同学还能回家洗澡。当时,我的生活费是一个星期一元钱,还时断时续。除去买学习用品的钱,就只能偶尔早上买个包子打打牙祭。但令人欣慰的是,我的学习成绩一直保持在全年级前20名。

考上大学之后,父亲亲自送我上大学。那一天是一个平凡的日子,以致我都不记得具体的日期。多年以后,我才意识到,那是我人生的第一个岔路口。在那一天,我办理了户口迁移手续,告别了农村。大学四年是我人生中最幸福的时光,一个重要原因是我发现象牙塔是自己喜欢的地方。因为从小就崇拜有知识的人,我相信"知识就是力量""知识能改变命运"。所以,考硕士研究生时我报考了南京师范大学高等教育学专业。报考教育学专业,一是因为我对当时中国的教育问题产生了深厚的研究兴趣,想探究教育问题产生的深层机理和运转逻辑;二是因为我这个从农村出来的放牛娃,更想了解农村教育教学背后的运作机制。

庆幸的是,2005年7月,我有惊无险地拿到了南京师范大学的硕士录取通知书。那一天,我像个孩子一样在大学校园里又蹦又跳,开心极了。南京师范大学作为一所百年名校,名家大师辈出,文化底蕴深厚,一大批国内外知名专家学者在此潜心耕耘、著书立说、培育后学,南师大的主校区随园校区更是有着"东方最美丽的校园"之美誉。从2005年进入南京师范大学开始,我在这里学习了9年,读完了硕士、博士和博士后。在这里,我接受了完整而严格的学习训练,经历了炼狱般的学术磨炼,凝练了自己的研究方向,遇见了自己人生中最重要的两位导师。更重要的是,我在南师大遇见了我的人生伴侣张莹博士,感谢她给了我一个完整圆满的家。

从1986年开始读书,到2011年博士毕业,我整整读了25年。从2000年离开家乡读大学,我在外面整整生活了17年。其间,我遇到了很多挫折,经历了很多痛苦,体会了人情冷暖、世态炎凉,也获得了很多帮助和情感。总体而言,欢乐多于泪水,幸福多于痛苦。"读万卷书,行万里路",这可能是我人生的写照。但"路漫漫其修远兮,吾将上下而求索"的求知之路还在继续,仍鞭策着我不忘初心,砥砺前行。

刘 红 生

　　刘红生,春桥乡云山村委会公积村人,1967年6月生,1998年毕业于江西工学院土木工程系水工专业,1994年获得武汉水利电力大学岩土工程硕士学位,现为铁四院(湖北)工程监理咨询有限公司项目总监。

余 军

余军,春桥乡马家塘村人,1972年出生,1991年毕业于江西师大美术学院,1993年在大连海军服役,其间被选拔进入国家一级美术师冉茂魁的画室学习油、版画,另从书法家欧阳中石、阿老先生学习书法。

他的作品在2002年、2008年全国书画大赛中获得金奖,被收入2009年《中国书画人才大辞典》,党的十九大时期,还被中国邮政选入画册。

余军现为江西省美术家协会会员、江西省书法家协会会员、中国书画家协会会员、国家一级美术师。

余 淑 景

　　余淑景,1950年7月生,春桥乡老山村委会余马家塘村人,中共党员,春桥兽医站站长,国家高级技师,江西省畜牧兽医学会中兽医专业委员会委员。余淑景从事兽医工作五十年,兽医技术成果颇丰。其业绩在国家级和省级杂志上发表,并被收入《中国知识经济研究人才库》和《世界优秀专家人才名典·中华卷》第二卷。

春桥乡在本县获得副高以上技术职称人员名单

姓名	性别	任职单位	所属村委会
余忠瑛	女	天宇小学	官桥
彭碧兰	女	县招办	朝阳
龚美云	女	天宇小学	春桥
游图顺	男	春桥中学	朝阳
游祖德	男	新桥中学	凤山
袁银山	男	新桥中学	老山
彭建寿	男	思源学校	春桥
余荣俊	男	万里中学	官桥
余青松	男	鄱湖学校	官桥
向新生	男	县三中	老山
项任平	男	三汊港中学	朝阳
杨万清	男	新桥中学	凤山
余锦程	男	新桥中学	官桥
彭革新	男	新桥中学	朝阳
向再孙	男	新桥中学	老山
石剑英	男	苏山农技站	云山
余买松	男	苏山农技站	官桥
杨新后	男	新桥农技站	凤山
彭焱初	男	县总工会	春桥
江松员	男	县中医院	春桥
袁 斌	男	春桥中学	老山
游会雄	男	慈济中学	朝阳

续表

姓名	性别	任职单位	所属村委会
余全林	男	春桥中学	官桥
刘宠孙	男	东湖中学	云山
彭水平	男	都昌一中	北山
彭玉华	男	都昌一中	北山
彭安忠	男	春桥中学	朝阳
彭孝初	男	县水利局	春桥
游锦初	男	都昌一中	朝阳
彭星华	男	春桥中学	十方
彭园寿	男	万里中学	春桥
彭安亿	男	教师进修学校	朝阳
彭新生	男	都昌一中	朝阳
游海华	男	汪墩中学	朝阳
游晨曦	男	徐埠中学	朝阳
游喜福	男	都昌一中	朝阳
游雅俗	男	第五小学	朝阳
石玉平	男	新桥中学	凤山
谭金粟	女	东湖中学	朝阳
彭玉新	男	北炎职中	春桥
彭 磊	男	鸣山中学	春桥
袁 坚	男	鄱湖学校	老山
刘和平	男	云住学校	云山
彭满阳	男	思源学校	十方
游星宇	男	汪墩中小	朝阳
游 航	男	任远中学	朝阳

创业人士卷

豪饮横山风、沐浴云顶雨的春桥人士,从来就葆有敢为人先、舍我其谁的超人意志。他们本着为家乡父老争光、为人生添彩的朴素情怀,奋斗在各行各业,创造出骄人的业绩。

余 汉 英

余汉英,又名余卫华,男,生于1970年11月8日,春桥乡官桥余大舍村人,现居南昌,大专学历,民建会员,现任江西友道药业有限公司董事长、江西中杰生物科技有限公司董事长、江西浔阳江商贸有限公司董事长、正邦集团江西旭虹药业有限公司监事长,为民建江西省直金融总支副主委、江西省民建企业家协会常务理事。

彭 健 雄

彭健雄,春桥乡彭老屋村人,农历1969年11月出生。其履历如下:1975至1988年,分别在春桥小学、春桥中学、北炎中学、都昌一中学习;1988年考入华东化工学院化学工程系无机化工专业,1992年7月毕业,获工学学士学位;1992年8月至2002年4月,在九江化工厂工作,历任技术员、工程师、烧碱分厂副厂长、分厂厂长兼党支部书记;2002年4月至2012年4月,在九江新康达化工实业有限公司工作,历任烧碱分厂厂长、支部书记,公司副总经理,公司总经理;2012年4月至2014年4月,在江西蓝恒达化工集团任副总经理;2014年4月至今,在九江锦禄化工公司任法人、总经理,为江西省安监局专家库成员。

王　泊　理

　　王泊理,春桥乡人,1974年3月生,广东省农药工业协会副秘书长、广东省农业厅农药特聘管理专家、民盟广东省委青工委委员。王泊理1996年本科毕业于西南农业大学(现为西南大学),1999年获得华南农业大学硕士学位,2010年在清华大学继续教育学院攻读MBA,先后于1999年至2001年任深圳诺普信企划部部长;2001年至2004年任德国巴斯夫广州分公司产品经理;2005年至2009年任佛山盈辉作物科学公司总经理;2010年至今任广东真格生物科技公司董事长。

杨　东

　　杨东,1974年9月生,春桥乡凤山村杨培祥自然村人。其履历如下:1993年至1997年,就读于武汉大学,获工学学士学位;1997年毕业后就职于南京水利科学研究院;2002年,就职于上海攀成德企业管理顾问有限公司;2003年,在复旦大学攻读工商管理硕士(MBA);2004年,就职于埃森哲管理顾问有限公司;2006年,就职于上海世联房地产顾问有限公司;2010年自主创业,创立了上海麦哲房地产顾问有限公司和上海麦合投资管理咨询有限公司并任公司董事长;2013年,赴中欧商学院攻读高级管理人员工商管理硕士(EMBA)。

余 建 民

余建民，1995年毕业于南京审计学院（现更名为"南京审计大学"）审计系，先后任南京纺织控股集团毛纺总厂财务处会计、上海英迈吉东影图像设备有限公司财务部经理、深圳国电南思系统控制有限公司（南京基地）财务部经理、江苏紫泉投资有限公司财务总监、中电新源智能电网科技有限公司财务总监、江苏柯菲平医药有限公司财务总监，2015年开始自主创业，注册成立南京市瑞赋财务管理有限公司，从事公司上市前财务规范化管理顾问业务。

彭习华：鄱湖晨晖带头人

由春桥乡彭桓六村彭习华创办的九江市晨晖农业发展有限公司（简称鄱湖晨晖农场），成立于2012年10月，是从事有机循环农业生产、销售和农村休闲体验的现代农业企业。公司种养基地位于鄱阳湖畔九江市都昌县春桥乡，基地山清水秀、土沃人朴。

鄱湖晨晖农场两期种养总面积4000多亩，目前投资超过了1亿元，是一个集循环种养、销售和农业休闲体验为一体的农业科技示范基地。公司利用大型沼气发酵系统将种植和养殖资源循环利用，依托环鄱阳湖区域的良好生态环境，生产安全、新鲜、营养的有机果蔬和肉禽蛋产品，通过全程冷链和社区生鲜店送达消费市场，为数万个家庭送去安全的食材，保障从田头到餐桌的安全。

依托大型有机循环种养基地，鄱湖晨晖农场大力发展农村休闲旅游服务：通过各类涉农活动吸引基地周边及城市会员家庭来农场休闲体验，参与农事活动、品尝有机食材、体验特色民宿，让消费者在大自然中体会农业休闲带来的乐趣。

鄱湖晨晖农场目前在上海、杭州、广州、深圳、南昌、九江和景德镇等地开设有营销公司或体验中心；线上有微店、京东旗舰店等自建和第三方销售平台。2018年，公司主营业务全年营收3600万元，预计2019年全年主营业务营收超过 6000 万元。

截至 2019 年 1 月，公司已获得杭州万泰颁发的 89 个产品有机认证证书（全省最大的有机产品种养基地），产品结构包含：有机和生态的黑毛土猪肉、林地散养土鸡、林地散养土鸡蛋（绿壳和黄壳）和有机果蔬，并提供各类灵活搭配的套餐组合和健康礼品等。

经过近 7 年的建设，鄱湖晨晖农场初步建立了产品溯源、农情和虫情监测、远程监控等农业物联网系统，农业物联网实际应用建设走在行业前列。同时，公司还先后聘请南昌大学、江西农大、九江学院等科研院校专家顾问 10 余人，为公司产品研发和稳定供应提供强大的技术支撑。

到 2018 年底，鄱湖晨晖农场雇佣当地农民 186 人就业（长期工），其中贫困户 17 户，残疾用工人员 20 人。通过土地流转租金、务工收入、扶贫基金等不同方式，鄱湖晨晖为当地群众脱贫增收做出了力所能及的贡献。公司先后获得农业部物联网应用模式推荐单位、农业产业化经营省级龙头企业、江西省休闲农业示范点、江西省扶贫就业示范点、江西省农业物联网示范基地等称号。

自成立以来，鄱湖晨晖得到部、省、市、县各级领导，两院院士等专家学者的关心和支持，为鄱湖晨晖的建设和发展注入了政策、技术的资源和动力。

未来，鄱湖晨晖将始终坚持以安全为导向的经营理念，从生产源头开始把控农产品安全，通过基地和渠道模式不断复制和技术示范带动，使越来越多的人能够便捷地吃上安全、新鲜、美味的食材，让舌尖品味到以前的老味道，为健康保驾护航！

王新华：从"村支书"到"电梯王"的演绎

乡言"人到中年万事休"，年已不惑的王新华却毅然辞去稳稳当当的村支书，只身入城赴商海。有人说他"真是个吃不得三天饱饭"的人；有人笑他"想做老板发洋财，不晓得有几大本事"。

王新华憋着一口气，打拼十多年，终于成功了。如今，他已是九江新建院电梯设备有限公司的"常务副总"，人称"电梯王"。从农民到商杰，他应验了陈胜当年的豪言："王侯将相宁有种乎？"

一、曾是村里的"好支书"

王新华，20世纪60年代初出生，都昌县春桥乡王层自然村人。高中毕业后，他因家庭穷困，只好回乡务农。他知书达理，为人诚实，做事勤劳，被春桥村大队的老支书相中，到大队做副职干部。1978年，他任大队团支部书记，1984年，被提拔为村主任。那时农村实行生产责任制，农民能吃饱饭，但经济仍然紧张。逢年过节，王新华便和村干部一起到有困难的村民家中嘘寒问暖，帮助解决实际困难。全村但凡有考上大学的家庭，村里都免费送上一场电影庆贺，并赠送上学日用品。1990年，他被推举为春桥村村支书。

那时，全县号召农民"要发家，种棉花""不留口粮田，全部都种棉"。要将传统种植的水稻改为棉花，对村民来说阻力不小。没办法，王新华带领村干部到各村小组做思想工作，讲形势，谋新路，同时组织骨干去邻县老棉区参观取经，又请种棉专家、植棉能手来村，因地制宜地指导种棉。

第一年，全县种棉目标综合考评，春桥村的棉花田间管理、科学种植得到好评，全县到春桥村召开棉花种植管理现场会，将春桥村作为典型向全县推广。而后多年，春桥村棉花种植均获丰收，单产高达700斤，亩产收入达3500元，比种水稻每亩增收2000元，户均增收10000元。第二年，全市各县、区干部和棉农代表到春桥村参观取经学习。

村支书王新华声名鹊起，家喻户晓。村民收入提高了，村里每年积极上交公粮、提留款和集资款等农业税60多万元，为县乡财政做出了不小的贡献，村民们无不夸耀王新华是村里帮民致富的"好支书"！

二、商海打拼迎来柳暗花明

王新华的成功，少不了贵人相助。王新华的贵人有两个，一个是提携他的老支书，另一个就是召他进城的张总。2000年，全市开展"万人下乡，一村一品，对口帮扶"活动，九江市建筑设计院的张科长进驻春桥村帮助指导农村工作。村支书王新华待人真诚、虚心请教，在张科长的帮助下，将农村工作做得有声有色。张科长是个有心计的人，见王新华勤政廉明，求真务实，人缘又好，认定他是个人才，就试探着问他愿不愿跟自己到九江创业。这对王新华来说，真是个极大的两难抉择：一边是干得得心应手的村支书，一边是陌生但又充满了魅力的城市。最终，王新华选择了跟着张科长打拼，于2003年下半年辞去了村支书，这年他43岁。张总（即张科长）给王新华安排的第一份工作是与人合伙做煤炭生意，张总为此投入了70多万元。王新华初涉商海，对煤炭业务不熟，加上合伙人欺诈，70多万元差点打水漂。好在他头脑清醒，加上张总及时撤资，才使合伙人骗术未得逞。

2004年正月初八，张总通知王新华来新建院上班，当公司办公室主任。这一年，他尝到了苦头：既不懂电脑，又没有一技之长，连普通话都不会说，公司都是大学生，自己业务又不熟，工作很难开展。在重重困难下，王新华怯懦过，动摇过。当时他的两个孩子正在读中学，妻子又没有工作，生活非常窘迫。怎么办？回老家去，岂不被人笑话，无颜见江东父老。"开弓没有回头箭"，王新华暗下决心：哪怕是上街拉板车，做搬运工，也绝不能回去。在半年多时间里，公司销售业务几乎为零，王新华为此吃不下饭，睡不着觉，于是他主动请缨，做电梯销售。此举令公司很多员工不解，毕竟王新华作为办公室主任本不必去跑业务，加之他不懂销售，没有业务经验，况且乡音重，与人沟通存在障碍，大家不明白他为什么要蹚这浑水。但是责任心强的王新华心里有底，他相信"精诚所至，金石为开"，只要肯吃苦，踏实做事，就能招来客户。六七月份，路上热得能晒熟鸡蛋，王新华顶着酷暑一个客户一个客户地跑，有几次差点中暑晕倒。功夫不负有心人，在王新华做电梯销售的短短三个月内，公司就销售了40多台电梯，创造了从未有过的业绩。回想起这段开市的经历，王新华深有感慨："我把以前吃过的苦劲，全用在今天市场打拼上来了。这样做事，还会做不好或者有克服不了的困难吗？"

三、客户满意是我们永远的追求

成功的背后,是艰辛和努力,是血汗和泪水。王新华坐上了九江新建院电梯设备有限公司常务副总的高位。公司规模在九江电梯行业中位居前列,于2001年在全省首批取得省质量技术监督局颁发的特种设备安装、改造维修安全认可证;2004年在九江地区首家获得国家质量监督检查检疫总局颁发的许可证,是九江市首家A级资质公司。公司有严格的管理制度,有强大的技术力量,为电梯知名品牌江西总代理。公司现有高级工程师2人、安装维修工程师6人、技术质检人员6人、特种设备作业人员60人、其他特种作业人员6人及管理人员若干。公司专业从事通力、快意、快速(OTIS中奥集团全资)、林肯、上海开灵等驰名品牌电梯及自动扶梯、自动人行道的销售、安装、维修、保养业务。

王新华坦言:做事容易做人难,要做生意先做人。做生意即是做人。他以用心做事、诚信待人为宗旨,以最优惠的价格、最好的质量、最完美的服务来赢得市场,赢得信赖。无论大小电梯,都以样板工程高标准安装、维保。正是有了科学的经营理念,公司年销售、安装各类电梯500余台,维护保养各类电梯近2000台。如市政府、市人大办公楼,市政府代建楼,胜利塔,远洲九悦廷,中体奥林匹克花园,诚盛御庭,诚盛御景,优品尚城等项目均由该公司销售、安装和维保,并且业务已扩展到都昌、修水、彭泽、共青城、德安等各县区,发展势头强劲。

近几年来,市技术监督局对电梯安装、维保等进行多次检查,新建院电梯公司质量第一。2014年,市技术监督局专门发文表彰该公司。

如今,由王新华团队经营的九江新建院电梯设备有限公司,正以全新的面貌、规范的经营管理、完善的售后服务,在市场中崭露头角。公司每周对员工进行业务培训,定期外出学习考察,谈感受,写总结,增强竞争意识。公司广开市场,为所有客户提供更加优质的服务,使公司成为电梯行业具有强劲竞争力的、客户充分信赖的企业,实现公司所做出的郑重承诺——客户满意是我们永远的追求!

王新华从农民变成了商人,但心里仍惦着那方土地,系着故乡人民。哪家有困难,哪个生病,哪户遭遇天灾人祸,他都下乡探望、援助一把,从不显摆。他那敦实憨厚的形象,永远刻着"村支书"的印记。

王新国：山区的裁缝走上了世界舞台

李超铭

如果套用当下流行的"幸福是什么"来问王新国，他应该能说出答案。的确，从学徒到总经理，王新国用了29年。如今他的事业蒸蒸日上。回想自己的人生经历，王新国感谢苦难、感谢贫穷，因为这极大地丰富了他的人生经历。

吃苦耐劳，他学了一身真本领

1968年，王新国出生在都昌县春桥乡王香自然村的一个农民家庭。"由于当时重男轻女的落后观念，不生儿子誓不罢休，所以我有7个姐姐。我出生时，我母亲已经46岁了，父亲已经54岁了。"在王新国2岁时，父亲就去世了，母亲拉扯着孩子们长大。因家庭贫困，王新国念完初中就辍学了。"当时姐姐们都出嫁了，我和母亲连生活都很难维持，更别提交学费了。"

1981年，13岁的王新国为了尽快赚钱分担家庭压力，跟邻村一名做服装的手艺人当了3年学徒。说起做学徒期间的酸甜苦辣，王新国感慨良多："正常人一般都是六七点起床，而我四五点就要起床，给师傅挑水、挑粪、割草喂猪……"虽然离家并不远，但学徒不能回家，有人请就跟着师傅上门做事，平常就为师傅种种地。"那3年很苦，我不停地在心里告诉自己，一定要尽快学成手艺，这样才能维持家里的生活。现在回想起来，我很感谢那一段日子的磨炼。"

手艺学成后，年仅16岁的王新国拜别师傅，掏120元钱买了一台缝纫机，独自来到九江市区上门寻找生意。"做一天，结一天的工钱，做到哪家住哪家。"由于技术过硬，王新国的生意络绎不绝，除了一个月能赚200元，每到一家，东家都给他一包大前门香烟，但是王新国舍不得抽，全部卖掉，把存下的钱连同工资交给母亲。因自己长年累月在外，为了更好地照顾母亲，王新国听从村里长辈们的建议，18岁就与一名姑娘定了亲，并在两年后结了婚。

敢于打拼，在外闯荡出一片天

家里的母亲有人照顾了，王新国决定去更远的地方闯荡。1988年，王新国在收音机里听到沿海城市有大批服装工厂需要工人,都昌县的劳动就业局也在招工。于是,他就跟着百余名工人来到福建省晋江市英林镇的服装厂,一天的工资有30多元。当时王新国唯一的想法就是赚钱,其他工人每天工作到晚上12点,他工作到凌晨2点,早晨6点起床。每个月60元的生活费,他也想尽办法省下30元。"油条都舍不得吃一根。"王新国感慨地说,"我家在春桥乡可以说是最穷的人家之一,为了结婚还欠了不少外债,除了拼了命赚钱就没有其他想法了。"

1989年,春桥乡通了电,但为了还债,王新国家连电费都交不起。"村里有人就把我家的电线剪掉,不要连累大家都通不了电。听到这种话,我心情很复杂,暗下决心,一定要出人头地。一年以后,我就把所有的欠债都还清了。"俗话说,无债一身轻,王新国开始寻求更好的发展,他去了英林镇的柒牌服装厂。"当时的柒牌工厂只有60多名工人,但待遇不错,每天工资有50多元。"

"别人一天做六七件衣服,我可以做十一二件。"1990年在北京亚运会期间,王新国与老板设计了一种夹克款式,2个月就销售了2万多件,而王新国也拿到了1000元的奖金。虽然老板对王新国十分看重,给他的收入也不错,但王新国仍有一颗强烈上进的心。1992年,王新国受聘到深圳一家服装厂当组长,管理20多人,半年之后,王新国被提升为质检主任,主管全厂的质量,一个月工资有1500元。

1994年,一名浙江老板看中了王新国的能力,开出了2000元的月薪,把他请到富阳市(今富阳区)帮忙打理工厂,并提拔他为厂长。"当时的老板并不懂服装,厂里的事务都是我打理,所以经常与外贸公司接触。一家杭州的外贸公司看中了我的技术和经验,邀请我去上班。"2001年,王新国到了外贸公司,一年后,被提升为部门经理,月薪2600元,并开始进入"生意场"。2005年,在上海的一次面料会上,王新国对面料的了解得到了浙江华兴服装厂老板的赏识,后者当即开出3000元的月薪邀请他出任公司的副总,全权打理服装事务。

回乡创业,他为社会奉献爱心

"虽然当时闯出了一些名堂,但还是想要建立我自己的服装厂。"2010年,仍在华兴上班的王新国自己开了一家服装厂,请了20名工人并让侄子代为管理。行情不错,一年下来,王新国赚了十余万元。考虑到杭州房价高,想把企业做大十分困难,而九江做服装的工人很多,成本也较低,很有优势,2010年12月8日,王新国带着衣锦还乡的心态到了九江,从老婆、儿子和女儿的名字中各取一个字申请注册了英奇丽服饰有限公司。

"刚开始的订单都是老朋友找上门来签约的,我的产品质量过关,没有给任何客户造成过麻烦,于是业务需求不断。"50人、80人、100人、140人、200人,从2011年到2014年,王新国的公司不断发展,年产值也从2011年的400万元增加到2013年的2000万元,预计今年(2016年)可达到4000万元。

"感觉自己小有成就,也在九江定居下来了,我就考虑如何回报社会。"王新国是一个成功的商人,更是一个乐善好施的人。2014年,王新国通过市残联招聘了23名残疾人。"即使他们没有做事,1450元的基本工资也照发不误,上班按绩效拿工资,一般每个人都能拿到3000至5000元,此外,我还给他们买了养老保险和医疗保险。凡到我公司上班的工人,除工资收入不菲,'五险一金'准时缴纳。"随着公司业务的不断拓展,上交的税收也不断增加,2014年,英奇丽公司上交国家税收60万元,2015年上交国家税收100多万元。王新国说:"走到今天我要感谢身边的人给我的帮助,如今我也要帮助别人,这是我的责任。"

彭任远

彭任远,春桥乡堰上村委会西庄村人,1966年8月26日生,1989年7月毕业于江西省化学工业学校,被分配到原化工部星火化工厂研究所,1997年在南昌大学化学工程系进修,2000年7月毕业后回星火化工厂工作。

彭任远在星火化工厂先后担任技术员、工艺组长、车间主任、三分厂生产厂长等职。在任职期间,他参与年产300吨氨基硅烷技术改造,使产品含量由原来的90%提高到95%,在当时国内领先,并主持年产500吨甲基三乙氧基硅烷改造工作,使产品含量达到99.8%,并达产达标,为当时三分厂创造了不小的利润。他也因此被评为星火化工厂再创业功臣。

年轻不安于现状的彭任远于2002年3月毅然下海。他先在外地打工,之后回九江创业,与人合伙创办永修县海通精细化工厂。创业之初,工厂举步维艰,资金是大问题,又不敢担风险贷款,所以开始两年几乎是保本微利。2005年后,企业开发出市场需求量较大的产品,顿时供不应求,情况开始有了好转,创利能力强,资金也逐渐雄厚起来。2006年,彭任远在星火工业园买了20亩地,将生产基地搬迁到星火工业园,企业随之更名为江西海多化工有限公司。

海多公司成立以后,彭任远的企业才算真正走上正轨。他深知一个企业没有创新就很难立足、会被时代淘汰的道理,一方面抓产品质量,一方面抓新产品开发。海多公司在近十年开发出十多个新产品打入市场,并赢得了客户的信赖。现在,海多公司在广东、江浙一带有较好的声誉,市场不断扩大,产品有一部分出口国外。

海多公司一直坚持质量第一、客户至上、共同发展的理念,以客户需求为宗旨,不断改进生产工艺,使产品达到或超过客户的要求。

彭任远在海多公司一直从事产品开发及主管生产。他利用以前在大企业的工作经验,结合本企业的实际情况开发出适销对路的产品,不断改进,不断完善工作方式。他希望能够跟上时代的步伐,在不断变革的时代再创新功,为企业、为社会多做贡献!

游 孟 松

游孟松,1969年10月生,春桥乡凤山村游学舍自然村人。

其履历如下:1984年毕业于春桥中学;1987年毕业于都昌县一中;1991年毕业于武汉工程大学,后分配到化工部星火化工厂,历任技术员、分厂副厂长、经营办副主任、工贸公司经理,两次获厂"十佳青年"、获"再创业功臣""蓝星奖章",每年享受津贴。2004年,星火化工厂改制,游孟松被选举为江西星火狮达科技有限公司董事长兼总经理,2005年度被九江市总工会授予"优秀创业带头人",2009年被九江市委、市政府授予"十大创业先锋",2010年被永修县委、县政府第一批授予"优秀企业经营管理人才",担任永修县工商联(总商会)第十四、第十五、第十六届副主席,担任永修县第十四届人大代表,第十五、第十六届政协委员,并于2015年被评为"优秀政协委员",同时任永修县第一届"新联会"副会长。

彭斌霞

1978年4月25日生,春桥乡东庄自然村人。彭斌霞2001年6月本科毕业于江西九江学院环艺设计系,2009年研究生毕业于中央美术学院设计管理专业。2001年至2006年,彭斌霞先后任广东东鹏陶瓷股份有限公司北京总代理和北京伟创力业商贸有限公司设计师。2006年,他创办北京搜艺空间装饰有限公司并任艺术顾问。2007年和2015年,该公司先后成为东鹏陶瓷廊坊地区总代理和意大利马拉齐瓷砖北京区总代理。

如今,彭斌霞已是中国设计学院台湾交流学会会员、建材家居行业商业展厅设计顾问、中国服务设计协会理事、《FRAME》全球顶级空间设计杂志理事,经常赴意大利等欧洲国家游学。

"天行健,君子以自强不息。"搜艺商装成立于2006年,创始人彭斌霞自2001年起一直致力于商业空间、卖场的设计领域,从仅有几十平方米的店面着手,不断了解与研究市场需求,逐渐受到业内人士的青睐与好评。在此期间,他看到了商业空间领域的巨大潜力与市场前景,萌生了自主创业的想法。万事开头难,在创立之初,搜艺商装仅有36平方米的办公室,三四个员工,一名项目监理。在一无资金、二无渠道的艰苦条件下,彭斌霞凭借着创业的激情与团队精神,将公司发展到如今的规模(员工60余名,施工人员400余人,在CBD拥有200平方米写字间),施工项目也一步步地从总部北京逐步向上海、天津、广州、佛山等城市辐射。公司组织架构完善,被评为中国建筑协会会员单位,多次受到服务品牌总部的工程嘉奖。

2007年是具有转折意义的一年。这一年,搜艺商装首次承接天津环渤海超千平方米工程项目,为客户赢得了良好的经济效益,得到了客户的首肯与认可,一举打开了河南新乡、河北保定、张家口、山东潍坊、内蒙古的市场。之后,公司增设了工程部、设计部等职能部门,招贤纳士,夯实基础,规范化发展模式初见端倪。同年7月,搜艺商装在河北廊坊开设分公司,代理国内瓷砖卫浴知名品牌——东鹏,为了解瓷砖客户品牌市场情况、熟悉客户产品起到了积极的作用,成为该品牌全国最年轻的代理商之一,并创造了一个又一个从无到有的销售奇迹。

2008年,国际金融危机爆发,搜艺商装面临着严峻的挑战,但公司坚持以

"不抛弃,不放弃"的信念开拓市场,积极为客户服务。除稳定老客户的忠诚度,公司还开发了江西南昌、山西运城等新的渠道与市场,并逐步形成了设计、施工、配饰一条龙的核心竞争体系。

2009年和2010年是搜艺商装迅速扩张的阶段。这两年,公司积极拓展了萨米特、兴辉、亚细亚、大唐合盛等新品牌客户,将工程区域拓展到陕西省、广东省、湖北省、江苏省。此外,公司在广州承接了一项6000余平方米的工程,再次刷新了公司承接项目的面积纪录,同期施工工程可达7个。客户和市场用认可和订单作为回报,承建工程多次被总部评为五星级旗舰店。廊坊分公司也被东鹏陶瓷评为2008年度"最佳市场开拓奖"。2010年,公司迁址到朝阳区美景东方办公场地,逐步开始完善员工的福利和保障制度,注重员工的学习培养与能力提升。

2014年是搜艺商装成立的第8个年头,也是继续迈向十年目标规划的新的起点。作为在业内摸爬滚打十几年的资深人士,彭斌霞不断总结,使商业装饰与营销战略有机结合,积极寻求推动商装行业发展的有效路径,不断使品牌价值在终端建设方面得到持续有效的提升,致力于让客户更快、更省心。

2015年11月,彭斌霞远赴意大利和总部接洽,拿下了意大利最大的瓷砖品牌——马拉齐瓷砖的北京区总代理,在北京十里河居然之家开设了意大利马拉齐高端瓷砖展厅。在此基础上,公司同时成立了高端设计部和施工部,服务意大利马拉齐瓷砖的全国展厅设计推广等工作。搜艺商装已经走了10年,企业从最初的单一化施工逐步多元化发展,设计、施工、策划、销售等多渠道并驾齐驱发展。从业10多年以来,创始人彭斌霞一直严于律己,宽以待人,脚踏实地地做企业。时至今日,公司施工项目遍布中国大江南北,北到黑龙江,南至海南省,含全国20多个省、自治区,代理国内外知名品牌30余个,建店超过1000间,解决了都昌当地200人以上的就业需求。

作为为客户提升企业及品牌形象的专业机构,搜艺商装是企业形象提升和品牌塑造的守望者。公司组织架构完善,管理规范,培养出一大批有激情、善沟通、重执行的团队,帮助员工进行职业生涯规划,为爱岗敬业的有识之士提供规范的晋升机制与规范,为资深人才提供实现人生价值与梦想的平台。在共同规划目标的引领下,公司不断改革创新,创造行业标准,令客户感动,凭借专业高效的团队、领先的创意构思和无与伦比的敬业精神,竭力为客户带来最大的商业业绩与品牌价值,逐渐在行业内做出口碑与名气,向着国内商装一线品牌的目标不断前行!

段 兴 祎

　　段兴祎,1969年2月28日出生,春桥乡凤岭新村人,大专学历。2000年,段兴祎成立东莞市慧衍电子有限公司。经过多年的发展,公司旗下先后成立广东星系源科技股份有限公司、江西星系源科技股份有限公司、东莞市能优能源科技有限公司、深圳影迈科技有限公司,多个企业为国家高新科技企业。公司现有在职人员1200余人,有各行业尖端科技人才,拥有全国及全球专利100余项,产品涵盖消费电子、新能源、医疗器械等领域,销售市场有包括我国、日本、韩国、美国、欧洲等国家和地区。

王 国 平

王国平，1976年6月出生在都昌县春桥乡的一个偏远的小山村——春桥村委会王香村。由于交通、经济、文化、思想的落后，生活在这个穷乡僻壤的乡亲们世代以耕作为业，日复一日，年复一年，憨厚、朴实、勤劳、善良的秉性也因此不断地得到传承。

王国平小时候家境贫困，还未读完小学就被迫辍学，正值求知的童年，却留在家里当起了"放牛娃"。做了3年"牛倌"后，他隐约感觉到了祖国改革浪潮的磅礴气势，不甘抓着黄土活命的他当时就有点"另类"，由此产生了小小的叛逆心理，决定外出闯荡。于是，十七八岁的他不顾家人的反对，带着仅够路费的盘缠，背着行囊，毅然踏上旅程，汇入了茫茫的打工人潮。

他起初的谋职漫无目的，能凑个温饱就算不错。随着年龄的增长，他慢慢意识到，要想在当今竞争如此激烈的社会立足，非要有自己的一技之长不可。在多年的谋职过程中，他应聘过多个不同岗位，但最后都因这样或那样的原因而放弃。

2008年，他在一家配件加工厂工作。在做学徒工的过程中，他看到了人防、汽配等行业的潜在前景，当时就萌发了独立创业的念头。那时他年轻力壮，干劲十足，于是白天做好自己的本职工作，晚上就单独加班加点接单，进行独自加工。几年坚持下来，他有了一点小小的积蓄，便自办了一个汽车配件加工的微型企业——福州市双丰机械设备有限公司，公司注册资金500万元，专业生产人防配件。企业起步虽然较晚，但由于他的精心经营，还算有声有色，2016年年产值达到了6000万元。

2017年，他开始了第二次创业，在邵武市经济开发区香林工业平台购地60亩，建设标准厂房近万平方米，同时建设办公楼、宿舍楼、食堂等。公司正式更名为福建双丰鑫机械设备有限公司，成为注册资金为1500万元，专业从事机械模具加工、人防配件等产品的研发、制造、销售及服务为一体的企业，努力做到"人无我有、人有我优"，形成企业核心竞争力。目前，新厂正式竣工投产，预期实现产值、销售额、利润、税收同步增长。

余 向 春

余向春,春桥乡老山村委会马家塘村人,1976年11月生。2001年,余向春与人合伙成立广州市龙安电气有限公司;2004年独资注册漳木头远胜电子经营部;2007年独资注册东莞市伟胜电子材料有限公司;2015年,与人合伙成立惠州市胜保实业有限公司;2016年,与人合伙成立清远市乐天国际酒店。

袁 江 涛

  袁江涛,1979年7月13日出生,春桥乡老山村委会海落舍村人,学生时代先后就读于春桥中学(初中)、新妙高中和南昌大学,毕业于南大机电一体化专业。毕业后,袁江涛在南昌工作了一年,于2001年前后去深圳,在一家从事电子行业的单位工作5年。2006年左右,他创办了深圳市嘉立创科技发展有限公司。企业现有员工几十人,从事电路板行业的实体制造。

刘　　炎

刘炎，1980年7月生，春桥乡云山村委会公积村人，毕业于中国科学技术大学机械设计与制造自动化专业，本科学历，现为太仓诺曼楼光电科技有限公司总经理。

2003年7月至2008年1月，刘炎任舍弗勒(中国)有限公司工艺设计开发工程师，从事各种机床的产品工艺开发，其间在德国进修学习一年。

2007年3月，他出资成立太仓诺曼楼光电科技有限公司，任总经理至今。公司设计开发出一系列新型锁紧螺母产品和新型丝杆螺母产品，并已分别进行国内和国外专利申请。公司业绩持续稳定增长，现年营业额超过5000万元人民币。

余 认 中

　　余认中,云山村委会余良山村上屋人,注册会计师,创办江西高裕建筑工程有限公司,任总经理。

彭 东 明

彭东明,1978年7月生,春桥乡人,创办东莞鸿图自动化设备有限公司,任总经理。鸿图自动化设备有限公司是一家集技术研发、产品制造、销售应用为一体的高新技术企业。主要产品为智能生产线、工业机器人、自动喷涂设备、非标自动化设备等。

徐 黄 玉

徐黄玉,1982年生于春桥乡云山村。徐黄玉2000年毕业于九江农校;2000年至2005年,在广州从事花卉工作;2005年至2009年,在九江卖盆栽;2009开始做绿化工程;2014年和兄弟创办九江优壹朵食品公司;2016年创办亿朵优品食品有限公司。

段　　烈

段烈,1972年9月23日出生,春桥乡凤岭新村人,毕业于上海医疗器械高等专科学校,为耀东电脑、耀东智能高科两家公司的创始人。

游 图 吉

春桥乡长寿粉丝厂坐落于茅店街,1985年5月由游图吉(寿春)创办,专门从事食品经营、农副产品精加工。游图吉采用古法配方,利用传统工艺手工制作,常年生产几十种糕点,游图吉牌红薯淀粉、野葛淀粉、苦楮粉丝,禄公牌芝麻酥、芝麻薄脆、桂花糖、桂花茶饼分别在2005年、2007年中国(南昌)绿色无公害食品博览会上荣获优秀产品奖。

游图吉从1963年起开始拜师学艺,通过50多年来的生产实践,采取传统手工制作,保持了产品的原汁原味,深受广大消费者的好评。近10多年来,面对传统手工制作的糕点、小磨麻油、月饼(清真秃酥)技艺濒临失传的困境,游图吉每年利用两个月的空闲时间,将自己50多年来在食品行业加工的实践用笔记录了下来。

这本笔记名为《糕点食品生产加工操作纪实》,共68页,近3万字,分为糕类、糖制食品、油炸、烘烤及其他5个类别,阅读后便能独立操作,通俗易懂,可行性强,无风险、投资少、见效快,将绿色、生态的食品生产加工技术和盘托出,毫无保留,这是他对社会、对食品加工传统工艺行业的一份贡献,也是他本人人生价值的具体体现。

沿革区划卷

每一次历史的沿革,都是我们来龙去脉的延伸;每一次行政区域的规划,都是一个大家庭故事的续写。

都昌沿革与区划

都昌自宋代开始实施保甲制,延续至民国时期,规定"保甲之编组,以户为单位,户设户长,十户为甲,甲设甲长,十甲为保,保设保长",乡村是村自为保,平日重乡规民约,讲信修睦,守望相助。

明洪武二十四年(1391),全县 8357 户,总人口 38919 人。清康熙朝实行"滋生人丁,永不加赋"政策后,都昌人口一举增加到 59 万人。

"只要君开口,便知几都人",各都语音方面有轻微差别,彼此能听懂。《都昌县志》记载:在明朝初时划分柴棚、左蠡二镇,十乡三十六社四十八都,明洪武十四年(1381)分六十四都,明永乐十年(1412)并四十一都,随后还有几次变化。

都图制是以县统乡、乡统都,四十八都制编以县城东郊为起点,由西向东依次按逆时针方向,如一都相当于现在的大树乡、二都相当于现在的和合乡、三都相当于现在的大沙乡、四都相当于现在的阳峰乡、五都相当于现在的三汊港镇、六都相当于现在的周溪镇和西源乡……相传都昌县衙在公布后发现如今和合乡下辖的一个张姓"白土村"被遗漏,遂决定增设四十九都,也称"白都"。全县其他所属乡社情况如下:

1. 汇泽乡下辖:

大宁社、永安社、清平社、西社、下社

一都(县城东十五里),三十一都(县城东三十里),三十二都(县城北二十五里),三十三都(县城北三十里),四十五都、四十八都(县城北十五里),四十六都、四十七都(县城西南二十五里)。

2. 长宁乡下辖:

付黄社、常港社、勾龙社、源余社、棘池社

八都(县城东八十里),九都(县城东九十里),十都、十一都、十二都(县城东一百里)。

3. 黄金乡下辖:

白石社、胡郎社、盐田社、大田社

二十都、二十一都(县城东一百里),二十二都、二十三都(县城东一百二十里)。

4.清化乡下辖：

黄湖社、长平社、韩田社

二十四都(县城东八十里)、二十五都(县城北五十里)、二十六都(县城北六十里)、二十七都(县城北七十里)、二十八都(县城北八十里)、二十九都(县城北九十里)。

5.太平乡下辖：

太平社、石里社、南里社、南桥社、甫穆社

十七都(县城东七十里)、十八都(县城东北七十里)、十九都(县城东北八十里)、三十都(县城东北四十五里)。

6.桃源乡下辖：

白塔社、旧山社、小坞社

四十一都、四十二都、四十三都、四十四都(县城西四十里)。

7.孝行乡下辖：

檀湖社、彭付社、原午社

十三都、十四都、十五都、十六都(县城东七十里)。

8.白风乡下辖：

三十六都(县城北七十里),三十八都、三十九都、四十都(县城北九十里)。

9.义风乡下辖：

鹳巢社、平阳社、平塘社

三十四都、三十五都(县城北六十里),三十七都(县城北七十里)。

10.新城乡下辖：

吉阳社、东社、名池社

二都(县城东二十里),三都(县城东三十五里)、四都(县城东四十五里)、五都(县城东五十里),六都、七都(县城东六十里)。

自唐武德五年(622)设立都昌县,春桥乡乡域范围为清化乡。民国期间,春桥乡域称码横乡或梅坡乡,含徐埠街以北大片区域,面积较大,又划分为两个小乡(码矶乡、文源乡)。

表1-1　　　　　　　　宣统年间全县乡镇市概况

单位:个

	乡 名	辖 村	乡 名	辖 村
乡	长 宁	55	清 化	50
	黄 金	38	太 平	20
	孝 行	33	桃 源	63
	新 城	87	白 凤	19
	汇 泽	69	义 凤	47
镇	周溪镇:有巡检驻防,城东南60里 张家岭镇:设县丞 左蠡山镇:设有厘卡,千总驻防,外委千总协防,城西40里			
市	山田市　徐虹桥市　西洋桥市　南峰市　三汊港市　汪家墩市　新桥市　芦溪市 柴棚市　潭家埠市　土塘市　土桥市　傅家桥市　高家埠市　徐家埠市　马涧桥市　盐田畈市　三市			

表1-2　　　　　　1944年以前至1946年乡镇设置对照

1946年6月 新编乡镇名	1946年1月 编乡镇名	1944年3月 编乡镇名	1944年以前 乡镇名
城区镇	城区镇	城区镇	城区镇
襟带乡	襟带乡	彭蠡乡	襟带乡
金汤乡	金汤乡		金汤乡
已立乡	新桥乡	已立乡	储峰乡
			和合乡
	已立乡		六合乡
双凤乡	双峰乡	双凤乡	双峰乡
	凤凰乡		凤凰乡
左蠡乡	苏旧乡	左蠡乡	苏旧乡
			白塔乡
	左蠡乡		维新乡
周溪乡	周溪乡	沙溪乡	周溪乡
沙岭乡	沙岭乡		沙岭乡

续表 1-2

1946年6月 新编乡镇名	1946年1月 编乡镇名	1944年3月 编乡镇名	1944年以前 乡镇名
双湖乡 （山湖乡）	丁仙乡	双湖乡	丁仙乡
	皇冈乡		皇冈乡
储山乡 （土塘乡）	万里乡	储山乡	潭湖乡
	阳储乡		阳储乡
南溪乡	南峰乡	南溪乡	南峰乡
	鼎新乡		鼎新乡
平池乡	平池乡	平池乡	新安乡
			博爱乡
长垅乡	长垅乡	长垅乡	仁让乡
			廉让乡
大田乡	大港乡	大田乡	大港乡
	盐田乡		盐田乡
源头乡	土桥乡	源头乡	土塘乡
	和平乡		和平乡
	源头乡		抗建乡
张蔡乡	张蔡乡	武山乡	中堡乡
码横乡 （梅坡乡）	文源乡	码横乡	文源乡
	码矶乡		码矶乡
徐埠乡	徐埠乡	徐埠乡	南岭乡
	紫荆乡		云峰乡
元辰乡	元辰乡	元辰乡	辛南乡
			辛北乡

备注：1946年6月新编乡镇名共19乡（镇），1946年1月编乡镇名共30乡（镇），1944年3月编乡镇名共17乡（镇），1944年以前乡镇名共35乡（镇）。

表1-3　　　　　　　　　　1952年都昌县区划概况

单位:个

区别	驻地	辖乡	乡数	村数
汪墩区（一区）	源潭坜	茅坂　石树　杨坞　汉湮　林峰　松林　新桥　錾岭　喆桥　七角　辉辰　细桥　郭桥　源潭	14	288
左蠡区（二区）	饶公祠	源树　龙泉　李泗　双溪　苏山　城山　旧山　多宝　尖山　枫山　前山　得胜　土目　金沙　马鞍　长平	16	421
徐埠区（三区）	徐埠街	徐埠街　高桥　山峰　平峰　杨岭　云步　紫云　云山　官桥　春桥　凤山　沙墩　白池　韩田	14（含街）	380
盐田区（四区）	盐田畈	狮子　大港　飘水　丹凤　万年　盐田　里泗　石峰　源头　马涧　丁峰　九山　丹山	13	301
土塘区（五区）	土塘街	土塘街　信和　莲蓬　珠岭　长山　化民　曹店　杭桥　小港　石牛　佛子　土桥　船山　新民	14（含街）	240
南峰区（六区）	南峰	黄坡　横塘　东岸　西岸　古楼　井头　南峰　乌沙　新塘　万户　白水　长垅　芗溪　马垅	14	229
周溪区（七区）	周溪街	周溪街　周溪　柴棚　虬门　泗山　后湖　古塘　马山　沙岭　花桥　双垅　板石　塘口　西源　沙塘	15（含街）	189
三汊港区（八区）	三汊港街	西湖　刘金　伏牛　荷塘　左桥　恩芝　株桥　阳峰　黄梅　万里　赤岸　桂桥　三汊港街	13（含街）	207
大沙区（九区）	大沙桥	三里　黄金　店前　大堰　南堑　太阳　和合　大沙　滨湖　平塘　竹林　沿湖	12	207
北山区（十区）	生水垅	大埠　东山　枫田　新池　池口　芙蓉　芙池　襟带　北山　塘湖　西山　横山	12	214
张岭区（十一区）	大屋张家	东平　西镇　程浪　太平　马岭　洞门　万桥　张岭　北炎　虎山　蔡岭	11	252
双桥区（十二区）	余家义	双桥　中馆　斗山　大塘　南塘　刘王　筱河　排山　长垅　杨角	10	122
城关镇（十三区）	县城	矾山　西河　松峦　金汤　南山　一街　二街	7（含2街）	115（含27组）

1949年以后,行政区划变动频繁,大致分为四个阶段:中华人民共和国成立初期,实行区、乡制,乡辖村;1958年推行社场制,社(场)辖生产大队,大队下辖生产队;1984年,恢复区、乡制,生产大队改称为村民委员会,生产队为村民小组;1999年,全县四个区工委全部撤销,改区、乡、村、组为乡、村、组制。

1950年5月,都昌县人民政府成立,春桥乡范围内建立梅坡乡,乡公所设在春桥村春桥头,属第二区工所,区公所设在徐家埠街。1950年12月,以乡农会为基础设立乡政府,春桥乡域范围建立了云山、官桥、春桥、凤山、沙墩五个小乡,归属第三行政区(徐家埠行政区)。1956年4月,行政区划调整,全县设置土塘、徐埠、三汊港、北山4区,辖51个乡(镇),云山、官桥两个小乡合并为官桥乡,沙墩、春桥、凤山三个小乡合并为春桥乡,属徐埠区,官桥乡驻地老山村郎中堰,春桥乡驻地春桥村春桥头。1958年10月撤区并乡,全县将55个乡(镇)并为14个乡、3个垦殖场、1个县农场。徐埠乡由原徐埠、高桥、平峰、春桥、官桥5乡合并,乡政府设在徐家埠。1959年3月至1961年,全县改为12个人民公社,7个垦殖场,徐埠乡改为徐埠人民公社。1962年,全县将原12个人民公社、7个垦殖场调整为35个人民公社、1个镇和2个垦殖场,春桥乡的官桥、春桥从徐埠公社划出,设立春桥人民公社和官桥人民公社。1968年扩社并队,春桥、官桥合并为春桥人民公社,公社管理机构由春桥头迁往茅店街。1984年4月,撤社建乡,春桥公社改为春桥乡。

春桥乡村域区划

朝阳居委会

朝阳居委会命名取旭日东升之意。现辖 14 个自然村,511 户,1773 人。耕地 2350 亩,主要种水稻、棉花等。此地在中华人民共和国成立前夕属码横乡,中华人民共和国成立初属第三区春桥乡,合作化时由第一、五、七、八、十等初级社转为朝阳高级社,公社化时为春桥公社朝阳大队。1984 年 5 月,此地更名为朝阳村委会,2007 年更名为朝阳居委会至今。

茅店街,乡政府驻地,原 10 户,54 人。此地位于交通要道。彭、游两姓在此架棚设铺,渐成小街,故名茅店街。受 1998 年洪灾影响,国家实行移民建镇。至 2000 年,除部分居民仍然在原址居住,其余村民分别迁居彭桓六和四房舍。

四房舍,居委会驻地,位于茅店街 0.2 公里处,53 户,184 人。明永乐年间,游氏从火烧湾迁于此。

西舍,位于茅店街北 1.5 公里处,6 户,15 人。清咸丰年间,游氏从火烧湾迁于此,以村处火烧湾西得名。

火烧湾,位于茅店街北偏东 1.2 公里处,85 户,292 人。宋元祐年间,游氏从紫竹园迁于此。

东舍港,位于茅店街北偏东 1.3 公里港旁,19 户,50 人。清康熙年间,游氏从火烧湾迁于此。

卜子湾,位于茅店街东北 1.5 公里处,12 户,60 人。明成化年间,游氏从火烧湾迁于此。

游腊舍,位于茅店街北偏西 1 公里处,11 户,49 人。明洪武年间,游氏从火烧湾迁于此,以房舍于腊月建成得名。

福保舍,又称狗皮舍,位于茅店街北偏西 1 公里处,8 户,21 人,居王氏。

作贵舍,位于茅店街北偏西 0.5 公里处,15 户,54 人。南宋嘉定年间,彭作贵从彭家畈迁于此。2014 年开始,大部分村民陆续将房屋搬迁至彭桓六附近高拱桥上边定居。至 2018 年,仍然有部分居民在老宅基地居住。

游坤山,位于茅店街东 1.5 公里昆山旁,15 户,48 人。1921 年,游氏从火烧湾迁于此。

上畈,位于茅店街东0.4公里田畈中央,71户,269人。北宋天禧年间,彭氏从学堂山迁于此。

下畈,位于茅店街东0.4公里田畈中央,27户,87人。北宋天禧年间,彭氏从学堂山迁于此。

游墩上,位于茅店街东偏南1.5公里港上土墩上而得名,38户,133人。清康熙年间,游氏从火烧湾迁于此。

彭桓六,位于茅店街南偏西0.4公里处,151户,511人。清康熙年间,彭桓六迁于此。

凤山村委会

凤山村委会因境内的凤凰山得名,辖28个自然村,815户,2800人。耕地4729亩,主要种植水稻、棉花等。此地在中华人民共和国成立前夕属梅坡乡,中华人民共和国成立初期属春桥乡,合作化时由横山、凤山、流阳等初级社转为流阳高级社,公社化时为春桥公社凤山大队,1984年5月更名为凤山村委会至今。

大三房舍,村委会驻地,位于茅店街北偏东2.4公里处,14户,45人。明成化年间,游氏从紫竹园迁于此,因排行老三得名。

游坦塘,位于茅店街北4.3公里处,49户,176人,含石详里。因村前平坦,中有一池塘而得名。明成化年间,游氏从紫竹园迁于此。

杨家山下,位于茅店街北偏东4.3公里凤凰山南麓,48户,147人,含二房涧。清康熙年间,杨氏从柘塘迁于此。

游仲四,位于茅店街北偏东4.1公里处,14户,36人。南宋淳熙年间,游仲四从紫竹园迁于此。

彭井舍,位于茅店街北4.2公里泉井塘旁,18户,73人。明万历年间,彭氏从互鱼塘迁于此。

越垅,位于茅店街北偏东4.2公里越垄后,14户,59人。清乾隆年间,杨氏从柘塘迁于此。

杨柘塘村(已并入杨家山下),又称杨老屋村。杨维鹏、孙杨会在元末明初从湖口城山吉祥杨家迁至杨柘塘。杨柘塘在修建五星水库(今横凤水库)时被淹,住户迁至杨家山下,现有7户。

杨培祥,原名杨铣湾村,位于茅店街北4公里处,87户,290人。清康熙年间,杨铣公从杨柘塘迁于此。因祖先职业为皮匠,后改为杨培祥村(培祥与皮匠谐音),近代教育界名士杨士京出生于此村。

百舍,位于茅店街北3.8公里处,5户,18人。清康熙年间,彭百烟从彭老屋迁于此。

上毛村,位于茅店街北3.8公里处,6户,26人。清乾隆年间,毛氏从下毛村迁于此。

游仲三,位于茅店街北3.5公里处,34户,121人。南宋淳熙年间,游氏从紫竹园迁于此。

杨家庙下,位于茅店街北偏东4.4公里横山密庙下,76户,247人。清康熙年间,杨氏从枫树湾迁于此。

彭十八,位于茅店街北偏西3.7公里处,20户,61人。明成化年间,梅氏从梅耕村迁于此,以排行得名。

下毛村,位于茅店街北3.5公里处,3户,3人。梅氏从湖北黄梅杨家穴镇迁于此。

二房舍,位于茅店街北3公里处,34户,137人。南宋淳熙年间,游氏从紫竹园迁于此,因排行得名。

六房舍,位于茅店街北偏东3公里处,29户,104人。南宋淳熙年间,游氏从紫竹园迁于此。

堰上,位于茅店街北偏东2.8公里塘堰上首,27户,93人。明成化年间,游氏从紫竹园迁于此。

游学舍,位于茅店街北偏东2.8公里处,27户,96人。南宋淳熙年间,游氏从紫竹园迁于此,因建村时建有学堂而得名。

游五房舍,位于茅店街北偏东3公里处,28户,114人。明成化年间,游氏从紫竹园迁于此,因排行得名。

黄邦本,位于茅店街北偏西2.5公里处,102户,359人。明洪武年间,黄邦本从湖口沙港迁于此。

石南湾,位于茅店街北偏西2.5公里处,13户,53人。清道光年间,石南从石云村迁于此。

显如湾,位于茅店街北偏东2.5公里处,13户,37人。明万历年间,游氏从紫竹园迁于此。

细三房舍,位于茅店街偏东2.7公里处,11户,37人。明万历年间,游氏从大三房舍迁于此。

石云,位于茅店街北2公里处,21户,65人。清雍正年间,石碧从张家岭石岳村迁于此。原名石庄村,历六代后取石云星姓名中的前两个字为村名。

石大舍,位于茅店街北偏东2公里处,13户,43人。清乾隆年间,石氏从石邦湾迁于此,因排行得名。

石邦湾,位于茅店街北偏东1.9公里处,11户,40人。清康熙年间,石邦文从五家塘迁于此。

杨舍,位于茅店街东北2.1公里处,18户,56人。清乾隆年间,杨氏从杨培祥村迁于此。

凤岭新村,位于茅店街北1.2公里处,74户,236人。受1998年洪灾影响,当年10月起,该村进行了百里大搬迁。凤岭新村由本县万户镇塘美村委会段家嘴搬迁至此,因故居也称凤凰寨,搬迁地归凤山行政村管辖,现址原有座乡管菊岭林场,故取名凤岭新村。

堰上村委会

堰上村委会以原驻地得名,辖15个自然村,458户,1713人。耕地2838亩,主种水稻。此地在中华人民共和国成立前夕属梅坡乡,共和国成立初期属沙墩乡,合作化时由平阳、南阳初级社转为平阳高级社,公社化时为堰上大队,1984年5月更名为堰上村委会至今。

彭西庄,村委会驻地,位于茅店街东北4.4公里处,43户,156人。清道光年间,彭氏从彭富村迁于此,因村居彭富村西而得名。

白石人胡家,位于茅店街东北5.1公里处,2户,12人。明万历年间,胡氏从苏山大湖圈迁于此,因村旁巨石呈白色、状若人形而得名,今户籍信息并入余世甫自然村。

余世甫,位于茅店街东北5公里处,51户,192人。元至顺年间,余世甫从余基叔村迁于此。

沙岭新村,位于茅店街东北5公里处,32户,128人。2012年,程家、董家坨及陶家三村迁入沙墩岭组成沙岭新村。原程家在明天启年间,由湖口县程湾村迁于此;原董家坨在清康熙年间,由游氏从火烧湾迁于此;原陶家在西夏元德年间,从秆林(现苏山、左里交界处十里陶家冲)迁于此。

罗家舍,位于茅店街东北4.2公里处,34户,123人。清康熙年间,彭氏从下十方迁于此,曾更名为彭罗家舍。

余世昂,位于茅店街东北4.3公里处,45户,144人。宋元之际,余世昂从余基叔村迁于此。

彭冲,位于茅店街东偏北4.7公里处,17户,61人。清康熙年间,彭氏从彭前冲迁于此。

杨家,位于茅店街东偏北5公里处,13户,59人。清康熙年间,杨氏从湖口舍垄湾迁于此。

东庄,位于茅店街东偏北6.3公里处,61户,233人。清同治年间,彭氏从彭富村迁于此,因村居彭富村东而得名。

白蚁冲,位于茅店街东偏北6.5公里白蚁山冲,6户,28人。清康熙年间,曹氏从湖口曹关元村迁于此。

彭远,位于茅店街东偏北6公里处,10户,57人。彭氏从彭新舍迁此,兄弟分居时,因其迁移最远而得名。

堰上,位于茅店街东偏北4.8公里堰上首,93户,350人,郑家及余龚村并入堰上自然村。明天启年间,彭氏从彭老屋迁于此。

郑家,位于茅店街东偏北5公里处。明成化年间,郑氏从鄱阳县城迁于此,今户籍信息并入堰上自然村管理。

余龚村,位于茅店街东偏北4.8公里处。清嘉庆年间,余氏从余世昂迁于此,建村于龚姓旧址上,今户籍信息并入堰上自然村管理。

上十方,位于茅店街东5公里处,42户,150人。清初,彭氏从彭老屋中门迁于此。因其排行第十,村居原迁上方,故名上十方。

十方村委会

十方村委会因驻地而得名,辖12个自然村,338户,1121人。耕地2090亩,主种水稻。此地在中华人民共和国成立前夕属梅坡乡,共和国成立初期属沙墩乡,合作化时为平阳高级社,公社化时为十方大队,今为十方村委会。

下十方,村委会驻地,位于茅店街东4.5公里处,103户,310人。清康熙年间,彭桓十后裔从上十方迁于此。

细张思,位于茅店街东4公里处,19户,50人。明崇祯年间,张思享之幼子从大张思迁于此。

大张思,位于茅店街东3.8公里处,40户,140人。明嘉靖年间,张思享从湖口老山张家迁于此。

杨舍,位于茅店街东偏南3.5公里处,29户,111人。清康熙年间,彭廷杨从彭老屋迁于此。

孑夫舍,位于茅店街东3.7公里处,9户,30人。清顺治年间,彭子夫从彭十方迁于此。

石可纠,位于茅店街东偏南5.3公里处,21户,74人。明代,石可纠从徐埠石如岗村迁于此。

李铁炉,位于茅店街东偏南5公里处,25户,77人。明成化年间,李氏从湖口花园李家迁于此,因祖传铸铁技艺而得名。

清二舍,位于茅店街东偏南4.4公里处,11户,36人。明景泰年间,彭清二从彭老屋迁于此。

钟舍,位于茅店街东偏南4.6公里处,6户,16人。明万历年间,钟氏从河南迁于此。

大都,位于茅店街东偏南5.3公里处,7户,30人。清雍正年间,彭大都从下十方迁于此。

上李家,位于茅店街东偏南5公里处,9户,37人。明洪熙年间,李氏从湖口花园李家迁于此。

继岗,位于茅店街东偏南5.1公里处,59户,210人。明崇祯年间,彭继岗从彭老屋迁于此。

春桥村委会

春桥村委会因驻地而得名,辖19个自然村,581户,2089人。耕地3465亩,主种水稻。此地在中华人民共和国成立前夕属梅坡乡,共和国成立初期属春桥乡,合作化时由第一、二、三等10个初级社转为春桥高级社,公社化时为春桥大队,1984年5月更名为春桥村委会至今。

春桥头,村委会驻地,位于茅店街东偏南2.2公里石桥头,73户,252人。清康熙年间,彭春桥从瓦塘畈迁于此。第二次国内革命战争时期,此地曾驻有湖口县、区苏维埃政权。

石纯,又称石绳里,位于茅店街东北2.2公里处,13户,34人。清乾隆年间,石纯从石邦湾迁于此。

石全生湾,又称石全生,位于茅店街东北1.7公里处,9户,51人。清乾隆年间,石全生从石邦湾迁于此。

彭家园,位于茅店街东偏北3.3公里处。明万历年间,彭氏从彭老屋迁于此,今并入庙舍自然村。

彭杭,又称彭杭里,位于茅店街东偏北2.1公里处,31户,104人。清乾隆年间,彭杭从梅耕村迁于此。

细江家,位于茅店街东偏北4公里处,8户,26人。明万历年间,江氏从三汊港迁于此。

大江家,位于茅店街东偏北3.5公里处,17户,62人。清康熙年间,江氏从三汊港迁于此。

庙舍,又称庙下舍,位于茅店街东偏北3.2公里庙堂下首,28户,95人。清康熙年间,彭氏从彭老屋迁于此。

新舍,又称彭新舍,位于茅店街东2.6公里处,42户,161人。清康熙年间,彭氏从彭老屋迁于此。

西池舍,位于茅店街东2公里处,44户,165人。清康熙年间,彭氏从彭老屋迁于此,因村西有一小池而得名。

藠藤树,又称藠藤树下,位于茅店街东3.2公里处,35户,115人。明崇祯年间,彭氏从彭老屋迁于此,因原有藠藤树而得名。

彭老屋,位于茅店街东3公里处,59户,220人。北宋天圣年间,彭氏从湖口县城迁于此。

大河舍,又称彭大和,位于茅店街东偏南2.8公里处,17户,62人。明万历年间,彭大和从彭老屋迁于此。

九义舍,位于茅店街东偏南3.5公里处,18户,64人。明代,彭九义从彭壁村迁于此。

王友忠,位于茅店街东偏南4公里处,29户,111人。明弘治年间,王友忠从湖口王贵里迁于此。

彭壁,又称彭壁村,位于茅店街东南3.4公里处,29户,95人。明万历年间,彭壁从彭老屋迁于此。

杨边塘,位于茅店街东南3公里处,29户,101人。明万历年间,彭氏从彭老屋迁于此,因建居于杨姓旧宅基地而得名。

王层,原名杨林畈,又名王帐村,位于茅店街东南 4 公里处,19 户,80 人。明万历年间,王氏从湖口渐桥迁于此,其五代孙王敏帐将村名改为王帐村,今名王层。

王香,位于茅店街东南 3.3 公里处,33 户,137 人。明万历年间,王香从王友忠村迁于此。

木杉湾,位于茅店街东南 3.4 公里处,59 户,212 人。彭氏从十方村迁于此,因村旁杉树多而得名。

官桥村委会

官桥村委会因桥名而得名,辖 19 个自然村,660 户,2371 人。耕地 4152 亩,主种水稻。此地在中华人民共和国成立前夕属梅坡乡,共和国成立初期属胜利乡第十七农会,1951 年改为官桥乡,合作化时由金星、魁星初级社转为金星高级社,公社化时为官桥大队,1984 年 5 月更名为官桥村委会至今。

余呈湾,又称余二矶湾,村委会驻地,位于茅店街南偏东 4.3 公里处,58 户,200 人。明永乐年间,余氏从秀才湾迁于此。原名余珵湾,后裔余二矶(余应桂)于明崇祯年间官至御史,故更名余二矶湾,今名余呈湾。

黄师,位于茅店街东南 2 公里处,19 户,77 人。黄氏从黄邦本村迁于此,因村民以道士为业、道徒众多而得名。

彭玉舍,位于茅店街东南 2.5 公里处,1 户,4 人。现居高氏,现户籍信息并入黄师村管理。

瓦冲,位于茅店街东南 2.6 公里处,12 户,56 人。明万历年间,余氏从徐家埠大塘余家迁于此,因建村于垄冲砖瓦窑废墟上而得名。

黄源塘,位于茅店街东南 2.9 公里黄源塘旁,49 户,159 人。明宣德年间,余氏从秀才湾迁于此。

蒲塘,又称余蒲塘,位于茅店街东南 3.5 公里处,62 户,235 人。明宣德年间,余氏从秀才湾迁于此,以村前塘名命名。

游清,又称游青里,位于茅店街东南 3.4 公里处,14 户,51 人。明永乐年间,游青从游六房迁于此。

余大舍,位于茅店街南偏东 3.2 公里处,47 户,188 人。明嘉靖年间,余氏从秀才湾迁于此。

东位湾,位于茅店街南偏东 3.2 公里处,83 户,245 人。明洪武年间,余氏从秀才湾迁于此,因建村于珏舍村之东而得名。

余桥头,位于茅店街东南 3.5 公里桥头,12 户,45 人。宋元祐年间,余氏从徐家埠大塘余家迁于此。

秀才湾,位于茅店街南偏东 3.6 公里处,46 户,173 人。南宋绍兴年间,余天麟曾中秀才,从珏舍里迁于此。

南塘畈,位于茅店街南偏东 4.1 公里火塘畈南,72 户,259 人。明嘉靖年间,余氏从余二矶湾(今余呈湾)迁于此。

茂湾,又称余茂湾,位于茅店街南偏东 4.3 公里处,40 户,136 人。明永乐年间,余氏从秀才湾迁于此。原名西塘畈,后裔余茂恒中贡元,遂改名。

刘西舍,又称西舍,位于茅店街南偏东 5.3 公里处,10 户,44 人。明洪武年间,刘氏从徐家埠迁于此,因村居刘家西而得名。

刘淦,位于茅店街南偏东 5.5 公里处,36 户,150 人。明洪武年间,刘世淦从徐家埠刘三芳村迁于此。

余家咀,位于茅店街南偏东 5.7 公里山嘴处,41 户,141 人。清顺治年间,余氏从余二矶湾(今余呈湾)迁于此。

方海泗,位于茅店街南 5.7 公里处,20 户,83 人。清康熙年间,方海泗从河南迁于此。

官桥,位于茅店街南偏东 6 公里处,因桥名而得名,原 5 户,23 人。清乾隆年间,方氏从方海泗村迁于此。现户籍信息并入余家咀村。

余伯振,位于茅店街南 6 公里处,39 户,129 人。明建文年间,余伯振从省公塘迁于此。

刘家垄,位于茅店街南偏东 6.4 公里田垄中央,原 1 户,9 人。清嘉庆年间,刘氏从徐家埠墩上迁于此。1983 年,刘家垄迁居至方海泗村。

老山村委会

老山村委会因山名而得名,辖 7 个自然村,561 户,1930 人。耕地 2592 亩,主种水稻。此地在中华人民共和国成立前夕属梅坡乡,共和国成立初属官桥乡,合作化时由魁星、光星初级社转为老山高级社,公社化时为老山大队,1984 年 5 月更名为老山村委会至今。

彭研,又称彭碾村,村委会驻地,位于茅店街南 4.3 公里处,47 户,157 人。元末,彭氏从后冲彭家迁于此,因建宅于油榨碾屋基上而得名。

马家塘,位于茅店街南3公里处,176户,657人。明万历年间,余氏从东位湾迁于此,以村前塘名命名。

海落舍,位于茅店街南偏西4公里处,44户,132人。清乾隆年间,袁海落从袁业村迁于此。

大屋湾,位于茅店街南偏西4.3公里处,47户,168人。明万历年间,袁氏从袁业村迁于此。原名大湖湾,后因村舍扩大改为现名。

袁世香,位于茅店街南偏西4.8公里处,72户,236人。明崇祯年间,袁世香从袁业村迁于此。

向康村,位于茅店街南4.7公里处,123户,369人,含上向家、下向家二村。明万历年间,向康从向家桥迁于此。

郎中堰,位于茅店街南5.3公里处,52户,211人。明建文年间,刘氏从徐埠刘文进村迁于此,以堰名命名。

云山村委会

云山村委会因云顶山而得名,辖16个自然村,793户,2827人。耕地2979亩,主种水稻。此地在中华人民共和国成立前夕属马矶乡,共和国成立初为云山乡,合作化时为明星高级社,公社化时为云山大队,1984年5月更名为云山村委会至今。

步畈上,又称铺畈上,村委会驻地,位于茅店街南偏西5.5公里田畈中央,41户,146人。明洪武年间,徐氏从徐家埠街迁于此,因设铺而得名。

猴塘山,位于茅店街西南4.5公里处,38户,136人。此处西与湖口尚落村相邻,北与湖口刘挺拔村交界,原有池,因池旁山上常有猴子出没而得名。明弘治年间,余氏从珏舍迁于此。

中房,又名城隍村,位于茅店街偏西4公里处,29户,105人。南宋淳祐年间,余城隍从珏舍迁于此。

珏舍,位于茅店街南偏西4.2公里处,62户,206人。北宋元符年间,余明珏从徐家埠大塘余家迁此。

塘洲,又称塘洲上,位于茅店街西南4.5公里处,91户,341人。明成化年间,刘氏从营岭迁于此,因四周是水、村建塘洲上而得名。

口头,又称口头刘家,位于茅店街南偏西4.7公里塘口上,45户,169人。明弘治年间,刘氏从塘洲上迁于此。

公积，又称公积里，位于茅店街南偏西 5 公里处，44 户，148 人（含细公积村）。北宋元丰年间，刘公积从弋阳迁于此。

冲元，又称刘冲园，位于茅店街南偏西 5.2 公里处，6 户，27 人。清康熙年间，刘冲烟从徐埠刘文进村迁于此，"园"为"烟"的别音。

墩上，又称墩上徐家，位于茅店街西南 5.7 公里处，25 户，80 人。清康熙年间，徐氏从徐家埠枣树下迁于此，因村周是水且建宅于墩上而得名。

石家，位于茅店街南偏西 5.6 公里处，原 6 户，28 人。明代，石氏从白水塘迁于此，现户籍信息并入步畈上管理。

余良三，位于茅店街南偏西 5.8 公里处，196 户，689 人。明洪武年间，余良三从珏舍迁于此。

曹家塘，位于茅店街南偏西 4 公里处，37 户，142 人。明万历年间，余氏从余良三迁于此。原为曹姓居住地，因塘名而得名。

余钊，又称余钊村，位于茅店街南偏西 6 公里处，25 户，95 人。明成化年间，余钊从余良三迁于此。

雾塘涧，位于茅店街南偏西 6.3 公里处，29 户，91 人。明万历年间，余氏从余良三村迁于此。村处山涧，涧中有塘，因黎明时分，晨雾弥漫而得名。

袁业，位于茅店街南偏西 6 公里处，34 户，117 人。南宋淳熙年间，袁业从大屋湾迁于此。

陈宣垅，位于茅店街南偏西 6.2 公里处，37 户，151 人。明成化年间，陈宣从徐家埠陈璞垄迁于此。

上山头，位于茅店街西南 5.5 公里老山咀，54 户，184 人。清顺治年间，刘氏从西边湾迁于此。

（注：以上主要资料来自 1986 年《都昌县地名志》，人口村落数据源于徐埠派出所，截至 2018 年 5 月 15 日，不含非农业人口。）

云山中房村"一村两县"

都昌县春桥乡与湖口县流芳乡交界之处，有一个名叫城隍余家的村庄，有 1200 多年的历史，东头归湖口管辖，西头归都昌管辖。村民同宗共祖，世代友好，村内通婚近 100 例。该村庄没有明显分界线，分别以房屋滴水为界，村民共用柴山、鱼塘、田地,故有"一鸡鸣两县"之说。

大约800年前,当时城隍村排行老二和老九的两兄弟到九江赶考落第,次年便到都昌赶考,老二喜中秀才,后来老九在九江也考中秀才。受地域生源之故,老二便划归都昌管辖,移居现在的中房村,老大在珏舍村居住,老九携其他六兄弟仍然在城隍村居住。

据都昌中房村村民余贵初说,他父亲生了他们兄弟四人,父亲和其他三兄弟居住在城隍村,归湖口管辖;而他跟着爷爷在都昌,一家人分两个县管辖。中房村的方言与春桥乡类似,"改边(那边)""么得嘎(什么意思)"等运用比较广泛,与湖口方言不同。正如中房村村民余建新所说:"我们来到都昌被喊湖口佬,去到湖口被喊都昌佬。"

表1-4 春桥乡人口数据汇总表

行政村	自然村	户数(户)	人口(人)
云山	16	793	2827
老山	7	561	1930
官桥	19	660	2371
朝阳	14	511	1773
春桥	19	581	2089
十方	12	338	1121
堰上	15	458	1713
凤山	28	815	2800
春桥街	—	492	718
全乡	124	5209	17342

组织机构卷

你来自何方,又走向何处,只要置身这片土地,就有枢纽连接着我们不可分割,就有上级部门向我们倾注温情,是她牵引和维系我们的生命,从过去走到今天,又从今天走向未来。

组 织 沿 革

中华人民共和国成立后,行政区划变动频繁,大致分为四个阶段:初期为区、乡制,乡辖村;1958年推行社(场)制,社(场)辖生产大队,大队下辖生产队;1984年,恢复区、乡制,生产大队改称为村民委员会,生产队为村民小组;1999年,全县4个区工委全部撤销,改区、乡、村、组为乡、村、组制。

1950年5月,都昌县人民政府成立,春桥乡范围内建立梅坡乡,乡公所设在春桥村春桥头,属第二区公所,区公所设在徐家埠街。1950年12月,以乡农会为基础设立乡政府,春桥乡范围内建立了云山、官桥、春桥、凤山、沙墩5个小乡,归属第三行政区,即徐家埠区公所。1956年4月,行政区划调整,全县设置土塘、徐埠、三汊港、北山4区,辖51个乡(镇),云山、官桥2个小乡合并为官桥乡,沙墩、春桥、凤山3个小乡合并为春桥乡,属徐埠区,官桥乡驻地老山村郎中堰,春桥乡驻地春桥村春桥头。1958年10月撤区并乡,将55个乡(镇)并为14个乡、3个垦殖场、1个县农场。徐埠乡由原徐埠、高桥、平峰、春桥、官桥5乡合并,乡政府设在徐家埠。1959年3月至1961年,全县改为12个人民公社、7个垦殖场,徐埠乡改为徐埠人民公社。1962年,全县将原12个人民公社、7个垦殖场调整为35个人民公社、1个镇和2个垦殖场。官桥、春桥从徐埠公社划出,设立春桥人民公社和官桥人民公社。1968年扩社并队,春桥、官桥合并为春桥人民公社,公社管理机构由春桥头迁往茅店街。1984年4月,撤社建乡,春桥公社改为春桥乡。

1949年5月设立徐家埠区委员会,亦称第二区委,机关驻徐家埠镇,1950年2月改称第三区委。1956年5月,左里、张家岭区委并入,仍称徐家埠区委,领导力量有所加强。为区分干部的级别,设第一、二、三书记和副书记,下辖徐家埠、高桥、平峰、官桥、前山、旧山、李泗、土目、双溪、德胜、多宝、春桥、北炎、张家岭、联合等15个乡党总支。1957年1月,前山、旧山、李泗、土目、双溪、德胜、多宝乡党总支划归左里区委领导。1958年10月撤区,1962年1月恢复区的建制,改称徐埠区工作委员会,作为县委派出机关,下辖徐埠、张岭、北炎、春桥、多宝、左里、苏山、平峰、前山、官桥10个公社党委和徐埠良种场党总支,1968年

10月撤区。1984年,全县换届选举恢复区工委,全县设三汊港、中馆、徐埠、七角4个区工委,作为县委派出机构。春桥乡隶属于徐埠区工委。徐埠区工委下辖张岭、北炎、徐埠、春桥、苏山、左里、多宝七乡至1999年8月撤销,恢复县、乡、村、组建制。

领 导 班 子

1. 徐家埠(第二、第三)区委会(1949.5—1956.5)

书　　记　刘汉士　(1949.5—1949.8)
　　　　　陈　林　(1949—1950.4)
　　　　　赵希胜　(1950.4—1953.4)
　　　　　夏云歧　(1953.4—1953.11)
　　　　　沈图茂　(1955.4—1956.5)
副 书 记　夏云歧　(1951—1952.4)
　　　　　张永清　(1953.8—1954.7)
　　　　　沈图茂　(1954.7—1955.4)
　　　　　喻东堡　(1955.10—1956.5)

2. 徐家埠区委会(1956.5—1958.10)

第一书记　陈修悌　(1956.6—1958.10)
第二书记　汪际通　(1956.6—1957.3)
　　　　　卢彩坤　(1957.3—1958.10)
第三书记　余恂序　(1956.6—1957.3)
　　　　　汪际通　(1957.3—1958.10)

3. 徐埠区委会(1962.1—1966.5)

书　　记　余泽民　(兼,1962.1—1964.7)
　　　　　徐水崽　(1964.7—1966.5)
副 书 记　段兴中　(1962.1—1964.5)
　　　　　陈宇鹏　(1962.1—1963.3)
　　　　　沈志良　(1962.1—1963.3)
　　　　　陈修寿　(1962.1—1964.12)
　　　　　徐水崽　(1962.1—1963.9)
　　　　　吕宜铭　(1962.8—1963.8)
　　　　　陈修悌　(1963.10—1965.5)

　　　　　王建华　（1964.5—1965.6）

　　　　　朱可仁　（1965.5—1965.10）

　　　　　骆健生　（1965.5—1966.5）

4. 徐埠区工委（1984.5—1999.8）

　　书　　记　向杨柳　（1984.5—1987.11）

　　　　　　　谭克新　（1987.11—1990.2）

　　　　　　　王普林　（1990.2—1992.11）

　　　　　　　陈荣庭　（1992.11—1995.12）

　　　　　　　黄幸福　（1995.12—1998.3）

　　　　　　　胡大英　（1998.4—1999.8）

　　副 书 记　杨柳华　（1984.5—1987.11）

　　　　　　　但金保　（1987.11—1989.5）

　　　　　　　王普林　（1989.5—1990.2）

　　　　　　　谭欣如　（1990.2—1995.12）

　　　　　　　彭返庭　（1992.11—1999.8）

　　纪检组长　谭欣如　（1990.6—1995.12）

5. 中共官桥乡总支委员会（1956.5—1958.10）

　　1956年5月，由官桥、云山、子云3个小乡合并为新的官桥乡，设党总支，隶属徐家埠区委，1958年10月并入徐埠人民公社。

　　第一书记　余传启　（1956.5—1957.3）

　　　　　　　余传柏　（1957.3—1958.10）

　　第二书记　余传启　（1957.3—1957.11）

　　　　　　　李咸仁　（1957.11—1958.10）

6. 中共春桥乡总支委员会（1956.5—1958.10）

　　1956年5月，由春桥、凤山、沙墩3个小乡合并为新的春桥乡，设党总支，隶属徐家埠区委，1958年10月并入徐埠人民公社。

　　书　　记　谭洪湖　（1956.11—1957.3）

　　第一书记　喻东堡　（1957.3—1957.5）

　　　　　　　刘乾圣　（1957.5—1958.10）

　　第二书记　袁德琥　（1956.6—1957.3）

副 书 记　刘炳发　（1956.6—1957.3）

7. 中共官桥人民公社委员会（1962.1—1966.5）

1965年1月,徐埠公社划出子云、云山、老山、官桥4个大队成立官桥人民公社,设党委,隶属徐埠区工委。

书　　记　谢盛发　（1962.1—1966.5）
副 书 记　詹莲花　（女,1962.1—1966.5）
　　　　　周勤平　（1965.1—1966.5）
　　　　　余传柏　（1962.8—1966.5）

8. 中共春桥人民公社委员会（1962.1—1966.5）

1962年1月,徐埠公社划出朝阳、凤山、堰上、十方、春桥5个大队成立春桥人民公社,设党委,隶属徐埠区工委。

书　　记　喻东堡　（1962.1—1966.5）
　　　　　李咸默　（1964.3—1965.10）
　　　　　余传经　（1965.10—1966.5）
副 书 记　周遇国　（1962.1—1962.8）
　　　　　向松春　（1962.1—1966.5）
　　　　　余传柏　（1962.1—1962.8）
　　　　　朱升平　（1962.1—1962.8）
　　　　　李咸默　（1962.8—1964.3）
　　　　　周裔福　（1964.4—1966.5）

9. 中共春桥公社委员会（1976.10—1984.5）

1976年10月仍称春桥公社党委,隶属县委,下辖朝阳、凤山、堰上、十方、春桥、官桥、老山、云山8个大队党支部。1984年5月改称春桥乡党委。

书　　记　刘理鑫　（1976.10—1979.11）
　　　　　李咸默　（1979.12—1984.5）
副 书 记　高潮新　（1976.10—1982.12）
　　　　　周裔福　（1976.10—1979.5）
　　　　　黄先贵　（1976.10—1981.9）
　　　　　刘光寿　（1979.5—1984.5）
　　　　　王普林　（1983.1—1984.5）

彭返庭 （1983.10—1984.5）

10. 中共春桥乡委员会（1984.5—1987.10）

1984年5月，春桥公社党委改称乡党委，成立中共春桥乡纪律检查委员会，隶属徐埠区工委，下辖朝阳、十方、堰上、凤山、春桥、官桥、老山、云山行政村党支部。

书　　记　王普林　（1984.5—1987.4）
　　　　　黄幸福　（1987.4—1987.10）
副 书 记　黄幸福　（1984.5—1987.4）
　　　　　谢金庆　（1984.5—1987.4）
　　　　　陈　久　（1987.4—1987.10）
　　　　　黄流清　（1987.4—1987.10）
调 研 员　余式献　（1987.3—1987.10）
　　　　　余建庭　（1987.3—1987.10）

11. 春桥乡党委（1987.11—）

春桥乡党委原隶属徐埠区工委，1999年8月撤区后，直接归县委管辖。原下辖朝阳、十方、堰上、凤山、春桥、官桥、老山、云山8个行政村党支部，一直未变动。

（1）1987.11—1990.4

书　　记　黄幸福　（1987.11—1990.4）
副 书 记　陈　久　（1987.11—1990.2）
　　　　　黄流清　（1987.11—1990.2）
　　　　　龚细牛　（1989.5—1990.2）
　　　　　黄井泉　（1990.2—1990.4）
纪委书记　黄流清　（1987.11—1990.2）
委　　员　万千苟　（1987.11—1988.11）
　　　　　伍柏孙　（1987.11—1990.4）
　　　　　张正仂　（1987.11—1990.4）
　　　　　邵任泉　（1987.11—1988.11）
　　　　　傅千珠　（1989.10—1990.4）

(2) 1990.4—1993.2

书　　记　黄幸福（1990.4—1992.2）

　　　　　　陈　久（1992.2—1993.2）

副 书 记　黄井泉（1990.4—1992.11）

　　　　　　黄流清（1990.6—1992.11）

纪委书记　黄流清（1990.9—1992.11）

委　　员　万千苟（1990.4—1992.11）

　　　　　　伍柏孙（1990.4—1993.2）

　　　　　　张正仉（1990.4—1993.2）

　　　　　　王　平（1990.6—1992.11）

(3) 1993.2—1996.2

书　　记　陈　久（1993.2—1996.2）

副 书 记　王煜华（1993.2—1995.12）

　　　　　　谢金庆（1993.2—1995.12）

　　　　　　万千苟（1993.2—1996.2）

　　　　　　王乐府（1993.3—1996.2）

纪委书记　王乐府（1993.2—1995.12）

委　　员　余明生（1993.2—1995.12）

　　　　　　伍柏孙（1993.2—1995.12）

　　　　　　张正仉（1993.2—1996.2）

　　　　　　石小平（1993.3—1995.12）

　　　　　　徐水孙（1993.9—1995.12）

　　　　　　彭桂林（1995.2—1996.2）

(4) 1996.2—2000.1

书　　记　陈　久（1996.2—1998.3）

　　　　　　万千苟（1998.3—1999.12）

副 书 记　万千苟（1996.2—1998.3）

　　　　　　石小平（1996.2—1999.12）

　　　　　　刘延庆（1996.2—1999.12）

　　　　　　邓柏凌（1998.4—1999.12）

                邵任泉 （1999.8—1999.12）
纪委书记 彭桂林 （1996.2—1999.12）
委　　员 彭桂林 （1996.2—1999.12）
                张正仂 （1996.2—1999.12）
                王志群 （1996.2—1998.10）
                游全贵 （1996.2—1999.12）
                刘益民 （1996.2—1999.12）
                郭初华 （1998.10—1999.12）

(5) 1999.12—2002.1

书　　记 万千苟 （1999.12—2002.1）
副 书 记 石小平 （1999.12—2002.1）
                洪承武 （1999.12—2002.1）
                陈波阳 （2000.7—2002.1）
纪委书记 陈波阳 （1999.12—2000.7）
                高海水 （2000.7—2003.3）
委　　员 陈波阳 （1999.12—2002.1）
                游全贵 （1999.12—2002.1）
                袁其柏 （1999.12—2002.1）
                黄建和 （1999.12—2002.1）
                高海水 （2000.7—2002.1）

(6) 2002.1—2006.3

书　　记 刘延庆 （2002.1—2006.3）
副 书 记 王建平 （2002.1—2006.3）
                高海水 （2002.1—2003.3）
                王晓阳 （2003.3—2006.3）
                陈康孙 （2003.3—2005.9）
                彭　程 （2003.3—2006.3）
纪委书记 邵文杰 （2003.3—2006.3）
委　　员 石　奕 （2003.3—2006.3）
                黄建平 （2003.3—2006.3）

彭晓东　(2003.3—2006.3)

付文峰　(2003.3—2006.3)

邵文杰　(2003.3—2006.3)

(7) 2006.3—2011.6

书　　记　王建平　(2006.3—2009.1)

　　　　　陈康孙　(2009.1—2011.6)

副 书 记　姜英源　(2006.3—2009.1)

　　　　　胡雄民　(2009.1—2011.6)

正科级组织员

　　　　　石　奕　(2007.1—2010.3)

　　　　　董　坚　(2010.3—2011.6)

委　　员　王晓阳　(2006.3—2008.1)

　　　　　聂增湖　(2008.1—2011.6)

　　　　　石　奕　(2007.1—2010.3)

　　　　　黄建平　(2006.3—2011.6)

　　　　　刘新喜　(2006.3—2011.6)

　　　　　伍国才　(2006.3—2009.1)

　　　　　袁　芳　(2006.3—2011.6)

纪委书记　黄建平　(2010.3—2011.6)

(8) 2011.6—2016.6

书　　记　陈康孙　(2011.6—2016.6)

副 书 记　江和通　(2011.6—2016.6)

　　　　　曹晓东　(2011.6—2014.12)

　　　　　刘　磊　(2014.12—2016.6)

纪委书记　袁　凯　(2010.3—2016.6)

　　　　　于英华　(2011.6—2013.12)

委　　员　黄建和　(2011.6—2016.6)

　　　　　袁　凯　(2010.3—2016.6)

　　　　　付文峰　(2011.6—2013.12)

　　　　　王文明　(2011.6—2016.6)

徐洋洲 （2010.3—2011.6）
谢　义 （2013.12—2017）
李华亮 （2013.12—2016.6）

（9）2016.6—

书　　记　江和通 （2016.6—　）
副书记　马远霞 （2016.6—　）
　　　　　江明亮 （2016.6—　）
纪委书记　袁国平 （2016.6—　）
委　　员　石　林 （2016.6—　）
　　　　　李常越 （2016.6—　）
　　　　　王琼琼 （2016.6—　）

12. 官桥乡人民委员会（1956.5—1958.10）

1956年5月，官桥、云山、子云乡政府合并为官桥乡人民委员会，隶属徐家埠区公所，1958年10月并入徐埠公社管委会。

乡　　长　徐志成 （1957.3—1957.7）
　　　　　余祖斗 （1957.7—1957.11）
　　　　　李咸仁 （1957.11—1958.10）
副乡长　　袁杏荣 （女，1956.6—1958.7）

13. 春桥乡人民委员会（1956.5—1958.10）

1956年5月，春桥、凤山、沙墩乡政府合并为春桥乡人民委员会，隶属徐埠区公所，1958年10月并入徐埠公社管委会。

乡　　长　刘炳发 （1956.5—1957.3）
　　　　　袁德琥 （1957.3—1958.8）
副乡长　　沈利瑛 （女，1956.6—1957.3）
　　　　　余三颜 （1956.6—1958.7）
　　　　　王光万 （1957.3—1957.12）

14. 徐埠公社管委会（1958.10—1966.5）

1958年10月，徐埠、平峰、高桥、春桥、官桥乡合并成立徐埠公社管理委员会，隶属县人委，下辖22个生产大队管委会。1962年1月，6个大队划入平峰公社，5个大队划入春桥公社，4个大队划入官桥公社。

主　　　任	喻东堡	（1958.10—1962.1）
	黄友松	（1962.1—1962.8）
	洪旭初	（1962.8—1965.4）
副　主　任	余三颜	（1958.10—1962.1）
	刘任元	（1962.1—1964.6）
	李　杰	（1962.1—1965.4）
	袁德修	（1962.1—1965.4）
	夏明珠	（女,1964.5—1965.4）
社　　　长	石秀桃	（1965.5—1966.4）
	龚昌福	（1966.4—1966.5）
副　社　长	李　杰	（1965.4—1966.5）
	夏明珠	（女,1965.4—1966.5）
	袁德修	（1965.4—1965.9）

15. 官桥公社管委会（1962.1—1966.5）

1962年1月，徐埠公社划出4个生产大队成立官桥公社管理委员会，隶属县人委。

主　　　任	周勤平	（1962.1—1962.8）
	余传柏	（1962.8—1965.4）
副　主　任	袁德修	（1962.1—1962.10）
	高潮新	（1962.1—1962.8）
	万　松	（1962.4—1962.7）
社　　　长	余传柏	（1965.4—1966.5）
副　社　长	高潮新	（1965.4—1966.5）

16. 春桥公社管委会（1962.1—1966.5）

1962年1月，徐埠公社划出5个生产大队成立春桥公社管理委员会，隶属县人委。

主　　　任	朱升平	（1962.2—1962.8）
	向松春	（1962.8—1964.3）
	周裔福	（1964.4—1965.4）
副　主　任	余三颜	（1962.1—1965.4）

　　　　　　余传贤　（1962.1—1965.4）
　社　　长　周裔福　（1965.4—1966.5）
　副社长　　余三颜　（1965.4—1966.5）
　　　　　　余传贤　（1965.4—1966.5）

17. 官桥公社革委会（1966.5—1968.10）

1966年5月仍为官桥公社管委会，1967年1月后陷入瘫痪状态，1968年3月成立公社革委会，隶属徐埠区革委。同年10月，管委会和革委会分别并入春桥公社和徐埠公社。

（1）官桥公社管委会（1966.5—1968.10）
　社　　长　余传柏　（1966.5—1968.10）
　副社长　　高潮新　（1966.5—1968.10）

（2）官桥公社革委会（1968.3—1968.10）
　主　　任　谢盛发　（1968.3—1968.10）
　副主任　　余式献　（1968.3—1968.10）
　　　　　　余传柏　（1968.3—1968.10）

18. 春桥公社革委会（1966.5—1976.10）

1966年5月仍为春桥公社管委会，1967年1月后陷入瘫痪状态，1968年3月成立公社革委会，隶属徐埠区革委。同年10月，官桥公社一部分并入，隶属都昌县革委。

（1）春桥公社管委会（1966.5—1976.10）
　社　　长　周裔福　（1966.5—1976.10）
　副社长　　余三颜　（1966.5—1976.10）
　　　　　　余传贤　（1966.5—1976.10）

（2）春桥公社革委会（1968.3—1976.10）
　主　　任　余传经　（1968.1—1968.3）
　　　　　　谢盛发　（1968.3—1968.8）
　　　　　　刘经坤　（1968.8—1970.4）
　　　　　　刘理鑫　（1970.4—1976.10）
　副主任　　黄耕荣　（1968.3—1968.10）
　　　　　　周裔福　（1968.3—1968.10）

余式献　（1968.10—1970.9）

陈旭初　（1968.6—1968.12）

张通干　（1969.8—1973.10）

程华民　（1970.4—1973.7）

高潮新　（1973.6—1976.10）

周裔福　（1973.6—1976.10）

欧阳平松（1976.1—1976.10）

黄先贵　（1976.6—1976.10）

19. 春桥公社管委会（1976.10—1984.5）

1976年10月仍为春桥公社革委会，隶属县革委。1981年3月改为公社管委会，隶属县政府。1984年5月撤销。

(1) 公社革委会（1976.10—1981.3）

主　　任　刘理鑫　（1976.10—1976.6）

　　　　　高潮新　（1979.6—1981.3）

副 主 任　高潮新　（1976.10—1979.5）

　　　　　周裔福　（1976.10—1979.5）

　　　　　黄先贵　（1976.10—1981.3）

　　　　　欧阳平松（1976.10—1981.3）

(2) 春桥公社管委会（1981.3—1984.5）

主　　任　高潮新　（1981.3—1982.12）

　　　　　王普林　（1982.12—1984.5）

副 主 任　黄先贵　（1981.3—1983.9）

　　　　　欧阳平松（1981.3—1984.5）

　　　　　余凤山　（1981.3—1984.5）

20. 春桥乡人民政府（1984.5—1984.10）

1984年5月成立春桥乡人民政府，下辖朝阳、十方、堰上、凤山、春桥、官桥、老山、云山8个行政村委会。

第八届（1984.6—1987.5）

乡　长　黄幸福　（1984.6—1987.5）

　　　　陈　久　（1987.5—1987.10）

副乡长　邵任泉　（1984.5—1987.10）

　　　　彭德海　（1984.5—1987.10）

　　　　黄流清　（1984.5—1987.10）

第九届（1987.11—1990.4）

乡　长　陈　久　（1987.11—1990.2）

副乡长　邵任泉　（1987.11—1988.7）

　　　　彭德海　（1987.11—1990.2）

　　　　万千苟　（1988.7—1990.4）

　　　　石玉文　（1988.7—1990.2）

第十届（1990.4—1993.2）

乡　长　黄井泉　（1990.4—1992.11）

副乡长　万千苟　（1990.4—1992.11）

　　　　李华章　（1990.4—1993.2）

　　　　黄彩秋　（1990.4—1993.2）

第十一届（1993.2—1996.2）

乡　长　王煜华　（1993.2—1995.12）

副乡长　李华章　（1993.2—1995.12）

　　　　黄彩秋　（1993.2—1995.12）

　　　　万焱林　（1993.2—1995.12）

　　　　张虎山　（1993.2—1995.12）

　　　　石小平　（1993.3—1995.12）

第十二届（1996.1—2000.1）

乡　长　万千苟　（1996.1—1998.3）

　　　　邓柏林　（1998.3—2000.1）

副乡长　龚细牛　（1996.1—2000.1）

　　　　江松保　（1996.1—2000.1）

　　　　徐水孙　（1996.1—2000.1）

　　　　石江涛　（1996.1—2000.1）

第十三届（2000.1—2002.1）

乡　长　石小平　（2000.1—2002.1）

副乡长 游全贵 （2000.1—2002.1）

　　　　梅水荣 （女,2000.1—2002.1）

　　　　石江涛 （2000.1—2002.1）

第十四届(2002.1—2006.3)

乡　长 王建平 （2002.1—2006.3）

副乡长 石　奕 （2002.1—2006.3）

　　　　伍国才 （2002.1—2006.3）

　　　　胡求实 （2002.1—2006.3）

　　　　梅水荣 （2002.1—2003.3）

　　　　邵　启 （2003.3—2006.3）

第十五届(2006.3—2011.6)

乡　长 姜英源 （2006.3—2009.1）

　　　　胡雄民 （2009.1—2011.6）

副乡长 石　奕 （2006.3—2007.1）

　　　　刘新喜 （2006.3—2009.12）

　　　　袁　芳 （女,2006.3—2011.6）

　　　　黄建和 （2007.1—2011.6）

　　　　徐扬洲 （2008.12—2010.3）

　　　　陈传良 （2010.3—2011.6）

第十六届(2011.6—2016.6)

乡　长 江和通 （2011.6—2016.3）

副乡长 黄建和 （2011.6—2016.6）

　　　　王文明 （2011.6—2012.12）

第十七届(2016.6—)

乡　长 马远霞 （2016.6—）

副乡长 石　林 （2016.6—）

　　　　王琼琼 （2016.6—）

21. 乡人大主席团常务主席、人大主席、人大副主席、人大秘书

第九届　　常务主席　　黄幸福(兼)　1989.5—1990.2

第十届　　常务主席　　谢金庆　　　1990.4—1992.11

第十一届	常务主席	陈　久(兼)	1993.2—1995.12
第十二届	人大主席	彭康助	1996.2—2000.1
第十三届	人大主席	万千苟(兼)	2000.1—2002.1
	人大副主席	邵任泉	2000.1—2002.1
第十四届	人大主席	石小平	2002.1—2003.3
	人大主席	高海水	2003.3—2006.3
	人大副主席	游全贵	2002.1—2006.3
第十五届	人大主席	王晓阳	2006.3—2008.1
	人大主席	聂增湖	2008.1—2011.6
	人大秘书	彭晓东	2006.3—2011.6
第十六届	人大主席	于英华	2011.6—2012.12
	人大主席	刘　磊(女)	2012.12—2014.12
	人大主席	罗文峰	2014.12—2016.6
	人大秘书	彭晓东	2011.6—2016.6
第十七届	人大主席	罗文峰	2016.6—
	人大副主席	彭晓东	2016.6—

英烈忠魂卷

在春桥这片热土上站立的汉子，无论你曾经的身影是在本土的革命风暴中轰然倒下，还是在异乡的红色烽烟中悄然消失，我们都懂得，你的身躯是为民族而捐，你的热血是为中华而流。

春桥革命烈士名录

姓名	年龄	籍贯	参加革命年月	单位及职务	牺牲时间地点
彭远镇	24	彭桓六村	1927	县农民协会常委	1927年牺牲
王德兰	32	王从忠村	1930.8	赤卫队员	1930年在鄱阳肖家岭牺牲
石大狗	22	石邦湾村	1929	赤卫队员	1930年在禁恋里牺牲
石中山	28	石邦湾村	1930	赤卫队员	1930年在禁恋里牺牲
石树仂	24	石炎里	1930	赤卫队员	1930年在鄱阳响水滩牺牲
刘从明	50	刘泉里	1927	红十军战士	1933年在弋阳牺牲
刘本万	45	刘泉里	1927	赤卫队员	1930年在官桥门前港下牺牲
刘龙仂	32	郎中堰	1927	红十军战士	1930年在弋阳县牺牲
江兼前	28	大江村	1929	都湖特别区委员	1930年在湖口团鱼墩牺牲
余小杨（女）	29	彭碾里	1930	区宣传委员	1930年在弋阳牺牲
余会生	20	东位湾	1929	红十军战士	1930年在弋阳牺牲
余式校	25	秀才湾村	1930	红十军战士	1930年在弋阳牺牲
余式辉	34	秀才湾村	1927	赤卫队队长	1930年在徐埠细桥头边牺牲
余式楷	27	城隍村	1930	赤卫队排长	1930年在门口细堰牺牲
余顺开	32	城隍村	1930	赤卫队队长	1930年在湖口流芳市牺牲
余昭坤	30	马家塘	1930	赤卫队队长	1930年在鄱阳肖家岭牺牲
余菱花（女）	22	刘泉里	1929	宣传委员	1930年在弋阳牺牲
杨克信	35	杨家山	1930	乡组长	1930年在相公庙牺牲
杨克福	41	杨家村	1930	乡苏维埃政府主席	1930年在鄱阳石门街牺牲
杨茂林	50	杨培祥	1927	乡执委	1930年在鄱阳响水滩牺牲
杨茂盛	37	杨家山	1930	景德镇工人筹备队员	1930年在湖口江桥牺牲
杨金尚	23	杨培祥	1927	游击队指挥	1930年在湖口江桥牺牲

续表

姓名	年龄	籍贯	参加革命年月	单位及职务	牺牲时间地点
杨祖龙	47	杨培祥	1927	乡苏维埃干部	1930年在湖口江桥牺牲
杨振风	27	杨老屋村	1930	赤卫队员	1930年在相公庙牺牲
杨振彩	26	杨老屋村	1930	景德镇工人筹备队员	1930年6月在牛头山牺牲
吴三尚	22	盖公舍村	1930	地下交通员	1930年在茅坂牺牲
黄小同	34	黄邦本	1930	景德镇工人筹备队员	1930年在景德镇牺牲
黄勿祥	37	黄邦本	1921	都湖边区特别主任	1930年6月在湖口流芳市牺牲
黄世崇	35	黄邦本	1930	红十军战士	1930年在景德镇牺牲
黄振奎	42	黄邦本	1930	乡苏维埃政府主席	1930年在本地就义
黄斋公	25	黄邦本	1930	红十军队长	1930年在景德镇牺牲
黄翌贵	36	黄斯里	1929	赤卫队长	1930年在茅自港牺牲
彭世茂	30	彭井舍村	1927	乡农会常委	1930年在本村牺牲
彭永宗	37	彭家畈	1929	地下交通员	1930年在二房舍牺牲
彭永盛	50	彭家畈	1929	景德镇工人筹备队员	1930年在春桥头牺牲
彭永新	23	彭老屋村	1929	赤卫队员	1930年在鄱阳肖家岭牺牲
彭守义	46	彭西庄村	1930	红十军战士	1930年在祁门牺牲
彭守兰	28	彭桓六村	1929	游击队指挥	1930年在官桥牺牲
彭守贞	40	彭桓六村	1930	赤卫队员	1930年在门口岭牺牲
彭守典	35	门壁里	1930	赤卫队员	1930年在湖口流芳市牺牲
彭远发	35	茅店街	1929	赤卫队班长	1930年在南昌就义
彭远良	23	彭桓六村	1929	赤卫队队长	1930年在南昌就义
彭远盛	25	彭桓六村	1930	赤卫队员	1930年在门口岭细塘里牺牲
彭远喜	36	彭桓六村	1929	赤卫队队长	1930年在徐埠牺牲
彭泽民	56	彭下十房	1930	革命委员会秘书	1930年肖家岭牺牲
彭偷尚	18	彭桓六村	1929	赤卫队员	1930年在南昌就义
彭焱娥（女）	19	彭桓六村	1927	县苏执委	1930年在流芳庙牺牲
彭德云	28	春桥头	1929	特区组织委员	1930年在湖口团鱼墩牺牲

续表

姓名	年龄	籍贯	参加革命年月	单位及职务	牺牲时间地点
彭德厚	25	彭家畈上	1929	筹备队员	1930年在茅店街牺牲
彭德璋	55	彭东庄	1930	乡苏维埃通讯员	1930年在本村牺牲
游义茂	38	细三房舍	1927	特别区委员	1930年在彭泽牺牲
游长波	28	游腊舍	1929	赤卫队长	1930年在茅店街牺牲
游贞老	22	游布石湾	1929	赤卫队大队长	1930年随红军去后无讯
游伦礼	28	游火烧村	1929	县苏维埃常委	1930年在肖家岭牺牲
游何桂	40	畈上村	1929	地下宣传员	1930年在肖家岭牺牲
游花头	22	游四房村	1929	地下交通员	1930年在盐田畈牺牲
游金尚	22	游四房村	1929	赤卫队长	1930年在肖家岭牺牲
游枚仉	19	游坤山下	1929	筹备队员	1930年在肖家岭牺牲
游奕火	58	游火烧村	1929	赤卫队员	1930年在湖口毛鸡牺牲
游叙玉	26	游四房村	1929	赤卫队长	1930年在茅店街牺牲
游叙良	20	畈上村	1929	赤卫队员	1930年在新妙牺牲
游星驳	24	游火烧村	1927	都湖边特区秘书	1930年在县城就义
彭德焕	38	嘉藤树下	1936	中共都彭中心县委巡视员	1937年在湖口牺牲

（彭桓六村、游四房村、畈上村、游火烧村等几个村的烈士名录放一起）

民俗技艺卷

春桥家园连着广袤的大地，连着浩瀚的鄱阳湖，这里有曾经的金戈铁马，有学舍的书声琅琅，有一直以来的田园牧歌，更有日月之下的生生不息……它们向我们走来，播撒一路珠玑，以至演化成我们生活中的民俗文化和传统技艺。

节 俗

一、春节

春节,春桥人称过年。

春节在古代被称为岁首、正旦、元日等,将正月初一称为春节是"中华民国"成立以后才开始的。作为岁首新年,春节在中国已经走过了至少三千多年的历程。春节至今依然是流传历史最久、流传地域最广、过节人数最多的中国节日,是名副其实的中华民族第一大节日,也是具有世界影响力的重大节日。为了全面呈现传统春节的面貌,我们伴随着中国人过年的脚步,依照年节顺序,渐次展开一幅年俗长卷。

1. 干干净净辞旧岁

【腊八节 腊八粥】农历十二月(又称腊月)初八名为腊八节。腊八过了就意味着进入年节阶段。腊八这天人们要吃应节令的腊八粥。

腊八粥的来历有种种传说,影响最大的是纪念佛祖得道。传说佛祖释迦牟尼有一天由于疲劳过度而晕倒,幸得一位牧羊女将随身所带的杂米与泉水调煮成粥给他食用。佛门弟子为此在腊八日熬煮腊八粥,将粥分给穷人充饥御寒,以示大慈大悲之意,因此腊八粥又名"佛粥"。事实上,中国古代也有冬至以赤豆粥祭祀的习俗。腊八粥的食料是桂圆、百合、红枣、花生、莲子、核桃、果脯、栗子,其实都有民俗寓意,谐音取意:桂圆象征宝贵团圆,百合象征百事和睦,红枣、花生比喻早生贵子,莲子象征恩爱连心,核桃表示和和美美,果脯、栗子象征大吉大利等,人们以此期盼来年生活的美好。我乡只有极少数村庄过"腊八节"。

【熬米糖 做年粑】食物丰盛是大年的典型特征。俗话说,大人盼栽田,小儿盼过年,因为年节有许多平时难得的吃食与娱乐。年节食品最能体现民俗的统一性与地方性,例如熬米糖。熬米糖要在半个月前发麦芽,麦芽长出来了之后即将大米熬成米饭,在一定的火候下倒进麦芽汁,再熬到一定程度就榨汁,除渣后将水熬成糖汁。糖汁由稀变浓,先是"米散花",再是"鹅公泡",再到"被单褥",这时即可将爆米倒在锅内拌匀,拌匀后再倒在糖厢里,用糖槌夯实,用糖刀切成大四方块,后用菜刀改切成小四方薄块,以供正月里招待客人。年粑也是过年前要准备的食物之一,我乡村民在腊月后,将糯米与籼米搭配好磨成细粉,加水揉成大团,再由本村许多妇女一起做粑。年粑多以印子粑为主,可以用油煎,撒上葱花、蒜叶,以在正月待客。年后农忙早餐时,年粑可放在粥锅里煮着吃,也可以早晚放在豆折中炒着吃。

【杀猪　高鸡】年节食品中最重要的是肉,过年一定要有肉。我乡村民过春节的食物中,最重要的是猪肉、鸡肉。过年杀猪,一般在腊八过后、逢春之前。杀完猪以后,该户就要煮杀猪饭。杀猪饭一般是一至两碗猪血、一碗猪肝、两碗爆肉,另加其他一些蔬菜。菜弄好后,招待屠夫邻居。家里经济不宽裕的卖点猪肉换钱,购买其他年货。殷实户则将整只猪腌制到第二年吃。我乡村民养鸡一般是自食。例如过小年、大年、元宵节都要杀鸡,又称"高鸡"。每家过年会杀两三只鸡,一只鸡是除夕吃,一只鸡待客,一只公鸡"还年福"。

【过小年　送灶神】腊八过了是小年,小年在北方是腊月二十三,南方是腊月二十四。祭灶神是传统小年的重要节俗。灶神俗称灶王爷、灶公、司命,是中国民间在年节中特别崇奉的神灵。灶君的名称在古时就已出现,魏晋以后的灶神成为天神监督下界的耳目,它常驻百姓家,与人们朝夕相处,监视着民间的一举一动。民间日常生活中免不了磕磕碰碰,人们担心灶神上天打小报告,于是便跟他套近乎,俗称"媚灶"。向神灵献媚是民间信仰的常见表现,不过在灶神祭祀上,表现得更为生动有趣。"媚灶"用爆花糖、印子粑,并点上一炷香,从夜间点到天亮不能熄灭。有的地方还在灶门上抹糖,让灶神嘴甜在天上说好话。

【二十四　掸扬尘】我乡村民称腊月廿四为"小年",也兴守小岁叫"小除"。送走灶王爷,人们就该清扫、洗涮,干干净净迎新年了。从腊月廿四灶神上天起,以后的日子"俗谓百无禁忌"。平时人们对于清扫是小心谨慎的,唯恐触犯神灵,现在将居家的灶神等神送走了,人们得到了任意清扫的机会。扬尘是悬挂于瓦、橡、桁上的灰尘,人们尽量将屋内上下、四壁角落、柜顶柜底清扫干净。如今,清洁屋宇的扬尘是普通的卫生行为,但在古代,这却是民众在年岁生活中、祭祀活动开始前必须进行的空间净化活动,具有清洁、净化人居空间的象征意义。我乡有许多村庄有"打伢崽过二十四"的习俗,因为孩童言语无禁忌,大人怕小孩过年时乱说话,于是必须在腊月廿四前将小孩训导好,使小孩在过年时不讲不吉利的话。

【清邋遢　剃年头】年节食品准备完后,人们要开始沐浴斋戒,迎接新年。沐浴祛秽是旧时年节的主要习俗之一。从腊月廿四至大年三十为年节的过渡时段,此时人们不仅以驱邪、送神的形式实现空间净化,还将人体自身清洁干净,以辞旧迎新。除了洗浴,本乡民俗还有剃年头,俗谚"有钱无钱,剃头过年",在岁末一定要剃好年头,干净过年。

【贴年画　挂春联】宋代以前,过年挂的春联是桃木板、桃符,桃符上写有辟邪祈福的字样,一年更换一次。随着时代的变化,人们为了表达良好愿望的语句越来越长,约在明清时期改用红纸写春联。民国时期,我乡村民都请村里的教书先生或有文化的人写春联,所以写春联的人这一天要从早写到晚,而且还没有报酬。

在贴春联之前,我乡村民还要把猪栏里的粪便挑干净,使房前屋后的水沟畅通。这些工作都要在大年三十以前做完。大年三十下午,大家先到先人祖坟上"团年"。"团年"要带上祭祀的食品及香、纸、鞭炮,这是子孙过年没有忘记祖先的一种具体表现。

【辞年饭　年来局】我乡村民的辞年饭一般是大年三十早上吃,也有大年三十晚上吃辞年饭的村子。俗话说"辞年辞得早,田里不长草",农民最大的心愿就是祈求五谷丰登。辞年饭一般是吃糯米饭和蒸肉。蒸肉很讲究,头一天晚上把要蒸的肉切好、拌匀,第二天早上蒸熟。大年三十早晨天没亮就要吃辞年饭。

2. 团团圆圆过大年

【年夜饭　团圆餐】年夜饭来源于古代的年终祭祀礼仪。随着家族社会的发展,多神祭祀逐渐演变为以祭祀祖先为主的腊日之祭。中国人的年夜饭是家人的团圆聚餐,通常是一年中最丰盛的一顿晚餐。

年夜饭之前,首先要"还年福"。"还年福"要准备"年福盆",盆里放置煮熟的腌猪头一个、猪尾巴一条,预示有头有尾(没有猪头的人家用一块肉代替),猪头上插一根筷子,还要准备一只雄鸡(不能用母鸡,俗语叫鸡婆还年,说明丈夫怕老婆)和一条腌制的小鲤鱼(这条腌制的小鲤鱼要把内脏掏空,鱼鳞不能刮掉,外面不能看到刀痕),叫"三牲福礼"。村里的长者敲锣,通知大家到祖厅"还年福"。村里所有妇女不能出门,在路上不能碰到女人。进祖厅还年福的只能是男丁,妇女不能进入祖厅。端年福盆的男人把年福盆重叠在祖厅神龛前,统一放鞭炮,统一上香、祭拜,再到自己门前敬拜天地。关于春节祭祀,先祖在

《礼记》中屡有记载。明清以后,由于宗法观念的复兴,民间将此习俗一直沿袭下来。传统的年夜饭,菜肴充满寓意,各村风俗习惯有所不同,这里不一一做介绍,但两种菜必不可少:一是要有一条头尾完整的鱼,象征年年有余;二是有一碗丸子,俗称圆子,象征团团圆圆。

【大红包　压岁钱】除夕夜吃完年夜饭,长辈要给小辈压岁钱,以祝福晚辈平安度岁。压岁钱是小儿新年最盼望的礼物。压岁钱相传起源较早,但真正流行是在明清时期。压岁钱有特制钱与流通钱两种。特制的压岁钱是仿制品,它的材料是铜或铁,形状或方或圆,钱上一般刻有"吉祥如意""福禄寿喜""长命百岁"等字样。清朝中期注重将流通的银钱作为压岁钱。这种压岁钱,有的是直接给予晚辈,有的是在晚辈睡下后,放于其床脚或枕边。压岁钱本来是作祝福用,不能在市场上流通。用流通的钱给小儿压岁,这就给孩子们带来了自主消费的愉悦,它使压岁钱由信仰功能向节日经济功能转变。民国以后,各钱铺年终分别开红纸零票,以备人们给压岁钱支用。当时还流行用红纸包一百文铜圆,寓"长命百岁"之意。给已成年的晚辈的压岁钱,是用红纸包一枚大洋,象征"财源茂盛""一本万利"。使用现代纸钞后,家长们则喜欢选用号码相连的新钞票,预兆着后代"连连发财""连连高升"。

【烤年火　夜守岁】年夜饭后,全家人围坐在火炉旁边,拉家常,聊未来,谈天说地。有文化品位的长辈则会给晚辈讲四书五经、讲伦理道德,一直聊到五更天明,迎来新岁。人们辞旧迎新的除夕,以通宵不寐的形式守候新年的到来,称为"守岁"。守岁的习俗在中国有近两千年的历史,守岁的目的是祈求长寿。因为整晚不睡,人们要打起精神强坐,所以在北方俗称"熬年"。民间为了阻止人们除夕睡觉,还形成了一种禁忌,说如果这晚睡觉,第二年身体就不好。守岁是为了强身健体,延年益寿。另一种说法是,大年三十晚上睡觉怕做梦,如果做了一个噩梦,一年心里都不舒服。在古代,守岁还是为父母或老人祈寿的重要方式,因此一般人都坚持守岁。从古至今,人们一直将守岁作为辞旧迎新的重要过程。守岁是对旧岁的辞别与对新年的守望。

守岁的民俗主要表现为除夕夜灯火通宵不灭。岁火起源于古代驱邪的需要。民间曾经流传着年兽的说法,说有一个叫"年"的怪兽,经常在除夕夜出来吃人。因为年兽害怕红色的灯火,所以人们在门口挂上红灯笼,在庭院点燃红红的火焰,这样就能保证家人安全。这则民间传说表达了人们在守岁过年时的紧张与不安定,所以人们以热闹的灯火驱走黑暗,迎接新年黎明的到来。

3.欢欢喜喜迎新年

古代社会民间计时以鸡鸣为准。正月初一的鸡鸣尤其有意义,它召唤着新年的到来。随着现代中国计时手段的变化,人们将新旧时间的界标确定在午夜零点。

【除旧岁　迎新年】在辞旧迎新的日子里,人们尽情地燃放烟花爆竹。新年爆竹起源于原始宗教信仰,人们以此驱邪祈福。民俗认为,鞭炮等响声能驱赶鬼邪。最早的爆竹是将竹筒置于火中烧烤,竹筒受热膨胀,最后爆出声响,直到唐宋时期仍然采用这种爆竹。宋代,火药爆竹开始出现,不仅有如霹雳的炸响,而且有硝烟散出。爆竹散出的硝烟有消灭空气中的病菌的功效,所以人们在瘟疫发生的时候,经常要燃放爆竹。明清时期,火药爆竹更加盛行。人们除了使用土铳爆竹驱邪外,还用它来送神、迎神,以及接待拜年客。

近代以来,乡村春节放鞭炮是年俗必有的项目,假如过年没有爆竹声,人们就会觉得心里空落落的。如今,当除夕午夜零点中央电视台春节联欢晚会新年钟声敲响时,全国进入鼎沸状态,农村更是烟花飞舞,鞭炮齐鸣,即刻融入狂欢的世界。

【穿新衣　拜谱年】人们在响彻云霄的鞭炮声中迎来了新的一年,我乡村民作兴"出天方"。"出天方"的时间以前是在早晨四五点,现在有早有迟,最早的在零点就"出天方",最迟的依然在早晨四点左右。出了天方后就准备拜谱年,拜谱年时要穿新衣服,特别是小孩儿更要打扮得漂漂亮亮。在民俗社会中,新衣服不仅是年节的美饰,同时具有敬神的意义。时间流过旧年界限之后,人们进入新的一年,穿上新衣、戴上新帽,象征着人们进入新的生命旅程。这种外表的新打扮与门户的新装饰,体现了我乡村民重视新年时间更新的意识。拜谱年一般由村里统一规定时间,凡是在外居住的,这一天都要按时赶到村里参加拜谱年。拜谱年的仪式是:族长将家谱摆放在神龛前,翻开先祖的图像,族人在族长辈的吆喝声中参拜先祖;拜完先祖后,由将红丁上谱的家里人分发香烟及糖果。上红丁即把前一年出生的男孩的信息登记到家谱上,表示家庭新添了男丁。男丁(也有独生女的)上谱一般规定要包红包,金额不限(这笔钱用于村里的公益事业)。拜谱年的时间各村不尽相同,有初一也有其他日子,总之在元宵节前要举行。

拜谱年仪式结束后,村里人要相互拜年、贺年。二十世纪五六十年代是晚辈向长辈拜年,年幼的向年长的拜年。顺序是先房内(即一个族支脉之内)后房外再全村,平辈的要互相拜年。

拜年那一天,女眷不能轻易出门走亲戚,怕有客来扑了空(又叫"打塌皮"),打了塌皮人家不高兴。客人来了,要弄点心(鸡蛋煮面)招待,至少要煮一碗糖水冲蛋。中午要设家筵款待来客,叫作"拜年酌"。

正月初一又称"扫帚节",古时候一位朝奉向东家提出这一天不打扫卫生(因为朝奉天天早晨要给店堂打扫卫生),让扫帚休息一天,所以流传至今叫"扫帚节"。

【走亲戚　拜大年】不走不亲,正月里走亲访友是必不可少的庆祝活动。人们从正月初二开始,依照根脉长幼顺序依次走访亲戚。以前交通不发达的时候,乡村道路上尽是走亲访友的人群,熙熙攘攘,络绎不绝,亲戚则拿出好酒好菜款待来客。都昌俗话说:"正月里,真是好,穿新衣,戴新帽,一声叫拜年,倒茶又递烟,果盒盘嗯(盘子)拿一拿,锅里煎糍粑,糍粑刚煎熟,熬鸡又爆肉,好菜堆满桌,还拿美酒酌……"这就是形容正月里走亲戚、接待的盛况。

村里人相互拜完年后,还要给村里前一年亡故的人拜大年。亲朋好友都要备好一对蜡烛、一封鞭炮到新亡人灵前焚香下拜,其亲属要准备设筵招待来客。我乡"拜大年"的日期南北不同:老官桥(即云山、老山、官桥)的多数村庄和都昌乡镇一样,流行正月初八"拜大年";老春桥(堰上、十方、春桥、朝阳、凤山)则一般选择正月初三为"拜大年"日。"拜大年"之前,孝子正月里不能出门走亲访友。

二、立春

新春大似年,这是我国千百年来的老话。立春前一天为绝日,不宜办大事。所谓"绝日",就是每个季节第一个节气的前一日,即"立春""立夏""立秋""立冬"的前一天,故称为"四绝"。立春那天,只等立春时分一到,便一齐焚香鸣爆,顶礼下拜。我乡部分地方在立春时分,有用萝卜、樟树杈"接春"的习俗,还有的地方用糖果食品"接春"。

三、元宵节

如果说大年是一台全民参与的民俗大戏,正月十五元宵节就是这部大戏的压轴节目。元宵典型的节俗是灯会,因此元宵又被称为"灯节"。元宵灯会的兴盛从隋唐开始,隋炀帝杨广每年元宵都要在都城洛阳举行盛大的灯会,招待外国使者,以夸耀中国的富庶。唐朝元宵张灯风气更盛,唐朝皇帝为了举国同乐,将以前正月十五一夜的灯会延长到三夜,规定正月十四、十五、十六官家放假三日;为了人们通宵达旦地观灯游赏,节日期间取消平时的宵禁。宋朝城市生活进一步发展,元宵灯火更为兴盛。明代全面复兴宋制,元宵放灯节俗在永乐年间延至十天,从正月初六开始,京城百官放假十日。

元宵节另一节俗是吃元宵。元宵,又叫汤圆,是一种节令食品,明清时期正月十五吃元宵成为时尚。明朝京城在正月初九之后,就开始吃元宵。我乡的元宵比较简单,就是糯米细粉制成的圆子粑。

我乡村民的元宵节是"狂欢"节(尤其是孩童),有的村扎盘龙,有的村扎草龙,晚上举着竹龙、草龙灯挨家挨户闹元宵。掌龙头的人,进门就念一首《草龙歌》:"龙头进门笑嘻嘻,拿把剪刀剪龙须,剪得龙须生贵子,生得贵子穿朝衣(做官的意思)……"各村庄掌彩各有不同,全凭举龙头的人即兴发挥。有的村在龙身上插香,有的村则按盘龙的节数分发蜡烛,受贺的人家主要放鞭炮迎接,拿出香烟、糕点、糖果分给举龙人。闹龙灯结束时叫"下马灯"。"下马灯"要在野外偏僻处,不能靠近别人的村庄,否则就犯忌讳。玩尽了盘龙灯和草龙灯,已经是半夜或四更时分,这时参加玩盘龙和玩草龙灯的所有人,就开始驱赶"鬼魅"。此时要敲锣打鼓燃放鞭炮,这是保佑村庄一年四季平安的一种驱邪行为。具体做法是:先由每家每户自行燃放鞭炮,即从每个家庭放起,然后参加玩龙灯的人分成几伙(小村庄就是一伙人)人,从村庄中心慢慢将"鬼魅"向村庄四周驱赶。

这样东村赶过来,西村赶过去,使鬼魅邪灵无处藏身。经过这样一番折腾,人们才陆续安心去睡觉。

四、二月花朝和春社

【花朝节】旧俗以农历二月十五为"百花生日",故称此日为花朝节。

【春社】唐代诗人王驾在《社日》中写道:"鹅湖山下稻粱肥,豚栅鸡栖对掩扉。桑柘影斜春社散,家家扶得醉人归。"鹅湖山即今铅山县辖地。这首诗说明在唐朝时期,社日是一个文人骚客集会的日子。《统天万年历》中也说:"立春后五戊为春社,立秋后五戊为秋社。"例如今年是正月十四丑立春,以后的戊日是:正月十六戊戌,正月廿六戊申,二月初六戊午,二月十六戊辰,二月二十六戊寅即春社日。《礼记·明堂位》也载:"是故,夏礿,秋尝,冬烝,春社,秋省,而遂大蜡,天子之祭也。"社日是祭祀土地神的日子。新亡人的祭拜和扫墓在社日之前进行。我乡部分村庄的村民在这一天会到本村的土地庙祭祀土地公、土地婆,愿土地公、土地婆保一方平安。以前有公产的村庄,男丁在这一天集体饱餐一顿,叫"打社伙"。

五、清明节

清明节是二十四节气,二十四节气的雏形始于周代。相传周公曾跋山涉水,风尘仆仆,从西周首都镐京到洛阳建造观星台,以观察太阳、月亮、星辰的变化,初步形成二十四节气,后经历代天文学家的更正,到元代才确定二十四节气,也就是太阳黄经达 15° 时为清明节气。《月令七十二候集解》载:"三月节……物至此时,皆以洁齐而清明矣。"也有资料介绍两晋时期已正式形成清明节令。唐宋时期,清明节皆以游春为主,很少有人祭祀,到明清时期才兴起传统的祭祀节日。清明祭祀属春秋二祭之一(秋祭是七月半),前后有七天时间(即前三后四)。传说在这段日子里祭祀,可以为先祖坟墓动土砌坟、立碑、筑坊等不受干支限制,过了清明砌坟动土就不吉利了。我乡村民在清明节前,无论是在本地还是在外工作的,都要赶到家里为祖坟除杂草、补漏洞、挂纸钱、插花,以缅怀先人。

六、四月八小节

据清康熙甲戌版《都昌县志》载:"四月八日,僧家作佛会,民家用黑豆造饭,谓之压蝇。邻里亲戚往来馈送。"中华人民共和国成立以前,由于生产力低下,一年只种一季稻。有谚语曰:"清明浸种,谷雨洒秧。"这个时候正是农民盼雨的日子,也有谚语说"四月八,冻死鸭",意思是四月八这天气温下降,降雨的概率大。过了"四月八",就进入春耕大忙时期,干重活需要吃饱饭,雇主便会为长工准备糯米饭。另外,勤劳人家种的苋菜已上市,俗称"糯米饭,红苋菜"显示"红头花色",预兆人身体健康。

七、五月端午节

端午节是纪念战国时期爱国诗人屈原的节日,前后时间为五天,是仅次于春节的重要传统节日。从农历五月初一开始,家家户户门上要挂菖蒲、艾梗驱邪,初三、初四家家户户磨麦粉,蒸发酵麦粑。一般在初四,家家户户用糯米、芝麻、绿豆、饭豆、菜、油配好料包粽子,正月初五早上煮咸蛋、鸡蛋,并为小孩编织装蛋用的线袋。五月初五是屈原投水殉国的日子,人们为了纪念他,划船相救,投粽子免鱼鳖伤其身体,天长日久演化成竞赛龙舟和吃粽子的习俗。同时,初五这天,村民要把悬挂在门上的菖蒲、艾梗收起来,送到祖堂门前烧香下拜,叫"送艾",还有的村庄把菖蒲、艾梗丢在池塘里。我乡村民有吃大蒜的习惯,大蒜能解五毒(五毒即蛇、蝎、蜈蚣、壁虎、蟾蜍)。屋内燃熏苍术、洒雄黄酒,小孩子颈上吊雄黄香袋,头上、耳朵背后擦雄黄酒叫"散毒气"。吃中饭前,各家妇女要把晒在外面的衣服收回家,不能在外面过昼;吃过中饭后,人们都换上盛装,小孩则在胸前佩戴香包或用线袋装染红的鸡蛋走街市,也有人走亲戚,叫"荡节"。

八、六月半年节和"六月六"

半年节是在农历六月上旬,不少地方作兴"过半年"。我乡村民把六月初一视为"过半年"。这一天,有的村庄会设筵请客。六月初六,古称天贶节,俗语道:"六月六,晒得鸡蛋熟",一般六月六都是高温天气,传说是晒龙袍之日。这一天烈日高照,家家户户翻晒衣物,读书人则晒书画,村里管家谱之人要晒家谱。在六月初六这天,也有的村庄设筵请客。

九、中元节

古人以农历七月十五为中元节,亦叫"七月半鬼节"。中元节为期两天:即七月十四晚上为新亡故人烧纸钱和钱包袱(一种用纸贴成的袋子,内装满折好的纸钱);七月十五为老祖宗烧纸钱或钱包袱。

十、八月十五中秋节

农历八月十五,是我国传统的中秋佳节,是一年中第三大传统节日。它因农历秋季七、八、九三个月的中间一天而得名。汉代,中秋祭祀一直被皇家垄断。唐朝前,极少见到普通民众拜月的记载,也没有见到有关中秋节的记载。

唐朝初年,中秋节已被设为固定的节日,宋朝开始盛行,至明清时已与春节、端午节并重。只不过,端午节的节日活动在白天,而中秋节的活动在晚上。亲戚来往,与春节、端午不差分毫。古时候,这天晚上热闹非凡,家家户户设香案,焚香化纸,鸣鞭炮赏月,香案上摆着大月饼,祈求嫦娥仙子为人间降福。中华人民共和国成立后,农户过中秋节也和古时候一样,庄严而又隆重。在本乡,八月十五下午,孩子们就在晒谷场上用碎瓦片搭起一座瓦窑,最高的有一人多高。每个孩子都到自己家里偷一捆柴来,到晚上捆成小把,然后一把一把地放进瓦窑里燃烧。待瓦窑烧红了,再浇上白酒,瓦窑上就出现了红、绿、黄、蓝等七彩颜色,好看极了。中秋节最流行的是吃月饼,相传月饼是古代中秋祭祀月神的供品,随着时代的演变,严肃的祭祀变得轻松和欢乐。相传元代末年,江苏泰州的反元起义领袖张士诚,利用中秋民众互赠圆饼之际,在饼中夹带"八月十五日夜杀鞑子"的字条,结果这天夜里一起如约反元,故现在的月饼中有红绿筋条。赏月的风俗源于祭月。唐朝中秋赏月、玩月颇为盛行,到了宋代,形成了以赏月为中心的中秋民俗节日。高雅一点的人,把中秋节看成团圆节,皓月当空之际,最能勾起对远方亲人的思念。北宋大文豪苏轼,就在这天晚上填写了一首《水调歌头》的词,寄托他对远方兄弟的思念,词中的"但愿人长久,千里共婵娟",成为千古绝唱。

十一、九月重阳节

重阳节又叫"重九"节,即农历九月初九,两个"九"字的意思。古时候,读书人于此日结伴登高,吟诗作赋。据《幼学琼林》载,重阳登高是仿效一位叫桓景的古人,有登高避灾的典故。中华人民共和国成立后,国家将重阳节改为老人节,让老人们在秋高气爽的这天相聚相游,度过幸福的晚年。

十二、冬至节

　　冬至节来因不详,但可以肯定是因朝代的更迭和历法的修正演变而来的。据有关资料记载,历法的颁布古代各不相同:夏后氏颁布夏历以建寅三月为岁首,即以现在农历的正月为正月;商朝以建丑之月为岁首,即以现在农历的腊月为正月;周朝以建子之月为岁首,即以现在农历的十一月为正月;秦朝则以建亥之月为岁首,即以现在农历的十月为正月;汉袭秦制未改动,武则天等皇帝想要改变均未成功。唐肃宗时期(757—763),朝廷决定仍采用夏朝历法,一直沿用至今,因周朝以冬月为一年之首,再者冬至时太阳到达黄经270°,阳光几乎直射回归线,我们北半球白昼最短。过了冬至,白昼一天比一天长,所以人们有开始第二年的感觉。我乡村民在1949年以前有在冬至这天做米粑祭祀祖先的习俗。我乡黄邦本村有"冬至大于年"的传统,该村在冬至日邀请亲朋好友一起过节,宾客满堂、高朋满座,主人杀鸡宰猪、设筵请客庆祝。

习　俗

一、建房

　　建房是村民人生中的一件大事。首先，村民要自己选好宅基地。过去富人没有宅基地，可以买穷人的宅基地，现在选择宅基地基本上采取"叫茶"（主人准备烟、茶、糕点、水果，邀请本村主事的人）商议。其次是请地仙牵向，牵好向后，再选日子平整宅基地，然后看日子开工。房屋开工的第一件事就是选好房梁，木工锯好长度，开锯就要燃放鞭炮，叫"启首"。"启首"这一天，泥石工要"下石定磉"，也有的"下石定磉"后接着做工砌墙。一般的情况是："下石定磉"后由木工做屋柱、穿枋；屋柱、穿枋做好以后就组装，组装叫"竖列"；钉好椽角后再砌墙。建房最关键的程序是"上梁"，也是建房最隆重的一道仪式。"上梁"首先要选好上梁日子，通知亲朋好友，同时女婿家（没有女儿的由儿媳妇娘家）送来红布挂在大梁上，叫"挂彩"。上梁前一天，大梁要抬至没有梁的屋子里，由木工做好，叫"出梁"。加工完毕后，屋主及其长子脱贴身内衣包住梁的两头，谓"暖梁"，然后披上女婿家或儿媳妇娘家送来的红布，由屋主及长子各抬一头在鞭炮和鼓乐声中送至新屋，摆放在堂上的八仙桌上，谓"接梁"。随即就行贺梁之仪，请唱曲师傅唱曲，或请戏子唱戏，宴请木匠和泥石工，并请三亲六眷或村里有名望的人吃饭，也就是做屋以来一餐最丰盛的"上梁酒"。吃过"上梁酒"之后吉时已到，木工、泥石工一头一个，用红布把梁升至屋顶，放在垛上待时定位，叫"升梁"。定位时要燃放鞭炮，两边师傅要掌彩，内容无非是"栋梁栋梁，听我言张，生在云南贵地，长在紫金山傍，此树生来好做梁……长刨刨得金鸡叫，短刨刨得凤凰鸣……"掌彩贺彩过后，屋主及其长子一边将"宝粑"用红头绳吊着顺栋树而下，一边用长袍兜住，再放在米缸内，谓"兜宝粑"。兜好"宝粑"后，木工、泥石工师傅就将屋主做好的米粑在梁上向聚众的村民抛去，谓"抛宝"。村民在爆竹和喝彩声中抢粑，热闹至极。屋梁被村民视为至圣之物，是镇房之宝，从选定之日起忌人跨、坐，木工做梁时忌外人观望、触摸，尤其是妇女不能染指。

　　搬进新屋首先是选择吉日，吉时到时先搬床到新屋定位，因为人生有40%以上的时间是在床上度过的，生育繁衍在床上，所以给床定位是非常重要的。

再是烧好一炉火,放在新屋堂前,预示着香火代代相传。亲戚要做发粑,预示大发大旺。中午,屋主还要请亲朋好友在新屋里吃酒,庆贺"乔迁之喜"。

二、婚嫁

从古代至近代,婚姻全凭父母之命、媒妁之言,甚至指腹为婚。五四运动后,民间逐渐提倡"行文明礼,结自由婚",但纳彩行聘、择日迎娶,仍按照传统习俗。

首先是相亲。男方携果品(多为糖类礼包)随媒人到女方家相亲。如女方父母中意,就热情接待,并收留果品;不同意,就等第二天对媒人说"我女儿暂时不做婆家",并把果子退给媒人,免得相亲人尴尬。

其次是议婚。双方相中以后,就由媒人与女方家商讨结亲条件,诸如:彩礼多少、衣服多少、亲属礼品(春桥兴"众房礼")多少等。

再次是订婚。按照媒人与女方家议好的条件和定好的日期,由男方的父亲或兄长按约定的日期和条件,由男方媒人带领男方当事人,先到女方家"下定"(即履行订婚仪式)。"下定"时,除按议定的物资送给女方,还要包上茶叶、食盐和稻谷各两小包,表示将来要好好过日子。另外,男方必须包上两包糕点,在订婚"回盘"(即回谢)礼物时,女方回一包给男方,叫作"糕(高)来糕(高)去"。当天下午或次日上午,女方父亲或兄长领女孩到男方家"过门"。"过门"要给女方送叫爹娘的礼,有祖父母的也要送女方叫祖父母的礼。男方到女方家订婚和女方到男方家"过门",都要置酒款待,并请人作陪,以示我女(子)已经订婚(以后媒婆不再进门)。如果女方在篮子里放了若干礼金,男方必须加一倍再回谢(称娘家一头,婆家一担),否则就是犯了规矩。不过,这种回来回去的礼金数目,媒人都在议婚时一并说好。

最后是迎亲。结婚前的一个中秋节或端午节,男方家除了正常送节礼,还要另备一份礼物送结婚的日期,叫"送日子"。如果女方家没有改动,就按所送的日期结婚。

结婚的名堂就更多了:

第一是"水米礼",也就是女方出嫁时的酒席材料,要在结婚前三天由媒人陪同男方送到女方家。惯例是五斗米、五十斤肉,号称"头米头肉"(即米肉合成一担的意思),还有席中小菜及各种杂礼,如:厨倌礼、捧托礼、开面礼、烧火礼、打杂礼等,要同时到位。

第二是迎亲。到了迎亲的日子,要有一伙迎亲乐队。村中长辈二人提着姓氏大灯笼(即"头灯笼")走在队伍最前列,后面跟着两个"金童"打彩旗,再后面是锣鼓乐队。这种乐队一般由四个人组成,击打一种铜质凸凹式的乐器,发出"嚓咚嘭嘭"的声音。花轿跟在锣鼓乐队后面,迎亲的两个人则跟在花轿后面,拿着用大红手巾包的果品。这两个人身后是挑箩担的人,最后才是新郎和媒人。迎亲队伍行至女方村口时,女方家要派人鸣放鞭炮迎接,"头灯笼"、彩旗、锣鼓乐器、大红手巾包的果品、箩担、媒人手里的"果子包",统统由女方家接过去。女方媒人要把迎亲队伍引进女方大厅入座,每桌都摆有茶点招待。开筵时,新郎坐于东首席,由男方媒人作陪;女方娘舅坐西首席,由女方亲戚作陪。酒筵结束后,立即发担,并由女方长辈给新郎挂红,新郎要向挂红人递"挂红礼"。尔后,女方媒人带新郎向女方长辈一一行跪拜礼。这时,女方家女眷开始哭嫁,俗称"吵嫁"。行礼结束后,放鞭炮送新郎出门。新郎提着女方家陪嫁的小铜火炉出门后,女方家就将新娘抱至祖厅,向祖宗行"拜别礼"。而这时,女方家的扶侍娘,早已打扮得漂漂亮亮,在花轿前"祭轿神"了。两个扶侍娘手提酒壶、筷子,在花轿四周例行祭礼后,新娘再由人抱至花轿内入座,由女方家锁上轿门,把锁匙交给女方送嫁的兄长或弟弟,带到婆家去开锁。出嫁时,新娘用唱歌一般的哭声辞别亲人。迎亲队来到男方家村口时,男方家派人放鞭炮迎接,由男方媒人将花轿引至祖堂门首停下。先由男方家请来读书人履行"辞轿神"的仪式,再由女方送嫁的兄长或弟弟打开轿门,由男方家请来福气好的人抱新娘上祖厅,经过用米筛、铜镜罩上点灯的五斗福桶,抱至祖堂。拜过祖宗后,再拜高堂长辈,受拜人一律要拿红包回谢。尔后再抱新娘入洞房休息。进入洞房后,新郎、新娘要并肩坐在床沿上,吃一碗糖水、红枣水和鸡蛋,叫作"坐床"。在迎亲的酒席上,女方送嫁的兄长或弟弟被尊称为"大舅",坐东首席,女方媒人作陪;男方娘舅坐西首席,娘舅以下的顶头亲戚作陪。此时,洞房要设一桌专席,由少女、小孩和子孙多的婆娘陪着。送"大舅"出门时(近地是当天,远地即是第二天)要给他披红挂彩,还要另拿衣布、鞋袜作为"过门礼"。晚上就是闹洞房了。

第三是回门。拜堂第三天,新婚夫妇同到女方娘家回门。从前,新娘缠脚时,用一辆独轮车推着新娘回娘家;后来,不缠脚的新娘一般不坐车,让人推着空车"行行礼"就是了。送回门,男方也要象征性地提点酒菜上门,并且在送回门的酒席上,新郎又一次也是最后一次在女方家坐上座。从此以后,男方就永远不能在女方家坐上座了。

第四是接反缅。拜堂满一个月后,娘家长辈到婆家接女儿回家居住一年,叫"接反缅",也就是报答父母的养育之恩,做最后一年工。这时,婆家又要备酒筵招待,请人作陪,多则两三桌,少也有一桌。酒席散后,新娘随长辈回娘家。回娘家时,新娘乘坐娘家长辈当天带来的轿子或马,至少是人力单车。原则上,新娘要在娘家住满一年再由婆家接回来,但现实中只是来来去去,并没有人完全在娘家住上一年的。

婚后的习俗也很讲究。古时候,我乡男女双方结婚后,如遇事要到女方娘家住宿,夫妻不能同睡在一间房内,以免坏了娘家的风水。孕妇不能在娘家生孩子,更不能在别人家里生孩子,同时吃奶的孩子也不能让孕妇抱。

中华人民共和国成立后,婚姻习俗有了根本的变化与改革:第一,童养媳和指腹为婚被杜绝了;第二,买卖婚姻被严厉禁止了;第三,原来的包办婚姻,现在又不愿延续的,允许离婚另择配偶,但在三年困难时期还存在"父母之命,媒妁之言",只是送礼等方面非常简单,简单到只有几斤薯粉、几斤大米办喜事。人民公社成立后,"父母之命"不行了,自由恋爱得到社会的认同。因为是自由恋爱,虽然仍保留了部分旧俗,但多流于形式,例如订婚、结婚的媒人,多数是临时请的,无非是太过俗套罢了。迎亲的乐队也根据实际需要改革了不少,姓氏大灯笼不用了,改用两根竹竿挂红布为彩旗。同时,娘、婆两家的伴娘减少到各两人。轿子改成马,马又改成了自行车,自行车又改成小汽车。近年来,随着社会文明程度的提高,近距离迎亲又兴步行了。步行迎亲队很受青睐,小两口在音乐声中并肩徐行,浪漫极了!以前搬嫁妆的人马,早让现金和汽车取代了。现在,多数娘家嫌办嫁妆麻烦,情愿不收彩礼或收彩礼让小两口自己去办,倒省了不少周折。至于衣着饰品,更不用大人费心,都是小两口上街去选购的。

三、丧葬

我乡的丧葬仍然保留着旧时的传统。原因是:其一,这种习俗虽然带有封建迷信色彩,但千百年来村民都始终遵循,很难做改动;其二,丧葬习俗中很大一部分提倡的是"孝字当先",这又与中华民族弘扬的孝道文化是相通的。老人弥留之际，子女晚辈们要在家聚守，叫作"守头"；断气时，要围绕在床前号哭，谓"送终"。人死了不直呼"死"字，只能说"老了"；老人断气叫"终寿"。咽气时，死者家属将系有红线的小金属片，或硬币跪着放在死者口里，叫"口含钱"。死者咽气后，用一根灯草横放在死者鼻子底下，检测其确实已经完全咽气后，不待其尸体完全冷却就搬移下床，摊在堂前，叫"摊尸"。摊放谢世死者，要将脚靠墙壁或木板壁，将头放在土砖上，并在其头前设置供桌，点长明灯，烧送魂纸，燃引路香。之后，将垫于死者身下的稻草烧于门外，叫"烧开岸"。此后，族人伴随死者子孙轮流守灵，请地仙、道士选定封殓和出殡日期、时辰，叫"打破水"，并商定讣告亲友，叫"把信"。

亲友闻噩耗，即备香纸、爆竹前来奔丧，在灵前焚香叩拜，此谓"参凶"。客人来时，守灵女眷要大哭相迎，叫"哭灵"。如遇长辈参拜，子孙要跪地回拜接香。"参凶"要三拜九叩首，即站着拜三拜，点燃香后跪着拜三拜，单膝跪着把香插进香炉内后，再起身拜三拜。

死者入殓前，要请好丧夫（即八仙）做丧事，由长子披寿衣，次子等子孙捧净瓶，随同道士到塘边取水，叫作"买水"。"买水"的习俗各地不尽相同，有的只"买"一口塘，有的兴"买"七口塘。后者又称"大买水"，过去多为大户人家所兴，现在不论城乡，大有仿效之势。"买水"的队伍非常庞大，所有子孙都按辈分穿孝服及披戴"拖头"，亲眷朋友也戴白拖头随行。道士穿戴道袍在前面鸣锣开道，每到一取水处，做一道法事。此外，所有祭幛、悼念品都要通通列队上路，队伍越长越显得有排场。

"买水"回来，就为死者净身穿戴。替死者穿衣裳的人，死者家属要给"开容礼"。开容后，就是"团酒"仪式了。子孙要按照旧礼一一跪地参拜，用手指蘸酒滴于死者口中。从开始净身到"团酒"结束，一律禁止大声喧哗。等"团酒"仪式完毕将要盖棺时，子孙们才可放声悲哭。入棺前，八仙们早已安排子孙各备一团棉花，等死者入棺后塞在死者身边，这叫作"暖材"。死者子孙或亲属们验证死者安妥后，即盖上"掩棺布"，掩上棺盖。

掩棺盖时，八仙手持火把，燃放鞭炮，擂槌木板壁，齐声吆喝，场面惶恐万分，甚是吓人。掩棺后，棺盖上要钉上木楔，扎上各色小布条，把子孙们的头发象征性地割下钉在木楔上，叫作"子孙钉"。钉完后，道士带子孙围绕棺木转几圈，做一道法事，算是在灵柩前安了灵位。死者入棺后，子孙要备酒宴款待来宾,其间子孙要跪拜敬酒,以感谢亲朋好友前来哀悼。

晚上做"夜斋",暮起朝散。道士们要做一晚道场,"破地狱门""劝亡""超度亡魂"。其间,道士与民间艺人用对唱的形式历数死者的平生,叫作"散花"。"散花"时,子孙们要披麻戴孝,围着棺材游拜,直到"散花"结束。

天亮后举行出殡仪式,死者的子孙和亲朋好友要在灵柩前重复一遍前一天"团酒"的动作,只不过是把酒滴在灵柩前罢了,子孙及女眷要跪拜行大礼。烧完香,又是道士做法事,并穿戴道服上高台,鸣拍令牌发丧,出殡便正式开始了。前面鸣锣开道,两名男孩持引幛走在送丧队伍前面。出殡时,亲朋伴子孙一道送殡,所有祭幛一并上路,起丧出村前,子孙要拜谢亲友留步,子孙则扶丧上山。

出殡前一天,子孙要请地仙选定葬址,并在安葬前,先由孝子披麻戴孝跪挖三下以示"破土"。坟坑挖成后,先烧芝麻秸秆,叫"摊坑",接着倒入石灰。棺木入坑后,也要倒入一定数量的石灰,叫"结坑"。以后连续三个傍晚,子孙要为新坟送"火把"做伴,"火把"就是一把燃烧的稻草,大体是仿效古人的殉葬的做法。入土第三天清早,趁路上没有行人的时候,子孙们齐上新坟为死者"关三"。仪式很简单:鸣鞭炮、烧纸上香,然后把孝服脱下,在新坟前的纸钱火堆上圈两下就算结束。"关三"后,每隔七天祭祀一次,到第四十九天为"满七"。做了满七,只能说丧事告一段落。翌年正月,亲友要为死者拜大年,没拜大年,孝子不能走亲访友。子孙要设筵招待亲友及八仙,对亲友还要送一块色子粉和一块熟肉作为"回盘"。死者子孙在三年内不能出远门,要在家守孝。旧时,灵柩还要先搁置一年于一个地方不能入土。东晋名臣陶侃,其母谢世后,曾将灵柩放置在今万茅山上,自己则请假守孝三年。第三年的忌日,要送死者灵牌进祖厅,叫作"上堂"。有钱的人家,还要在上堂后为死者"做圆事",也就是合家斋戒,请道士做七天道场。至此,这桩丧事才算圆满结束。

四、宗教

春桥乡有道教和佛教传统习俗,主要以道教为主,道教发源人为堰上村委会原陶家(现沙岭新村)自然村陶监铭,至今有300多年的历史。道教和佛教的相同之处在于,教育后人要三从四德、尊老爱幼,帮助死者超度、做法事。

堰上沙岭新村陶任林今年60岁,为陶监庆道教传承人,从事道教传播近30年,至今保存着道教文化书籍10多册,全部为毛笔手抄本,多数为清朝时期的手抄本,上面涉及做寿等道教文化。陶任林主要传道的区域为春桥乡凤山、堰上村以及湖口武山莲凤村等。

陶监庆道教文化传承人还有春桥村委会木杉湾自然村彭二元和彭全元兄弟俩,俗称"南天门",他们手持宝剑,身着八卦服。春桥村委会彭新舍自然村彭木仂为佛教传承人,俗称"西天门"。彭木仂在工作的时候,手持"钵杖",身着类似《西游记》里唐僧穿的袈裟。

技　艺

一、春桥采茶戏

春桥乡采茶戏源自春桥乡春桥村委会王香自然村,王玉英为采茶戏的传承人,当时她还没有出嫁,跟着父亲学习采茶戏。王玉英的父亲曾经收过不少徒弟,由于勤奋好学,王玉英成为采茶戏的主角。

采茶戏与黄梅戏属于姊妹戏,采茶戏流传于江西等地,黄梅戏则多在湖北及安徽等地传播,但都是一个师傅传承下来的,有很多相似之处。1987年,自从王玉英嫁到本乡官桥蒲塘村之后,王香自然村的采茶戏便失传了。

王玉英家里至今还保留着采茶戏的手抄戏本,偶尔有空的时候,王玉英也会翻出来看看。受社会的影响,王玉英现在很少唱采茶戏了,改唱黄梅戏、文辞戏、插戏以及小曲等。

二、春桥戏(弹腔戏)

春桥乡东位湾自然村有着唱弹腔戏的历史。弹腔戏又叫饶河调,属于赣戏的一部分,也是赣剧的原唱本。1965年,东位湾、秀才湾组建饶河剧团,"文革"时期转唱黄梅戏,以东位湾村为主。

弹腔戏涉及官桥秀才湾、东位湾以及老山马家塘村,东位湾又叫"上河调",马家塘又叫"下河调",马家塘村唱弹腔戏的时间短暂,只出过一台戏。弹腔戏成员主要由东位湾和秀才湾的村民组成,东位湾村民唱主角,文辞戏由秀才湾村民表演。

春桥弹腔戏的师傅是徐埠下井湾的徐金泉。徐金泉三兄弟曾经是走江湖的戏班子核心成员,戏班子在中华人民共和国成立初期比较盛行。弹腔戏最开始唱安史之乱的《安禄山》,先后唱过几台大戏,例如《莲台山》《芦花荡》《穆桂英挂帅》《破洪州》《黄鹤楼》以及《斩皇袍》等,文辞戏则有《平桂会窑》等。

20世纪80年代,因为分田到户,不少人外出打工,东位湾村的弹腔戏班子便解散了。剧团解散之后,原有的戏箱、道具、手抄剧本分别由秀才湾和东位湾村民各保管三年。至今,东位湾的余超家还可以找到部分手抄剧本。随着岁月的变迁,不少手抄剧本已经散佚了。

三、马家塘吊酒

马家塘自然村位于春桥乡老山村委会,酿酒业距今有300多年的历史,村民都姓余,村里有160余户,800多人口,也是春桥乡人数最多的自然村之一,村里有1/3的人从事酿酒业。

相传清朝康熙年间,有一位外地人在马家塘村借宿,马家塘祖先对外地人以诚相待。为报答借宿之恩,外地人将酿酒工艺告诉了马家塘的祖先。后来,这门手艺在该村世代相传。

春桥乡酿酒业靠一副甑和一粒曲,为农户上门酿造米酒。酿酒是书面语,当地人叫"熬酒",他们的足迹遍布星子(今庐山市)、湖口、彭泽、鄱阳等县。

酿酒的过程拙朴而细腻,繁复而粗重,有配料、粉碎、蒸糠、开窖、发酵、上甑、蒸馏等多个流程。每个流程在熬酒人手中,都隐含了他人难以揣度的奥秘,有的环节甚至需要漫长的等待,这些似乎都在熬酒人的掌控之中。

熬酒过程中最重要的是酒曲,它是把稻粱酿成米酒的关键,一锅酒的成色,就浓缩在它的身上。一粒酒曲,往往包含着熬酒人的酿造精华。酒曲里掺杂了许多中药成分,祖传的酒曲配方有 80 多味中药,现在只保留了 36 味。

名胜古迹卷

　　漫步春桥大地,这里有优美的山水田园风光,有先贤驻足遗存的古迹。一处一道风景线,一山一水一重天。这些诱人的画卷就在我们的家园,就在我们的身边。

彭壁古樟

彭壁村古樟树生长于春桥乡春桥村委会村口西北角上,树高约15米,腰围6.5米,有着1000多年的历史。与众不同的是,彭壁古樟主干曾经被拦腰锯断,剩下3米高的主干,中间空心。在古樟坏死的主干及树蔸上,各顽强地生长着一截茂盛的枝干,在当地成为一道风景。

有句古谚语:"门口不栽樟,背后不栽桑。"也就是说,村口不适合栽樟树,村背后不适合栽桑树。古樟又称"独脚台",因为古樟可以用来做戏台的支脚。相传,彭壁村村民和附近王香村村民赌咒,如果彭壁村村民敢把古樟锯断,王香村将拿人头来还愿。当彭壁村村民果真把古樟锯断的时候,王香村村民只得兑现承诺,这也给村子带来了灾难。

古樟被锯断后慢慢枯死,村民慑于古樟的灵气,便在古樟旁边修建了一座土地庙进行供奉。后来,在古樟树被锯剩下枯死的主干旁及树蔸上,分别长出了一棵小樟树,村民便加以保护,如今已郁郁葱葱,枝繁叶茂。

60年前,村民在古樟树上砍下一截枝干另作他用,剩下来的树枝被扔在洗衣塘边,至今没有腐烂枯死。据说,原来的彭壁古樟比现在的要大,因古樟紧靠路边,坏死的古樟的树皮被补锅的匠人及路人剥掉了不少。

古樟西面原来有一条港沟,2010年的时候,村民拦截港沟建成了一座水堰,受淹土地有30余亩,取名美阳下堰。从此,古樟和美阳下堰相互依存。

蒲 塘 古 樟

在春桥乡官桥村委会蒲塘自然村门口,有两棵大小不一、相距几米远的古樟树。大樟树腰围5.9米,高约18米;小樟树腰围4.5米,高约20米。大樟树有1000年历史,小樟树也存活了500年以上。

由于两棵樟树生长在村庄中央,紧靠池塘边,因此成为村民及往来客商休息纳凉的好地方。村民在池塘边洗衣服或在树下休息的时候,樟树为村民遮挡太阳,樟树树荫下成为该村最热闹的地方。

在樟树枝繁叶茂的时候,曾经有枝条伸到了洗衣服的石桥板上。在2012年新农村建设过程中,树根部的土壤被水泥硬化,樟树吸收水分有限,健康生长受到一定的影响。

上十方千年古樟

千年古樟生长于春桥乡堰上村委会上十方自然村村南,该樟树枝繁叶茂,到 2016 年有 1060 年的历史。经过实地测量,树高 20 米,腰围 7.1 米,需 5 个成年人伸出手臂才能环抱,成为当地一景。

相传明万历年间,该自然村始祖路过此地,当时正值三伏天气,他见此香樟高大壮观,便在树下纳凉,少时便进入梦乡,梦见偏西南方向有一村庄,住房整齐,人来人往。他一觉醒来,神清气爽,于是选时择日建庄于此地,取名"白莲庄",因始祖排行第十,故又名"十房村",后俗称十方村。

2005 年,经过县林业局相关工作人员论证,该古樟生长于北宋时期,距今有千余年历史。2006 年,都昌县人民政府为上十方千年古樟挂牌"国家级古樟"并予以保护。2010 年,借新农村建设契机,该自然村对古樟进行了培土,树下修通了水泥路,加设了护栏,摆放了供人休息的石桌石凳,完善了保护机制。

余呈湾古樟和古枫树

在春桥乡官桥村委会余呈湾自然村北端,有古樟和古枫树各一棵,被称为"左青龙""右白虎"。左边是古樟树,直径约0.6米,腰围2.6米;右边是古枫树,直径约1米,腰围3.3米。两棵树高均为20米左右,古枫树有1000余年历史,古樟树的历史有400年左右。

余呈湾是历史名人余应桂的家乡。相传,余呈湾属于燕窝地,村庄前面中间曾经有个山嘴,村民为了多出人才,好心收留了一位风水先生。在设宴款待时,风水先生吃土鸡没有发现鸡肝和鸡肠,以为村民没有诚心对他,便建议村民将山嘴移走。

根据风水先生的建议,村民果真开始打掉山嘴,并将土方填到门口塘里。当时,山嘴打出来的土方填到哪里,哪里便是一片红,而且发现了7条鲤鱼,其中6条鲤鱼的眼睛都是眯着的,只有一条鲤鱼的眼睛是睁开的。

风水先生在路上打开行李,发现村民将鸡肝鸡肠装好了,准备留给他在路上吃。风水先生马上返回,可是山嘴已被打掉,来不及阻止了。他看见了那条鲤鱼,鲤鱼身边还有不少的虾,于是让村民将鱼虾养好。后来,村民们认为,那条睁开眼睛的鲤鱼就是余应桂,虾则是余应桂的兵将。村民们后悔将山嘴打掉,否则将出更多的人才。

古樟树曾经枝繁叶茂,后来被雷劈掉了一半,樟树蔸下曾经有碾槽,后来被毁掉了。结合新农村建设,村民对古樟树和古枫树都进行了保护,专门修了一条水泥便道通向古樟树。

丝绵树及鸡公树

在春桥乡朝阳村委会彭畈上自然村公路边上,生长着一棵丝绵树和鸡公树。丝绵树的腰围是 3.4 米,高约 13 米,在明朝永乐年间种植,距今有 1000 多年历史。鸡公树的腰围是 1.9 米,高约 20 米,距今有 200 多年历史。

丝绵树为落叶大乔木,主干基部较粗,幼树树皮呈浓绿色,密生圆锥状皮刺。小叶为披针形,长约 13 厘米,叶互生,掌状复叶小叶 5～7 枚,呈椭圆形或倒卵形,叶缘有锯齿。鸡公树树皮呈灰褐色,枝有明显叶痕及短圆锥形的黑色直刺,髓部疏松,颓废部分成空腔。

1997 年除夕,丝绵树被村民放烟花烧着了,火势当时有两层楼高。看到古树被烧,村民纷纷前去灭火,在大火被扑灭之后,村里还专门安排 4 个人值班,以防古树复燃。来年春天,丝绵树长出了嫩叶,奇迹般地活了过来。

丝绵树和鸡公树由于生长在公路边上,加上又是稀有古树,不时地吸引着一批又一批树贩子,有商贩开价 10 万元将两棵古树买走,村民没有同意。目前,丝绵树枝繁叶茂,而鸡公树长势越来越差。2015 年,彭畈上自然村被列为新农村进行改造,村民对两棵古树进行了培土,并加以保护。2016 年,鸡公树自然死亡。

春桥头银杏树

在春桥村委会春桥头自然村的东南角上,生长着一棵古银杏树,又称白果树。树高约 20 米,腰围 3.1 米,被都昌县林业局挂牌保护,有 310 年的历史。

古银杏属于稀有树种,春桥头的古银杏树曾经枝繁叶茂,当时还被浙江老板看中并前来取果。看到取果后的银杏树受到损伤,村民便禁止了对外采果,甚至有老板出高价买走也没有同意。

后来,春桥头村民在古银杏树旁边建起了社公庙,并对古银杏树进行了保护,在地面上砌起了一圈围墙。由于年代久远,古银杏树开始衰老,原来健壮的身躯开始出现空心了,村民爱莫能助,一筹莫展。

十方村相公庙

据说在明朝万历年间,徐埠马矶山下的刘家出了一位读书人,姓刘名必达。此人慧眼仁心,一次因缘际会,他来到石山脚下的彭继岗村,相中一地,并在此建起房舍,办起义学。

刘必达广收周边农家子弟入学读书,启蒙励志,在收取学费的时候,针对贫困家庭实行全免,继岗、十方两村受惠尤广,附近百姓尊刘先生为相公。

时光荏苒,多年后,刘相公已成垂暮老人,他着意终老于此。刘必达去世后,附近的村民出于感恩之心,给了这位老人应有的尊重和礼遇,并将他生前倾心尽力的学堂改称相公庙,立上牌位。继岗、十方两村的民众还将刘必达的诞日定为纪念日,名为"相公会",代代相传,百年不废。

沙墩古庙青云庵

沙墩岭庙位于春桥乡堰上村委会沙岭新村背后的沙墩岭山,始建于元代中期,被称为青云庵。"文革"期间,沙墩庙被破坏,之后,沙墩林场被改为庙宇,现已年久失修,濒临倒塌。

青云庵居山巅而见青云,故名。庙前有一棵古樟树,相传立庙时,此香樟已是"壮年"。乡民知百年香樟难觅便悉心呵护,如今,它可算是沙墩香樟的始祖。

距庙东南百步,有一个池塘,专供庙中用水。塘前有一座小山丘,名和尚山,凡庙中圆寂的师傅都葬于此,如今尚保留有墓碑,碑文清晰可见。

沙墩庙素有余家庙之称,自余姓十万公后裔从城隍迁居沙墩,就在此山立庙。寺庙供奉披发祖佛为正佛,保佑余氏世代昌盛。明清时期,沙墩庙香火鼎盛,建筑有300余平方米,除了供奉披发祖佛外,还供有观音、韦陀、十八罗汉及令公等。披发祖佛脚踏龟、蛇二将,手持青铜,目光前视,一身正气,令人望而生畏。

相传很早以前,沙墩一带十年九旱,老爷庙前的多宝鄱阳湖却是十年九涝。有一年,沙墩遇旱,乡民看见老爷庙方向乌云密布,便知道那里下雨了,而沙墩骄阳似火。于是,乡民跪拜,乞求佛祖施法降雨。半炷香后,人们隐约看到天空有一巨人，持剑作法，细看乃披发祖佛，只见他宝剑向老爷庙方向一指，沙墩岭一带云未到雨先下，瞬时雷雨交加，万物得救。

次年三月初三，乡民举行庙会，答谢神灵，祈求风调雨顺，时年果然如愿，五谷丰登，人丁兴旺。此后，沙墩庙会不断。还有一次，邵阳响水淮戏班被邀请到沙墩庙唱戏，时间定于三月初三。班主拿了丝黄烟递给邀请之人，以表谢意。那人接过烟，放在右耳上便走了。到了三月初三，戏班已到，问起请戏之人，无人得知。班主好奇，进庙堂看见佛像大惊，只见一根丝黄烟在佛祖右耳根，班主随即跪地下拜，许愿送戏三天。

沙墩庙佛光普照，惠泽乡邻，声名远扬。如今，沙墩庙风景不再，只留下残垣破壁和那棵历经沧桑的古樟树，当地村民多次酝酿重修沙墩庙宇，苦于资金问题一直没有启动。

云顶山青云白云庵

青云庵和白云庵位于春桥乡云山村委会云顶山脉,始建于数百年前。白云庵(上庙)于2000年改造,青云庵(下庙)于2010年改造,每逢初一、十五朝拜。主要香火来自徐埠镇(紫云)、春桥乡(云山、老山)两乡三村22个小组,简称"八社";修庙资金主要来源于"八社"以及其他香火。

相传云顶山自古以来就是周边颇有名气的佛教圣地,很早以前有青龙与蜘蛛精在此斗法,蜘蛛精将青龙困于山顶的一个水牛潭中。后来,青龙被云游至此的一个法力高深的云顶道士所救,故后人将此山取名叫云顶山,并在山上建了两座庙宇,取名白云庵、青云庵,又名上庵庙、下庵庙。

白云庵建在云顶山的顶峰,青云庵位于云顶山的半山腰。"文革"期间,这两座庙宇一度遭到破坏。改革开放后,通过当地村民的共同努力,两座庙宇在原庙址上重建。

青云庵门前有一片竹林,空气清新宜人,竹林对面山旁有一块顽石凸起,蹲坐在那里就像一只蛤蟆,故名蛤蟆石。其形象栩栩如生,双目微闭,似在凝望前来朝拜的香客。

蛤蟆石脚下的山涧里,小溪常年流水不断,名为蛤蟆涧。蛤蟆涧有10多平方米,大旱年份都不会缺水,而且水清澈见底,味道甘醇,两座庙宇的水源便来自蛤蟆涧。白云庵用水需要挑,青云庵用水自流,水管直接连通蛤蟆涧,上山的信徒时常饮用蛤蟆涧的泉水解渴。

在蛤蟆石的上方,有一个叫丝瓜塘的地方,相传观其变化可知天气,如果塘上方有云,就马上会有雨。

2012年,仰慕两座庙宇的名气,有四名外省的尼姑专程前来修行,她们将两座庙宇打理得井井有条。目前,这两座庙宇香火鼎盛,朝客盈门。

凤 山 红 亭

红军纪念亭（简称红亭），坐落在春桥乡凤山黄邦本自然村南头，现为香沙寺。解放战争时期更名为红亭，2003年重建。清朝光绪年间，黄邦本村进士黄锡朋曾经为香沙寺写过一首诗，诗名《香沙寺》。

在香沙寺内，进门的右手边墙壁上，有一块石碑，上面镌刻着红亭的来历。1929年，第二次国内革命战争时期，都湖边界第一区农民协会在此召开成立大会，会议由黄勿祥、黄振奎二人主持。纪念碑石下方的落款时间为1966年3月，由当时的都昌县春桥人民公社凤山大队第三、四、五、六生产队（黄邦本村）所立，由村民黄雨华镌刻。如今，黄勿祥、黄振奎两位烈士的墓已经重新修筑，坐落于黄邦本自然村旁。

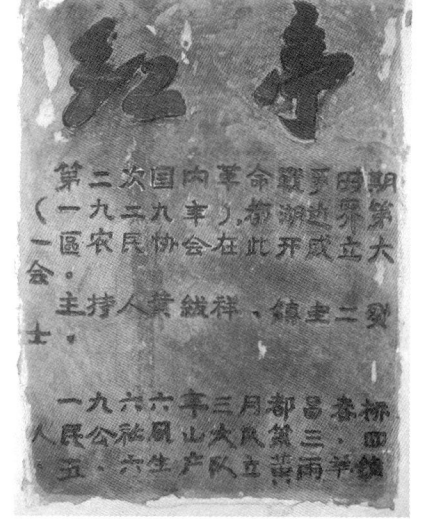

黄邦本村属于周边省份黄氏的主要发源地之一，历史悠久，文化底蕴深厚，村内至今尚保存着旗鼓石、系马桩。该村在清代光绪年间出过进士，如今进士府已经重新修复。此外，该村还有古井、古墓和两栋清朝时期的古天井老宅。

彭梅坡夫妇墓

彭梅坡夫妇墓位于春桥乡十方村委会，为宋代墓葬，并有墓冢2座，为彭梅坡与夫人陈氏之墓。墓坐西南向东北，两块墓碑均为清朝乾隆三十七年（1772）重立，青石碑高1.2米，宽0.8米。封土堆均宽2米，长4米，高1米，占地面积20平方米。

彭梅坡曾任吏部尚书，墓碑正中刻"宋吏部尚书理学彭梅赵公墓"，其夫人墓碑刻有"宋赠一品夫人彭府陈氏墓"。彭梅坡生于宋高宗绍兴乙丑，殁于庆元庚申。

彭 方 墓

彭方墓位于春桥乡春桥村委会彭杭村黄湖寺南30米。墓堆原用花岗石砌成,"文革"中墓碑与花岗石均被拔掉,仅存高1米、直径3米的封土堆。

彭方谥号文定,据《彭氏家谱》记载:敕厝都昌开国子文定公墓,淳祐七年(1247)壬子死于正寝遗封土进明年戊辰二月,敕葬于黄湖里宝林山之原。出土的其夫人刘氏墓志铭记中,彭方为:中大夫新除尚书吏部侍郎兼修玉牒官兼侍讲,都昌县开国男,食邑三百户,赐紫金鱼袋。

凤山黄氏千年古墓

　　凤山千年古墓位于春桥乡凤山村彭井舍自然村背后,属于九江沙港黄氏始祖黄俊伯墓。因历史原因,古墓多次遭破坏,黄氏后裔于2007年修缮。经都昌县文物管理站调查取证及都昌县黄氏雍正二年(1724)家谱记载:黄俊伯,讳善,官至后周比部郎中,与赵匡胤同殿为臣。

　　相传陈桥兵变,赵匡胤夺取皇位,建立宋朝,要原后周的十八位大臣辅佐,众臣为避灾祸,一夜之间消失得无影无踪。黄俊伯先是回故里江夏(今湖北省武汉市江夏区),后携家眷沿长江而下,经九江过湖口,来到湖口与都昌交界处的偏僻地沙港(湖口县流芳乡沙港村)落脚定居,其后裔繁衍到四十世,迁徙分居赣北、鄂南及安徽、山西、河南等地。

　　沙港黄氏是名门望族,从黄俊伯之子黄询谋到清代末年九江县新合乡黄远生(中国第一个真正现代意义上的记者),共出了进士五十多人。据都昌县文物管理站多方考证,此墓确有一千多年的历史。

游姓千年古墓和"立雪真宗"牌匾

春桥为赣北附近游氏发源地,在九江地区为游姓的主要聚居地,游姓村庄比比皆是。春桥游姓始祖广二公之妻刘氏埋葬在凤凰山之巅,距今 1698 年,尚保存完好。在春桥乡朝阳火烧湾村,尚保存了一块清乾隆年间的牌坊,上面刻着"立雪真宗"。据说,游酢便是广二公的后裔,他与好友杨时"程门立雪"的典故流芳千古。

春桥游姓一世祖广二公来自江苏溧阳,生于西晋太康五年(284)。从都昌的家谱上可以看到,广二公有个二十九世的子孙叫文叔公,外迁福建建阳,为建阳始祖,当时任福建秘书监。

2009 年 4 月 9 日,春桥游姓宗亲曾经跨越闽赣数千公里到福建寻亲,福建省委原统战部副部长、著名书法篆刻家、福建姓氏源流研究会会长游嘉瑞先生对春桥游姓宗亲带去的家谱充满了浓厚的兴趣。春桥游姓家谱上,详细地记载着游酢的同窗好友杨时写的《游定夫行状》,还有和游酢相关联的游酢公诰命、祖辈师雄公诰命、师雄公之母徐太恭人诰命、师雄公之父从善公诰命等。

通过查找福建建阳游氏发源地家谱,上面记载的福建游氏来自京南。当地麻沙镇游永和介绍,相传祖先是从江苏来的,具体哪个地方不是很清楚。春桥游姓始祖三公叫文叔公,而他们的三公叫游匹公,因此没有对上号。

2009 年 4 月 21 日下午,原世界游氏企业家联谊会会长、台湾游岳勋宗亲前来九江寻亲,参观了一世祖广二公之妻刘氏墓地。千年古墓使游岳勋对春桥游姓家族的发展历史深信不疑,而且比福建的游氏还要早,并建议宗亲将其当作文物加以保护。

2010年,位于凤山显如湾自然村的欲仕堂兴建,占地面积近600平方米,2011年建成竣工,总投资近200万元,资金主要来自游姓宗亲捐助。欲仕堂既是附近游姓议事的地方,又是附近游姓最大的宗祠。

(附程门立雪典故:北宋时期,福建有个叫杨时的进士,他特别喜好钻研学问,到处寻师访友,曾拜在洛阳著名学者程颢门下。程颢死后,杨时得知其弟程颐学识渊博,便向程颐求教。杨时那时已四十多岁,学问也相当高,但他仍谦虚谨慎,不骄不躁,尊师敬友,深得程颐的喜爱,被程颐视为得意门生。一年冬天,杨时与同学游酢向程颐请教,却不巧赶上老师正在屋中打盹儿。杨时和游酢为免惊醒老师,于是静立门口,等候老师醒来。不一会儿,天上飘起鹅毛大雪,雪越下越急。杨时和游酢还立在雪中,游酢实在冻受不了,几次想叫醒程颐,都被杨时拦住了。直到程颐一觉醒来,才赫然发现门外立着两个"雪人"!程颐深受感动,更加尽心尽力地教导杨时和游酢。两人也不负所托,成为北宋时期著名的理学家。后人便用"程门立雪"这个典故,来赞扬那些求学师门、诚心专志、尊师重道的学子。)

余应桂故居

余呈湾村是明朝后期著名忠臣余应桂的祖居地,位于春桥乡境内。据《余氏谱牒》记载,余应桂乃秦相余由七十二世孙。唐末,余由之四十四世孙余迪(字元诏,号十万)随父余嗣光宦游江州,因避黄巢之乱,迁居都昌县之大塘村(今都昌县徐埠镇雪峰村委会大塘余村)。其后代子孙繁衍,散布都湖。其中,余元吉由大塘村分迁至东位湾村(今都昌县春桥乡官桥村委会东位湾村),至六十六世余秉刚自东位湾迁居至余呈湾村。余秉刚之子名余呈,贡生。余呈生三子,此村遂人丁兴旺。村由人名,故称为余呈湾村。

余应桂(1585—1648),字孟玉,号二矶,生于万历十三年(1585),万历四十一年(1613)己未进士,天启六年(1626)授福建龙岩县令,崇祯元年(1628)授海澄县令,清廉自守,"吏事精敏,下不能欺"。崇祯四年(1631)授御史,七次弹劾首辅周延儒。崇祯七年(1634)出任湖广巡按,后为巡抚。崇祯十六年(1643),起为兵部右侍郎,后家居都昌。清顺治二年(1645),起兵反清,清兵破都昌,不屈而死,《明史》有传记载。

余呈湾村经过历史的变迁,面貌发生了很大的变化,但仍保存了一部分的历史遗迹。村前的地理环境遗存较好,后人为了纪念余应桂的佳绩,特在村前新建厅堂一座,建于二十世纪三四十年代。村里对村前的一片地形、地貌有特定的说法,把厅堂前的两棵古树称为"左青龙""右白虎",左边是古樟树,直径大约为1米,至少有400年的历史,高约24米。往前是一口形状有点像正方形的小池塘,大家都把它称为砚池塘,面积大约为2亩。再往前是一块面积约8.2亩的田地,号官印田;其左边是一口面积约14亩的大池塘,人们称之为沙帽塘。田地与池塘前面便是一座三峰相连的小山,号"笔架山",与古代文人书写常用的笔架工具形状极为相似。

凤山明末清初古宅

该古天井老宅坐落在春桥乡凤山黄邦本自然村，为黄胜生兄弟所有，为二层砖木结构，明三暗五（明三间、暗五间房），建于明末清初，有400年的历史，属于建村以来的第二栋古老建筑。

古宅厅堂内摆放着古老桌椅，与其他天井老屋不同的是，此古宅古色古香，韵味浓厚，大门两边各有楼梯上下，横梁上有雕刻，楼上过道更是独具特色。古宅之内可以看到零散分布的古代物品，如一些罕见的古书箱、古衣架、古衣柜、古灯、古瓷器、古米斗等，令人目不暇接，大开眼界。

古宅祖辈有做官的,也有做生意的,曾经因吸食鸦片而将土地全部卖光,但也因祸得福,在土地改革时期,没有被划为富农或地主,老宅才得以保存下来。

由于年代久远,古宅濒临倒塌。从 2015 年开始,黄胜生四兄弟每人筹资 5 万元,开始对古宅进行保护。经过近一年时间,古宅建筑原貌逐步恢复,原积存在二楼的部分古物品得以重现。虽然众多物品被灰尘覆盖,但是依然可以看到古老的痕迹,尚有古瓷器瓦罐等有待进一步整理。初步估算,古物品有近 200 件。

凤山石板墙天井古宅

石板墙古天井老屋位于黄邦本自然村中间,归村民黄仲雄所有。古宅为二层砖木结构,小八间,建于清朝中期,至今有 200 多年的历史,属于黄邦本自然村第三栋古老建筑。

在黄仲雄的古宅内,仍然居住着黄仲雄一家人。与众不同的是,黄仲雄家古宅大厅两旁的墙面下部用石板做墙,石板上面仍然为木质结构。据说,黄仲雄家祖上曾经做过石材生意,所以房屋结构都采用石板做中间段墙,实属罕见。

堰上红色古井

红色古井位于春桥乡堰上村委会堰上自然村,冬暖夏凉,水质清澈。堰上建庄有500多年的历史,当年择址于此,就是相中此处的井水清澈甘醇、从不干涸。该井水可直接饮用,用烧开的井水泡茶清香无比。

该古井与众不同,青石盖顶,三面用麻石圆形环绕,以免杂物掉入井中,仅留下可以放入水桶的口子。古井水源充沛、取之不尽,每逢大旱年份,堰上村民及邻村的百姓都挑井水浇田抗旱。在抗日战争时期,都湖鄱彭中心县委书记谢文珊曾经用此井水疗伤。

谢文珊是本县谢献村人,他小时候投师于堰上村学篾匠。据传,1930年,谢文珊、彭守义(春桥乡堰上村西庄人)参加了红军赣北第一游击大队,在攻打徐埠警卫团陆士郊的战斗中失利,连夜退守到堰上村的师傅家中,并用此井水煎药疗伤。

旗鼓石和系马桩

黄邦本村是周边省份黄氏的主要发源地之一，在黄邦本村朝门前，至今尚保存着旗鼓石、系马桩，清代光绪年间出过进士，如今进士府已经重新修复，还有古井、古墓和两栋清朝时期的古天井老宅。

在搜集旗鼓石和系马桩的历史过程中，《爱我春桥》的采编人员进行了广泛的走访，始终没有得到有效的考证。据黄尚义老人介绍，旗鼓石和系马桩的历史比清代黄锡朋中进士都要早，传说为一位朝廷将军所立。

朝门两边的石碑上记载着黄邦本村的发展历史和沙港黄氏43位历朝进士。虽然碑文对旗鼓石和系马桩也有说明，但是没有详细介绍为哪年所立及为谁而立，就连朝门始建于何时都无法考究。古朝门旗鼓石和系马桩相惜相依，历代村民对这一文化遗产十分重视，使之成为黄邦本村的标志性古建筑。

除了凤山黄邦本自然村，凤山杨培祥自然村门口也有一对旗鼓石。系马桩在云山村委会余良山、珏舍、朝阳村委会畈上、火烧湾等很多自然村都有。特别是彭畈上自然村门口塘边，有一排系马桩。2016年，畈上村在新农村建设过程中，对系马桩进行了移动安置。

春桥云山药王山庄

药王山庄位于春桥乡云山村委会余良三自然村。碑文记载如下：

夫药王者,良三祖思明之次子秉中也,生于明永乐戊子年。自幼聪颖过人,既成年,学通经史。然独钟岐黄之术,胸怀济世之心。游历四方,遍访名家方士,拜师学艺返乡后,结庐独居此山旁。踏云烟背药篓攀峰越险,制丹药疗疴疾释负脱艰,普施好生之德,广开救济之门。按脉规药若有神助。诸多怪疾沉疴,一经施治,即得痊愈。时遇乡间瘟疫横行,其广施丹药,助众度厄。拯黎元于仁寿,济赢劣以获安。一时间,八方求医者络绎不绝,远近咸以为神,尊为药王。

药王终身未妻,低调为人,心善若水。不唯医道高超,更兼医德仁厚。虽史无词阙旌表其名,然世有此山永留其荫,故后人尊此山为"药王山"。时为癸巳年(2013),恰逢盛世。借新农村建设之机,村众勤力共襄,除旧布新,道坦池清,花木扶疏,村容风貌,蔚然成像。为承先祖之福德,奠文明之鸿基,于药王山辟径建亭,修广场花园山庄,整葺一新,遂成村民休闲宝地,乡间之洋洋大观也,是为记。余良山村理事会农历癸巳年(2013)。

春桥乡云顶山

云顶山坐落在春桥乡云山村委会袁多公路旁,整座山脉贯通徐埠、春桥、苏山三个乡,山上有两座庙,其顶峰长年云雾缭绕,山清水秀,风光旖旎。攀山顶高处,举目远望,东边武山山脉近在咫尺,西边巍峨的庐山一览无遗,山下村庄错落有致,湖泊港汊纵横交错、星罗棋布,马鞍岛、鞋山尽收眼底。

云顶山是周边颇有名气的佛教圣地,相传青龙与蜘蛛精曾斗法于此,蜘蛛精将青龙困在山顶水牛潭中,青龙被云游至此的法力高深的云顶道士救下,后人遂将此山叫作"云顶山",并在山上建造了两座庙宇,取名白云庵和青云庵。

云顶山山脚有山塘三座,当地也叫水库(雾塘涧、莲泉以及王山涧),水库里的水清澈如镜,倒映着云顶山的俊美倩影。

云顶山和老台山原是一条山脉,被袁多公路于懒石岭拦腰切断,从而形成了两座山。老台山上还有一处战争遗迹,那里原是侵华日军在春桥的据点,山顶上尚保存着当年日寇的战壕。

余马家塘村古亭

余马家塘村古亭,始建于清朝康熙年间,距今350余年。过去,此路是流芳通往徐埠的大道,路途10公里。建此暖亭是供广大的过往行人歇脚和避风雨所用,据传该暖亭还可为本村下首挡水口,以保村民兴旺发达。

艺文书画卷

  凤凰山麓与云顶山脉遥相呼应,田园牛哞与村舍鸡鸣此起彼伏,它们交织出生命的节律。和着大地的四季,这片土地上的耕耘之歌岁岁年年。诗文在回味中交响,书画在展现中凝望,它们虽是时空下的一个片段、一个瞬间,但留给我们的是无穷的远方。

余应桂诗文

谒奠经归祠

西山庙貌入青冥,潜德悠悠始复旌。

功并洛闽家乘灿,文留天地岫云蒸。

吉蠲但酌鄱湖水,跄跻仍占太史星。

学道无闻鬓未变,还从筵楹授遗经。

诫 子 书

贺阁老在京记其三世事,备道其大父二乔公、两尊人、三兄、一仆三月仅得黄豆一升。又道其己丑除夜作十绝句,盖陈其守正安贫之实,以贻子孙,使其明知惜福也。我读一遍因而有感。

忆我父乙巳岁荒,家中三日不举火。我父适得大麦五升,不脱壳而烹之,食之如饴。又忆于馆中归,我母道已无炊二日矣。我母在汝大叔婆家获粑二枚,母不忍食,怀之与我,我不忍食,推之与母,母子相视而泣,各食其一。

又忆我于南阳叔店前偶立,适有担雪梨者至,各分其一。我怀与母,母在晓阳母家易米一升。我父灌园被盗,求馆不终。我见之郁郁不得志,乃求馆于下铺中,鸡鸣而起,汲水讨柴以供家爨。待日上三竿,蹑趋馆而就食焉,如此者三年,未尝一日之有改也。

又忆汝亡兄大狗得天种,初甚稀,倏而终变,此时家无颗粒,无钱请医觅药,众眼睁睁任其就死。死之日,我与父共抬葬于园东之阳,使其生不获饱暖而死得以就曝也。此时与父对泣,几至于绝。

数十年来,我父母之受苦,难以一一为汝辈道也,惟尔母熟知之,汝试一叩问焉,然乎?否耶?

我今博一官,作一巡院,不轻贱一命,不重取一钱。闻尔兄弟在家,衣必华整,食必美味,童仆相随,乘马乘轿,汝何福力能堪此乎?! 甚至出入衙门,交说情分,求田问舍,勒索时有,岂有良心者尚为之乎?! 尔行若不悛改,报应非远。汝兄弟当念此诫,庶几吾有后也。

余应桂(1585—1648),明末都昌县人,万历四十三年(1615)乡试举人,万历四十七年(1619)会试进士,累官监察御史、陕西巡抚。

黄锡朋诗文

得胡雪抱书

闭门愧孤陋,纡郁无欢娱。凉飙西北来,乃与云鸿俱。飞帛通遥情,相思良已勦。乾坤惨秋气,流目荣悴殊。荣悴何足言,白日慧西徂。谁谓天运移,嘉会终难图。闻君困羁旅,投暗韬明珠。勖旃蕴瑰采,真赏何时无。

枕上作

古人贵修身,而无幽显异。昼则观妻子,夜则卜梦寐。嗟余未闻道,常为物所累。幻想萦宵魂,惊寤神屡悸。敢信他念删,灵府岂云伪。镜昏须求明,丝乱须求治。吾知静者心,湛然莹以粹。

狂客行

狂客哀时万感集,伤心豺虎空垂泣。杀机秋发西海枯,鲸鱼溅血还相屠。白日元光斗鳞甲,东去浩浩涛声粗。天意苍茫可知矣,山中搔首悲风起。

秋感八首

萧萧落木动商声,万里长空秋雁鸣。故国山河供洒泪,中原父老盼休兵。凄凉杜宇通魂梦,寂寞柴门隐姓名。仙阙如今佳气尽,云霞谁问旧蓬瀛。

记曾射策集彤墀,闾阖晨开肃汉仪。官草细连鹓鹭观,炉烟香过凤凰池。天回珠斗星辰近,春入银毫雨露滋。荏苒十年嗟老大,西风残照有余悲。

颐和园馆俯清流,石色泉声澹百忧。岂谓上林虚禁苑,遂教今日老莵裘。寒烟白拥湖边舫,落影红沉槛外楼。苍莽乾坤惟片土,可怜无地卜林丘。

西苑门前几度过,长虹一道卧晴波。金堤杨柳开图画,玉殿芙蓉照绮罗。华表鹤归仙梦断,鼎湖龙去故情多。荒村萧瑟违壶峤,东海扬尘近若何。

翠柏青松陵树存,葱茏相望月黄昏。桥山剑舄精灵聚,上谷冈峦气象尊。莫使九疑荒舜冢,徒闻四海颂尧门。白头哭拜容他日,聊复孤吟和暮猿。

太行秋色帝城西,看罢浮云满眼凄。花落枝空春鸟散,香销漏尽夜乌啼。汾阳旧宅残歌舞,天宝遗民痛鼓鼙。不信王孙豪意在,九衢归马尚骄嘶。

霄汉难扶赤日轮,觚棱黯淡独伤神。荆公炫世筹新法,梅尉辞官失诤臣。吾道藩篱空自坏,狂澜砥柱竟何人。玄黄变色哀天地,回首长安事已陈。

沧波未静我安归,四顾茫然赋采薇。幽念不随鸦噪乱,故交真似蝶来稀。长留诗卷贫何病,复抱琵琶老更非。千古湘累同此恨,孤臣已换芰荷衣。

栗里怀陶靖节

岂有尘埃到故园,茫茫世事莫重论。一腔泪血付杯酒,两晋山河绕梦魂。石烂海枯余菊径,水流花落似桃源。独怜云意仍清绝,未肯随风过白门。

讲 武 亭

独自携樽吊绿苔,断桥荒径几徘徊。江山我辈寻诗料,风月当年付将才。百战孤城吴土地,一椽千古宋亭台。残荷满目旌旗杳,秋草秋花无限哀。

书李太白集后

太白醉魂今在不,宫袍零落泣山丘。九天珠玉余仙笔,万古乾坤一酒楼。已觉腾霄耀鸾凤,可怜撼树困蚍蜉。芙蓉清水天然致,长爪儿郎空自愁。

与胡漱唐同年夜话

长安市上复谁语,永夕盘桓非偶然。交味醲于公瑾酒,吟情孤似伯牙弦。赖君抗节砥流俗,与世殊科追昔贤。銮辂东回尝胆日,哀时词客倍缠绵。

次韵胡雪抱感事二首

倚汉如天亦太愚,长鲸卷海倩谁屠。侧身东望悲何极,残影西颓淡欲无。钟虡销沉同一泪,楼台歌舞漫相娱。骊龙睡去伤心久,竟失千金颔下珠。

旭日扬旗到国门,三韩风物未堪论。哀涛咽石知鸣恨,大字摩崖愧纪恩。梦里山河余想断,画中城郭旧痕存。烟波浩渺秋风冷,何处重招故国魂。

中秋示同寓诸公

宦味乡心各黯然,莫教清泪堕樽前。放歌共醉燕城月,相对徒忧杞国天。此日蓬莱仙气减,故园松桂梦魂牵。归哉拟逐秋鸿去,早向湖滨买钓船。

彭 蠡 舟 中

于役长为客,江湖感不禁。鱼龙犹寂寞,鸥鹭自浮沉。五老云中面,孤琴海上心。怀优殊未已,杯酒且闲斟。

南 还

长揖返初服,时危道亦孤。林边归倦鸟,台上感栖乌。向晚惜残日,悲秋怀故都。江南可流涕,相慰独蘼芜。

蠡 水

蠡水东流远,燕台北望高。青天仍荡荡,白日已滔滔。敝榻怜孤志,长途叹二毛。愿从陶令后,幽绪托香醪。

乙卯岁,吾邑告稔,而他乡多蛟
祸或蝗螟为灾,诗以记之

兹境秋方熟,哀鸿别有音。甘贫无异想,戕物岂初心。大地丰凶划,幽人感慨深。兵戈与饥歉,从古每相寻。

山居感怀

帝乡绵邈恨如何,萧瑟穷庐强啸歌。薇蕨应非周草木,桃花未识汉山河。愁看落日吟怀远,闻道中原战骨多。黯黯金台春又暮,天南回首泪滂沱。

田居

环宅茂群植,欣欣情以怡。气和物始华,草木终何知。农人靡勤惰,荷锄事东菑。胡以不自休,畴复驱使之。乃惟乐其天,遂尔依常期。鸡犬同所欢,禽鱼亦熙熙。能忘物与我,莫非巢燧时。吾其明自然,多虑将奚为。

村夜

林墟风露清,于焉含趣殊。田父闲造门,农谈喧我庐。已去静亦佳,还窥灯下书。老妻犹未眠,宵绩恒忘劬。偶然念坩栥,拳拳及鸡雏。相惬从所好,守真聊与娱。

晓望

旦作展遐眺,含滋尘既凝。山田蔚新穋,绿叶连邱塍。湛露明禾巅,初曦犹未升。翛翛清气存,淡淡微烟兴。西望匡庐高,五老弥峻嶒。骨立若穷士,峻绝嗟无朋。而我居其南,秉质如相承。独复羞夸毗,引盼遥情增。

里俗

里俗崇神巫,连村纷祷祈。众赴情若狂,输财恒不赀。相从竞华侈,诡制无弗为。憨憨冀多福,款款言其私。高堂有素发?赢焉寒与饥。宁识忘所生,百乞徒费辞。愚哉嗜旨甘,而丰珪帛赀。

论宋宣公

天下有成败论人者,至德义之所存,亦以成败论之,则德且为人受过,而德危矣。夫让,德之可贵者也。

宋宣公让国,公羊曰宋之祸,宣公为之也。公羊徒究夫事之成败,而归咎于让,后之人有不视让如毒螫,相戒不敢一试乎?宣公爱弟,以让施之:穆公不敢忘兄,以让报之。非为名高,谊固如此。公羊以为弑君之肇端也,则春秋弑君之变,前后相望,不以让也。东海王之于汉明,宋王之于唐元,岂非让乎?建成建文之难,岂非不让乎?冯自贪国,非宣公之罪,亦非穆公之罪也。象日杀舜矣,谓象之不恭,由舜孝友致之,可乎?然则论成败而不论是非,概以让为不可用,夺义而予利,其谓之何?且言让于后世,尤难也。

尧舜视天下如公器,虽朱均亦知之矣。后世人主自私,直产业耳。既以产业待之,则皆摄缄縢,固扃鐍,珍其所有,虽骨肉无少逊焉。宣公不以为始子孙之具,而割畀之,其情则私,其心则公也。守国如守家,今兄弟析居,兄子不贤,而兄悉让财与弟,及弟将死,复念兄子而还之,谁曰不然。议者乃因两家之子,构讼不已,不责其子不肖,反讥其父好义,岂不可骇与?

虽然,让所以弭争也。传子久矣,不争而不让,可也;争而不让,则不可也。穆公既无争国之迹,而宣公让之。虞而后,未尝少此让,抑又何必多此一让耶?幸而无事,则为夷齐;不幸而有事,则为臧札。是让之或得或失,亦若有所遭之不同焉?此所以不免于成败论人者之口也。

黄锡朋(1859—1915),清末民国初都昌县人,字百我,号蛰庐,光绪十九年(1893)乡试举人,光绪二十九年(1903)会试进士,官至工部主事。清亡返乡,为同光体代表诗人,著有《凰山樵隐诗钞》《蛰庐文略》。

黄工善诗

苦 旱
斜阳墟落照荒芜,袖手愁看郑侠图。细数炊烟几家断,来寻净土一龛无。丛祠篝火惊难定,眨柳栖鸦景便殊。即此行难居未可,采菱研笋一相呼。

望鄱湖秋涨
闲挐湖光坐石根,塞衢烟艇几家存。茅飘野水屋何许,树压浮萍村有痕。坐惜川防成壅溃,欲依晴雨问烦冤。高寒莫便相呼去,挂眼流亡恐更繁。

村 居
门前弛樵担,乾叶零红黄。清霜老藤棘,衣裂肤亦伤。终日沃以血,米盐方能偿。一叶知不易,未忍衡石昂。

不 雨
密林气能润,防旱此最宜。野人未知贵,斤斧不待时。公家或度材,桃抶无余遗。夏来清阴减,霜雨为之稀。桔槔声转急,坐看禾苗萎。勿怨天不仁,尺蘖当扶持。

卖米翁

村南村北禾苗长,禁粜文告贴村墙。老翁夜半行担囊,穿林入坞趁月光。走避堡堠如兔脱,岂期难为里胥说。公然取米营晨炊,收泪归去不敢谁。

泛舟

一水犹粼粼,保此宁非幸,估船不肯来,世乱境尤静。排闼二三辈,招邀到孤艇。延缘无尺苇,补以荷万梗。是中熟经过,清景入毫颖。前赏真成梦,到眼略不省。稍闻笳吹音,示之眠而整。兹游或有益,岂能尘虑屏?

喜新四军过境

清晨闻撞门,日寇入吾里,村人各逃匿,我病不能起。隔巷声如豹,笑声复四起。心知寇唤犬,搏噬方未已。伪军杂其中,私掠鸡与豕。缚鸡进我门,房破不屑视。寇退匪却来,白刃耀我室。劫掠尚未足,微闻号声起。匪徒各色变,仓皇负物去。村人喜相告,新四军至矣。纷纷出门迎,各携筐与莒。半日已三惊,惊后乃大喜。茶为我军香,瓜为我军美。战士点头笑,却瓜受茶水。更与村民约,共歼寇伪匪。

黄工善(1903—1978),名仁基,字次纯,春桥乡黄邦本村人,设馆教塾为业,有诗名,著有《持轩集》。

杨蓉镜诗

简寂观古松歌

白云缕缕纷相从,蜿蜒夹道盘飞龙。
牙爪怒作欲张势,拔地直上摩苍穹。
相传此是晋时树,修静手植岩前路。
风霜饱饫几千年,定有山灵常呵护。
十有四株颠倒生,株株实具真龙形。
立者如飞卧如蛰,苍髯一奋天青青。
大厦需材此栋梁,何日贡之白玉堂。

登紫霄峰摹禹王碑歌

凌空夭矫蛟螭走,坠地蹲踞怒猊吼。
紫霄峰头露光怪,人间始见古蝌蚪。
风霜不蚀鬼神护,我欲摹向人间去。
雷霆石室逐妖狐,黑海溟溟不知处。
腰缠铁索挂山隈,足底步虚鸣风雷。
篝火寒缩小于豆,生绡揭出生面开。
倒薤悬针剑飞舞,泊凤飘鸾驭龙虎。
籀书斯篆走且僵,眼界心胸拓万古。
七十余字识者稀,就中六字辨依稀。
予生好学嗟太晚,直向灵岩索诗胆。

题华山长天人九老图

只今更有主人翁,齿尊德劭颜如童。
颜如童,老益壮,石渠天禄敦硕望。
遗弃一切尘世俗,讲学鹿洞开绛帐。
　有僧隐莲社,笼鹅经迭写。
面壁时丞上乘禅,庞眉鹤发真寿者。
神明佛子贤太守,后学宗之若山斗。
与君臭味共台岑,别有广文先生陪座右。
名山名士合为偶,紫绶黄冠竞称叟。
龙马精神海鹤姿,数符老阳畴衍九。

墨　　池

落纸挥毫戒墨猪,迩来前涤总无余。
半池仙药涛相应,一座繁香麝不如。
泼向醉时走蝌蚪,素从缁化染龙鱼。
精诚贯注山川映,怪病流光不改初。

　　杨蓉镜,江西省都昌县春桥乡杨培祥村人,清光绪十四年(1888)戊子科中式,江西第九名举人。吏部注册,拣选知县。他淡泊仕途,毕业教书,著有《问字楼诗文集》。现仅存诗四首。

杨士京诗

题《南州诗抄》（六首选三）

（一）
东海成连几度寻，水仙一操动微吟。
芳邻遥接寒宵集，煮茗论诗结契深。

（二）
缟纻联欢见性真，多能远绍越秦人。
温柔敦厚通诗教，利落浮华悟立身。

（三）
赤水玄珠化境寻，髭桡屡断费沉吟。
江郎老去愁才尽，辙鲋焉知溟渤深。

赠 友 人

（一）
药饮上池水，恒能洞一方。
化工参息脉，奇病辨膏肓。
活国群生讬，安时小隐藏。
箕裘欣济美，么凤和朝阳。

（二）
伟著千金重，遥承肘后方。
疾能疗螟眩，厉莫遁膏肓。
北海抟风徙，南山隐雾藏。
江城难久驻，燮理在阴阳。

杨士京（1874—1960），号席衫，江西省都昌县春桥乡杨培祥村人，杨蓉镜长子，现代学者。杨士京毕业于京师大学堂，初任小京官，后任教于江西省高等师范学堂。他曾应好友李烈钧、杨赓笙邀请，协力创办国民党江西省吏治班，任教务长，中华人民共和国成立后，杨士京历任省政府参事室参事、省文管会委员，编纂有《江西省人物新志稿》，著有《泰西英雄传》。现仅存诗五首。

杨士亮诗

辛巳蒲节有感（四首存三）

（一）
虚度六旬六，偷生十二年。
难寻干净地，徒唤奈何天。
漏网鱼离釜，惊弓鸟畏弦。
头颅临宝镜，顾影自哀怜。

（二）
佳节而今补，周年泛一觞。
剑蒲仍旧插，角黍幸新尝。
骨肉流离惨，鸰原羁旅伤。
离骚方读罢，何处吊潇湘。

（三）
色变由谈虎，闻言胆堕时。
鸿毛轻若此，鸡肋瘦难支。
见厄狐悲兔，被焚蕙叹芝。
可怜亡命鹿，挺险急奔危。

咏小圃石榴

（一）
小圃三弓薄暮天，山人归去几经年。
当初为汝将腰折，今日枝头硕果悬。

（二）
红榴裙下人低拜，身价高同南面王。
三祝多男君占一，前生想是嫁姬昌。

贺 人 新 婚

（一）
喧闹打鼓又吹箫，簇拥琼琚度鹊桥。
申训结褵阿母别，装成七宝更添娇。

(二)

管弦钟鼓闹华堂,一朵红云进洞房。
苏小由来才学好,莫教锦句困新郎。

(三)

昨夜瑶台谪降仙,花荣原不重金莲。
人间果有乘龙婿,休怪嫦娥爱少年。

(四)

我我卿卿清夜娱,温柔乡里润如酥。
舅姑待晓堂前拜,眉画春山仗老奴。

杨士亮(1876—1952),号筠秋,江西省都昌县春桥乡杨培祥村人,杨蓉镜次子,清光绪癸卯科副举人。吏部注册,拣选教谕。曾任直隶州判。后淡泊仕途,毕业教书。现仅存诗九首。

杨宏统诗

勉后人勤学

锦绣前程似画图,挥鞭催马莫踌躇。
年将弱冠非童子,学不成名岂丈夫?
白发频添吾老矣,青春不再汝知乎?
古今多少知名者,谁不专心苦读书。

万里归来祭祖坟

百世难忘养育恩,身居异国总思亲。
风吹日晒不辞苦,万里归来祭祖坟。

注:1988年清明节前,侨居美国的宏汉兄不远万里回乡祭祖,孝敬之心,令人钦佩,感而赋此。

哭妻四绝

(一)

方期鸿案再齐眉,事到如今愿已违。
无可奈何人去矣,联将俚句寄哀思。

（二）
同衾六八一朝离，盼汝归来未有期。
虽说满堂儿女好，想来不及半床妻。

（三）
一别音容两渺茫，眼看遗物泪汪汪。
难忘最是缝衣日，要我穿针坐汝旁。

（四）
月落乌啼霜满天，空床辗转不成眠。
如今我已成孤雁，只盼来生再结缘。

杨凯东诗词

回　春　桥

一别春桥四十春，如歌犹记那时音。
流香古墨浓浓意，沙岑神灯烁烁明。
乡土乡民豪气爽，清溪田陌稻花馨。
星移物换朝阳路，栉比高楼村接村。

浣溪沙·茅店

茅店秋风万里天，乡音妙韵舞翩跹，稻花香里唱丰年。
红土净风安泰乐，长征接力火炬传，神州好梦顺时圆。

杨振丰诗

老　有　所　乐

银丝鹤发七旬翁，眼亮心明雅兴浓。
戏说宋词杯酒里，慢敲唐韵夜风中。
溪边垂钓乐山水，网上游玩胜小童。
心旷神怡身体健，放歌高唱夕阳红。

晨晖农庄行

观看晨晖好，归来感慨深。
拓荒出才干，励志显精神。

创业尤利国，更新亦利民。
春光人莫负，奋力向前奔。

万里溪诗

感　怀
少年怀壮志，杯酒尽沾衣。
梦里家乡水，清流绕翠微。

清 明 怀 母
四十三年一梦深，华山北望总伤心。
悲催欲问前河水，流向鄱湖恨一声。

王清华诗

下乡扶贫有感
宣言掷地大胸襟，惠政及民勠力行。
顶住风尘登困户，加施关爱献真情。
嘘寒问暖盈春意，解难扶贫载誉声。
盛世和谐人赞美，小康富路喜将成。

石牛生诗词

春节小镇即景
雅乐声声响，甜歌阵阵扬。
盈盈少妇舞，饭店酒飘香。

满庭芳·鄱湖晨晖农庄
　　秋去冬临，诗朋结伴。午后游览晨晖。三千余亩，沃土莽然歇。信步观看胜景：大棚下，新绿畦畦；白萝卜，椒红菜嫩，番茄挂枝篱。肥肥，鹅鸭壮，欣然上岸，迎客歌啼。散养鸡禽族，追逐山隅。更有林间馋客，乌猪儿，抢食瓜皮。舒心菜，畅销京海，科学创农奇。

石小平诗词

春桥诗集出版有感

咬文嚼字黯神伤,一曲新诗欲断肠。

众友文才皆俊秀,群贤聚会竞华章。

如梦令·母校六十周年校庆感怀

诸事万般辛苦,仍是流年碌碌。回首伤心处,未建功名人暮。无助,无助,望断天边云树。

江松保诗

爱我春桥

一

村庄霞映满园春,地貌丘陵楼阁新。

十堰朝阳西逝水,三山桥并北迎宾。

鲜蔬车载康申穗,金谷仓盈养君臣。

纯朴乡情勤俭德,人才辈出贵精神。

注,春桥乡辖八个村委会:十方、堰上、朝阳、云山、老山、凤山、官桥、春桥,晨晖农庄为江西省农业龙头企业。

二

弯弯港汊绕乡村,绿水青山楼阁新。

生养宜居仙境地,粮丰足食务农人。

先贤朝佐功名显,后杰弄潮业绩真。

代代深情倾注爱,家园今日美如春。

刘汉仙诗

2017年春桥乡官桥村成功脱贫

困扰贫穷几十春,欣逢党政策英明。

干群团结齐心力,路畅房明气象新。

2016年11月23日省委书记鹿心社亲临春桥乡晨晖农庄考察有感

省委高官到晨晖,农庄展翅欲腾飞。
本乡借力民心喜,绿色鄱湖蔬果肥。

刘汉友诗

丙申年重阳登云顶山有感

金风玉露雁飞南,菊艳兰馨花照颜。
九日之期原令节,一生所好览名山。
鄱湖水落孤塘出,庐阜云收五老间。
纵目登高惊岁晚,茱萸欲插鬓毛斑。

向圆初诗

故　乡

纵是江湖远,根归在故乡。
水甘滋我长,山碧漫花香。
漂泊常无奈,思潮总有娘。
此恩何报答,游子当自强!

余发新诗词

送子赴日留学

巧碰中秋明月日,恰逢送子远行时。
航楼站外留张影,安检门前道别离。
挥手吾心依更恋,转头妻眼湿犹痴。
东洋留学今深造,他岁归来报伏羲。

注:伏羲指祖国。

清平乐·采种

天低云暗,路远无忧怨,疾步如风不需赞,笑谈行程数万。来年马褂参天,定能造福人间。今日良苗在手,明朝雨爱风怜。

余天生诗

村　池

风轻云淡正朝阳,雪后微寒但未霜。
一镜清池板板上,两边村妇洗衣忙。

赠彭万春

春桥分袂见尤难,旧雨重来两鬓斑。
聊借秋光君尽赏,家乡景色胜台南。

怀明臣余应桂

一

安民保国不辞劳,清节名留万里遥。
曲道何为天可鉴,英雄千古恨难消。

二

权奸作祟苦难言,被害忠臣一命蠲。
三尺郭加诬造反,余公何处可鸣冤。

注:郭指城郭,传闻余曾将都昌县城加高三尺。

故乡行

春来偶作故乡行,燕语呢喃夹道迎。
水满河塘人放鸭,风来柳岸谷迁莺。
麦间种豆村姑巧,雨后翻田父老能。
一刻千金真价值,农民辛苦日朝争。

余玉松诗

奉送为官者戒与记

清心能自乐,担当事可成。
无私身正己,公正万人称。

观看片区首届老年运动会
太极拳太极剑表演有感

彩缎飘飘人熙攘,红装素裹器轩昂。
膝移拗步舒展稳,左右穿梭柔带刚。

余致中诗

贺春桥诗词分会成立

都昌北邑春桥乡,茅店张灯结彩忙。
领导搭台铺锦绣,诗朋泼墨献华章。
新雏老凤珠玑句,艺苑奇葩分外香。
国粹传承有接力,图强奋发永荣昌。

文 娱 乐 趣

手扯胡琴口唱词,风琴弹唱亦同时。
边擂腰鼓随翩舞,笛子桃红任我吹。

余孟春诗

蒲 塘 新 景

祖挖蒲塘数百秋,润田浇地为丰收。
清泥护岸今修整,植树装栏景更优。
百亩烟波风逐浪,千年樟树暗香流。
青山倒影鱼虾戏,雀跃人欢景物幽。

余芊芊词

采桑子·重阳议诗事

今迎九九吟朋聚,把酒重阳,争创诗乡。老竹新枝论短长。一年一册成刊否?国粹弘扬,与会齐商,折桂诗坛分外香!

周志新诗

四 季 歌

春色满园万象新,单衣流汗夜沾身。
枝头硕果招人喜,轻踏寒霜正早晨。

洪焱龙诗

扶贫攻坚战

一

精准扶贫万户欣,江山永固靠民心。
中央决策方针定,党政同心富路奔。

二

精准扶贫事可成,寡孤残疾保安宁。
三年脱困攻坚战,实现小康华夏兴。

袁斌诗

贺春桥首届老年体育运动会

秋高气爽桂花香,四镇八乡聚一堂。
花甲之年身矫健,载歌载舞韵悠长。

黄细金诗

观现代农庄有感

大棚广布畜禽肥,农户丰盈品种齐。
市价提升靠品质,名牌打造促腾飞。

贺春桥学校

春风化雨滋桃李,桥畔摇篮龙凤飞。
学业完成报祖国,满园春色放光辉。

官桥村采风有感

重阳结队官桥行,心旷神怡脚步轻。
历史人文新亮点,流连忘返梦中萦。

黄朝晖诗

小镇卤菜店苦心经营有感

夫妻勤经营,味香生意兴。
不图非分财,汗水写真经。

曹碧珠诗

当 奶 奶

夜半开灯来喂奶,梦中惊醒换脏衣。
厨房做饭米刚下,孙哭声闻返似飞。

彭涤尘诗

退 休 闲 居

晨起理窗几,日暮卷垂丝。
钓鱼观山水,闲来赋小诗。

春 日 偶 成

郁郁暖香送,春深草更青。
莺啼杨柳绿,风过落花轻。
修竹沿墙绕,青山陌外明,
狂歌学五柳,喜煞白头生。

彭康助诗

老年体育运动会(片区赛)在我乡召开

轮番会演到春桥,工作繁忙心不焦。

节目新排功苦练,悠扬舞曲各村飘。

祝贺我乡十四届党代会胜利召开
届换新班担压肩,干群凝聚史无前。
蓝图展示精神振,信仰铭心意志坚。
"三个"建成争福后,"五条"使命脱贫先。
清廉律己衣冠正,早富春桥唱凯旋。

注:"三个"即生态、和谐、小康;五条指五条主要任务,即做大乡域经济规模,发展高效特色农业,建设文明生态乡村,统筹社会事业全面发展,加强党的建设。

彭一平诗

扶贫攻坚颂
扶贫精准立新标,干部挨家仔细敲。
创业攻坚磨利刃,三年穷帽摘全抛。

贺春桥第三届老运会
旗开老运鼓声扬,起舞翩翩竞赛忙。
挥扇大娘舒广袖,推拳大伯展雄装。
中华儿女多奇志,墨客骚人赞此乡。
振臂高歌齐颂党,习文尚武壮家邦。

彭金生诗

农 乐
小满天下雨,农夫乐开花。
忙时锄稻草,闲时捉龙虾。

游泉水诗

村 娃 的 话
多留妈爸住一天,妈做饭菜最香甜。

明日爸妈若离别,只有奶奶伴我眠。

游全贵诗

贺春桥诗词分会成立

数年磨利剑,不费砍柴工。

吟友今欢聚,诗坛更花红。

游宇鹏诗

旗 鼓 石

千年鼓石立培祥,驻守巢门正一双。

世事如棋多变化,岿然肃立看风霜。

和江老师《贺春桥中学2018年中考夺冠》

春中学子榜题名,再获冠军光校荣。

尽瘁园丁精抚育,顽强桃李奋拼争。

一腔热血勤操练,十载寒窗苦读耕。

瀚海轻舟新起点,扬帆彼岸继长征!

游砺诗

凤 岭 新 村

万户迁来凤岭村,国家救助到如今。

新居巧建宗祠盛,致富灾民感党恩。

游雄军诗

赞颂始祖广二公

广二游孙四海扬,吾公柴竹育群凰。

始迁东晋渊源远,祖德流芳后代强。

小 店

二十平方小店开，便民农药治虫灾。
货真价实放心买，微利营销广聚财。

游雄诗

题 游 宇 鹏

凤山游宇鹏，诗歌来得快。
出身虽农民，句句点要害。

游叙发诗

鳏 居

闲日城中逛，忙时故里蹲。
出门一把锁，进屋悄无声。

读余致中老师《夕阳红吟草》有感

华章博览古联今，细读津津味更深。
唐韵堪歆多妙趣，宋调犹怜极天真。
夕阳红照风骚客，吟草香馨大雅宾。
颂政抒怀歌盛世，风流一代写丹心。

蒋爱娥诗

躲 雨

雷响天边滚乌云，劈头雨点急催君。
哗哗大水顺坡下，土庙藏身湿透裙。

"药王"后裔的为"仁"

汪国山

在《余氏家训家规十万公宗谱》中载有"家训六条":淳孝悌、谨闺门、习勤俭、睦族邻、端蒙养、循家礼;"新家规九则":爱祖国、孝父母、尚科教、遵法纪、重礼信、睦乡邻、勤职业、戒奢侈、恤孤寡。

医者仁心表药王

都昌县春桥乡云山村下余良三自然村现有105户,410余人。余良三现有上、下余良三两个村庄。余良三村的祖先叫思明,人称"良三公"。良三公有三子:秉性、秉忠、秉衡。二子秉忠"生于明永乐戊子年,自幼聪颖过人,既成年,学通经史。然独钟岐黄之术,胸怀济世之心。游历四方,遍访名家名士,拜师学艺。返乡后,结庐独居"。

余秉忠成为一代名医,为贫困人家治病从不收费,还亲自到山间采药,救治沉疴重疾。他医术高超、医德高尚,被人尊为"药王"。殁后葬于村后翠竹成荫的山上,余氏后裔为旌表祖先的功德,在山上建有"药王山庄",并辟有纪念亭。"药王"终生未娶,余良三村香火承于秉衡公。

润物无声树新风

下余良三村让家训家规在当下焕发出成风化人的勃勃生机。该村由老干部、老党员、老教师、老模范、老退伍军人等"五老"组成的关心下一代协会,利用节假日,结合身边事例,讲述家训家规的故事。村文化活动中心建有留守少年儿童关爱之家。村民理事会在药王山庄将村民自编的"公民道德三字经"立于山下路旁。村民余桂三前几年不幸得了肝癌,急需一笔医药费,村民秉承"睦乡邻"的祖训,自发捐款3万余元,送到余桂山手中。邻村曹家塘有个5岁的小男孩不幸患上白血病,下余良三村人也纷纷捐款,多的上千,少的也有百元。下余良三村"淳孝悌"不断衍化新的习俗,孝敬老人蔚然成风。比如过年了,村里的鱼塘按户头分鱼,没立户头的老人照例也会分得一份,其乐融融。村里兄弟多的人家,除了平日里孝顺父母,还在每年腊月廿四至年后的元宵节,轮流把父母接到自家一起生活,既让老人享受到大家庭的天伦之乐,也减轻了老人春节里迎来送往的操持。

作为"药王"的后裔,余良三村不少老人得祖传,悟医道,惠民众。今年70岁的村关心下一代协会理事长余松三老人,能识得百余种中草药。他的儿子从九江医专毕业后至今仍在村里行医,播撒"仁心"。68岁的徐贵菊老人早年得公公传授的医术,俨然一女郎中。前几年她还亲自上苏山、武山采草药为人治病,擅长医治风湿之疾。徐贵菊老人面对早年丧夫失子的厄运,与儿媳共同撑起这个家。如今,她的孙女在首都师范大学攻读研究生,两个孙子也在读大学。徐贵菊老人感受到了社会大家庭的仁爱。

蒉湖里的春天

汪国山

《彭氏家规家训》言：为父者当慈，为子者当孝。为兄者宜爱其弟，为弟者宜敬其兄。士农工商，各勤其事。冠婚丧祭，必循乎礼。乐士敬贤，隆师教子。守分奉公，及人推己。

都昌县春桥乡老屋彭村一带古称蒉湖。"蒉"为古代用草编的筐子，蒉湖在南宋出了朱熹的弟子彭寻、彭蠡、彭方"都昌三彭"，让这个"筐"盛满了春天的姹紫嫣红。

老屋彭村属春桥乡春桥村委会管辖，乡名村名谓"春桥"，让人首先想到的是，附近该有座叫"春"的桥。其实不然，"春桥"是春桥头彭村一位叫彭孔诀的人的名号。彭孔诀，名继德，号春桥，生于明嘉靖四十一年（1562）。彭春桥"赋性明敏，志行端方"，得彭氏族人的信任，名重乡梓，时任县令荐举奉为乡饮正宾。彭春桥此生所做的一件令后人称道的事，是始创了春桥市集。那时，从湖口县的流芳到都昌县的张家岭，窑塘畈是必经之路，彭春桥率众兄弟在此地创街铺，办作坊，店铺鳞次栉比。一色的木板门面，一色的麻石路面，行人纷至，商贾云集，渐成热市。后人为了纪念彭春桥，将原来的窑塘畈（古称上七坊）称为"春桥头"，春桥由此而名。

春桥头人秉承春桥公遗风，代有人情练达、世事洞明之人。1946年出生的彭秋林老人对彭氏宗族文化颇有涉猎，他向我们讲述了彭显辉（号益彰）行义的故事。彭显辉生于康熙四十二年（1703），雍正六年（1728）奉田营例入大学生。他家财万贯，但勤俭持家，力戒奢华，且处处以善为念。某一日，彭益彰在村里西畈上拾捡狗屎，路遇八位莽汉，向这位穿着朴素的小老头打听巨富"彭益彰"的宅居之所，流露出劫富济贫之意。彭益彰沉着冷静，没有亮明自己的身份，且如实做了指引。然后，他抄近路回家，换上体面的衣服。待八位莽汉来到彭家，他面带笑意，捧出八锭元宝相送。莽汉们认出眼前之人便是刚才背着粪扒拾狗屎积肥的人，为其低调行世、藏富示德的品行所折服。原本来打劫的八个强人非但不行盗事，反而欲与彭益彰结拜为兄弟。彭益彰茶饮之际不失自己的底线而道:"你们如此行走江湖,想必每个人都是为生计所迫,但我辈不会认强人为兄弟。你们金盆洗手才是正道,到那时再叙兄弟之情。"彭益彰送了一些银锭,他们面露愧色而辞,对彭益彰多了份敬重。半年后,他们在湖口杀人越货,被官府缉拿问斩,临刑之前,提出唯一的意愿是要见一面都昌春桥头的"彭大哥"。八个强人隔着铁窗对前来探监的彭益彰拭泪而悔:"当初只恨没听大哥劝诫而改邪归正,招来如今的杀身之祸。大哥的人品当为我辈来世楷模。我等今生无以为报,只有湖汊岸边的一条破船,大哥莫嫌船旧物贱,但移回家就是。"彭益彰问了些他们对各自家中后事的嘱托,无奈地做了永别。行刑后,彭益彰出面为八个强人收尸葬殓,但他并没有去寻那条破船,他行义从没想到图报。据说,这条破船底的泥土下埋藏着八名强人打劫来的所有财宝,足可再造一个春桥头。

　　春桥头的繁华只开在春天里,后来历经秋冬便凋谢了。春桥头的彭氏最鼎盛时期是清代乾隆年间,有300多户,1000余人。后来据说因为一场瘟疫,到民国末期,春桥头只剩了100多人。春桥头在封建社会从彭春桥肇始,一直是当地的治所。清代时的梅坡乡、文源乡,国民党的乡政府,苏维埃临时政府,1949年后的春桥乡、春桥公社都一度设在春桥头。不过在20世纪60年代,当时一位李姓书记将乡政府搬迁至茅店街,茅店街成为沿革下来的如今春桥乡政府的所在。春桥头的木板店铺经不住岁月的侵蚀,毁弃是自然的事;坚硬的麻石,大都在后来被撬起,作为修建水库和石桥的材料。

　　唐代诗人温庭筠在《商山早行》中吟过一首堪称"意象派"绝唱的诗,其中就有一句:"鸡声茅店月,人迹板桥霜。"如今,春桥乡政府所在的茅店街,又有多少故事让人去遐想呢?

　　"春桥"得名于明代,而老屋彭村的兴村历史要早得多。老屋始于南宋,以至该村成为都昌以及湖口、星子、鄱阳等地彭姓村庄的发源地。

　　都昌彭姓承袭"文定世家",尊彭越为一世祖。彭越三十一世孙彭进(713—746)登唐玄宗天宝五年(746)丙戌科进士,后任洪都府进贤令,后迁庐陵令(今江西吉安),致仕于袁州(今江西宜春)。其七世孙彭鸾,唐玄宗大中年间由袁州徙居江州双钟(今湖口县双钟镇),世称"宜春彭氏"。彭鸾四世孙彭思彩于后梁末帝贞明年间由双钟迁都昌黄湖里,就是今天的老屋彭村(中衕)。

　　彭思彩,字明仲,为老屋彭村的一世祖;二世祖为彭汝镗;三世祖为彭戈,登进士;四世祖为彭图南,宋徽宗政和五年(1115)中进士,初授迪功郎,后官至淮宁府（今扬州）教授；五世祖彭立道，"庐墓三年不移，人叹其孝"，死后朝廷追赠其为朝议大夫；六世祖彭兴蠡，就是被称为都昌"朱门四友"之一的彭蠡。

彭蠡兄弟6人，长兄彭寻，字师绎，号东园，谱名彭兴寻，约生于1150年，与彭蠡同求学于白鹿洞书院朱熹之门，文笔与德行称誉乡间，嘉定戊辰年（1208）中进士。彭寻英年早逝，传列清代同治版《都昌县志》卷九《人物志·儒林传》。

彭蠡（1146—1200），字师范，号梅坡，得家学熏陶，多才多艺，诗文、书法、音乐皆精。朱熹复兴白鹿洞书院后特聘彭蠡为书院经谕，讲解儒家经典"四书"等。朱熹调离南康军后，仍牵挂亦生亦友的彭蠡。朱熹曾致信给前往庐山游览的好友甘叔怀："吾友彭师范胜士，在隔江都昌，可为一访。"彭蠡一生的业绩在传播理学上，曾仕常州府教授。彭蠡晚年以厚学名世，筑室家乡的梅坡，辟馆课士。江淮学者千里迢迢，皆师事之，称他"梅坡先生"。春桥乡曾叫"梅坡乡"，就是为了纪念彭蠡。彭蠡又立精舍于清化乡蕡湖里石潭畈（中衙），取名"盛多园"，并约请都昌"朱门四友"的另三位黄灏、冯椅、曹彦约一道讲学其中，名噪一时。彭蠡著有《皇极辨》诸书，卒后以子彭方显贵，被当朝特赠吏部尚书衔、龙图阁学士。彭梅坡与夫人陈氏合葬墓至今犹在。

彭方（1170—1247），字季正，号强斋，从小与伯父彭寻、父亲彭蠡耳提面命，聆听朱熹的教诲，受业颇丰。彭方于绍熙五年（1194）中进士，先为池州（今安徽贵池）教授，又任扬州教授、景陵（今湖北沔阳）知县、歙县（今属安徽）知县、袁州（今宜春）知州、国子监祭酒兼侍讲、兵部右侍郎、晋吏部尚书等职，赠金紫光禄大夫，加文华阁、龙图阁学士，一生为官清廉，多有德政。晚年的彭方以年老为由，上疏辞官，因曾为帝师，又获封少师衔。回归桑梓后，彭方在蕡湖里建宝林书院，训徒授业，去世后葬于书院旧址。1995年经后人修缮，此墓被列为县级文物保护单位。彭方著有《经华续业》30卷和《强斋集》若干卷，卒后谥号文定。明代，彭方与其父彭蠡以朱门弟子的身份，从祀白鹿洞宗儒祠堂，明、清两代从祀者仅14人。彭蠡的后人传承理学之道，多次割私田资助白鹿洞书院和当地的学堂。白鹿洞的碑记中，有明代蕡湖里彭孟鲁三次输谷850担的载录。

都昌彭姓50多个自然村，有南彭、北彭之说。县城彭家角、万户、土塘、周溪、大沙、汪墩、大树等彭姓皆为彭寻后裔，属"南彭"；春桥乡当地近40个彭姓村庄和多宝、中馆等彭姓，皆为彭蠡后裔，属"北彭"。"都昌三彭"成为彭姓人家共同的荣耀。

在古时的黄湖里,有"三门九进士,父子同尚书"之说。"三门"指彰显尊贵的上衙、中衙、下衙,老屋彭村属中衙。"九进士"指宋代政和年间的彭寿、彭图南,淳熙年间"因父子一体"被赐进士的彭蠡,绍熙年间的彭方,嘉定年间的彭寻、彭来有,淳祐年间的彭振彩、彭炜,明代万历年间的彭逢春等九人。"父子同尚书"指的就是彭蠡和彭方。春桥乡春桥村委会副主任彭玉寿讲述起老屋彭村过去的繁华与显达:村上建有三个巍峨的朝门("文革"期间被毁),朝门前的系马桩条石颀长竖立,很有威严。摇着拨浪鼓的货郎进村来,往往因朝门太多而迷路。老屋彭村的祖堂数年前小修了一次。门楼上的"文定世家"青石楣被留存下来,可辨识明万历年间造、清道光年间重立的字样。有些简陋的祖厅上进仍保存着一副斑驳的木质对联,"千代""万世"的古朴字样依稀可见。

一代理学大儒朱熹在《和彭蠡月夜泛舟落星湖》诗中吟道:"长占烟波弄明月,此心久矣从谁说?"黄湖里的春天,去而复来,一载又一载,一代连一代。新时代的老屋彭村人,在属于自己的春天里放歌……

余应桂的明末家国

汪国山

余应桂言:"大凡避事易,任事难;虚言易,捐己难;延誉易,任谤难。""故无求之心,其心正;无求之目,其目明;无求之感,其感笃。"

都昌县春桥乡官桥村委会余呈湾村,村名"余呈",是建村二世祖的姓名,村由人名。余呈湾是从毗邻的一个叫"秀才湾"的村庄分居而来的。秀才湾的祖先余天麟(1251—?),南宋咸淳年间中秀才,在现今秀才湾所处的地方设馆教授子弟,尔后入居立庄,村庄便曰"秀才湾"。余天麟的五世孙余秉刚于明正统年间,分居武山东麓的燕窝里,其子余德美,讳呈,村名便曰"余呈湾"。让余呈湾村真正名垂史册的,不是秀才余天麟,也不是余呈,而是余呈的六世孙余光秋(1585—1648),讳应桂,号二矶。余应桂万历四十二年(1614)中进士,村民以此为荣,将村名改为进士湾。后来余应桂官至湖广巡抚,为当时的封疆大吏,荣耀满堂,村民一度又将村名改为余二矶湾。如今,村民身份证上规范的标示还是"余呈湾"。余呈湾现有村民380余人。天下余氏可称"新安世家",源于郡望在浙皖交界处的新安郡;都昌余氏亦可称"十万世家",源于唐末都昌始祖余迪,名"十万";余呈湾独可称"司马世家",源于余应桂的大司马宦位,古代掌兵的大臣可称"大司马",余应桂曾授兵部左侍郎掌尚书印。明末清初的余应桂,立德、立言、立功,展露出乱世家国情怀。

发迹之前,余二矶家境贫寒。余二矶的祖父余恒升一生务农,生尚淙、尚派、尚汇三子。长子余尚淙有意科举,清同治版《都昌县志》卷九《人物志·儒林传》称其"博学敦行",但在功名上终是潦倒,生三子三女,长子余应桂。余尚淙父以子贵,去世后被追赠陕西道监察御史。余应桂幼时家境的窘迫,可从他在任湖广巡按时寄给家中的《诫子书》上得到印证:"忆我父乙巳岁荒,家中三日不举火。""又忆于馆中归,我母道已无炊二日矣。""又忆我于南阳叔店前偶立,适有担雪梨者至,各分其一。我怀与母,母在晓阳母家易米一升。""又忆汝亡兄大狗得天种,初甚稀,倏而终变,此时家无颗粒,无钱请医觅药,众眼睁睁任其就死。"《诫子书》载录于余呈湾的《余氏家谱》,用语直白,用情真挚。与余应桂同时代的星子人宋之盛,是明亡后反清的举人,他在《余忠节公大司马二矶公实录》中,对余二矶少时贫寒自立这样描述:"因里役倾家,公益励勤修。与刘为友,饥无以为食,寒无以为衣,而厥志弗怠。时除日大雪,刘归,公独留庙中拂雪踞石而危坐自律。"余呈湾的老人讲述了一个余二矶"种米长粟"的故事,也可佐证其家之窘。故事的版本是:春桥旱地多,有种粟子的农俗。某一日,余二矶从学馆回家,母亲让他趁着夜色,打个夜工为家里的三分地种上粟。余二矶取了种子,扛了农具,种完地只小憩了一会儿,第二天拂晓又回学馆了。十余天后,母亲发现余二矶那天夜里错将米当成了粟种,于是赶紧来到村外自家地里,见到的竟然是一垄绿色的粟苗。原来族里一个叔公,在二矶播种的当天就从粪土中发觉二矶播错了粟种,他感念二矶家为人厚道,便不声张地从自家取来粟种重播了。这块地现今已被村民占用了。

余二矶少年时便天资聪慧、志向远大,从流传下来的他应对先生的两副对联可窥得一二。某一日,私塾先生出上联"夜弄银河摇动满天星斗",余二矶脱口对出下联:"日登金榜扶摇万里江山。"又一日,私塾先生触景出了上联"三尊大佛坐象坐狮坐莲台",才思敏捷的余二矶由物及己对出下联:"一位书生登龙登凤登丹桂。"余应桂曾在千年学府白鹿洞书院求学,清代同治版《都昌县志》存录了他的《鹿洞夏读》一诗:"夕阳欲落万山迎,水石飞凉枕箪青。林鹤三鸣犹不寐,行吟月下和松声。"其诗文笔流畅,意境清新,余二矶的才情可见一斑。

余应桂19岁时在南康府府试中被录为秀才,31岁时中举人,35岁时中进士。学而优则仕,余应桂从七品县令做到了封疆大吏,其人其事列《明史·列传一百四十八》。

余应桂入仕的首站是浙江湖州武康县(今德清县)县令,半年后随任就养的父亲一病不起,在县衙病逝。余应桂扶柩返乡丁忧。27个月后,服丧期刚满,母亲邹氏又撒手人寰,余应桂按旧制在家服母丧,为父母服丧近五年。天启六年(1626),朝廷重授余应桂福建龙岩县令。龙岩是土瘠民贫之地,余应桂访贫问苦、日图抚恤,罢苛税、查"诡粮",建砥中楼、通龙津桥,当地百姓传颂其政绩。因"一清如水,慷慨任事",崇祯元年(1628),余应桂调任福建海澄县知县。其时海寇猖獗,井邑萧条,余应桂莅任后的主政策略包括:修铳城、募练兵、斩寇首、强海防。三年下来,海患基本平息,遂成"金汤之固"。

有了主宰三县的历练后,崇祯四年(1631),余应桂官升陕西道监察御史。明时的监察御史是个"言官",作为皇帝的耳目,可以风闻奏事。余应桂总结治理海澄的经验,针对晚明武备孱弱,在监察御史任上的第一篇奏疏就是《条陈边务疏》,对布置用兵和用人选将颇有见地。第二篇奏疏是《请蠲驿递加派及生员优免疏》,请崇祯帝广施仁政,蠲免加派。余应桂"职在言官,义无所避"。他先是上奏疏《劾户部尚书毕自严》,他在疏后说:"臣亦螳臂,敢问豺狼?但臣言官也,畏忌缄口,溺其职矣。"余应桂为纠劾首辅周延儒连上七疏,为此屡受"自毁长城"的崇祯帝斥责,曾因此遭贬回家。余应桂正直敢言、不畏权奸的铮铮禀性可钦可敬。两年后,周延儒罢相。乱世思良臣,崇祯帝任命余应桂巡按湖广并把守卫承天府(今湖北钟祥市)的重任托付给余应桂。余应桂赴任后,施展自己的军事才华,戍卫承天府,代天子巡狩。崇祯十年(1637),余应桂升任湖广巡抚,成为封疆大吏,后来一度遭兵部尚书熊文灿的诬陷入狱。熊光灿被治罪后,余应桂任兵部左侍郎掌尚书印。崇祯十六年(1643),余应桂复被崇祯帝任命为兵部右侍郎兼都察院右佥都御史,总督三边,往陕西进剿李自成。内外交困的明王朝气数已尽,余应桂亦无回天之术。崇祯十七年(1644),李自成攻破北京,崇祯帝自缢于北京煤山寿皇亭旁,余应桂此时已年届花甲。

综观余应桂刚正不阿、傲然而立的一生,家乡都昌既成为他学成入仕的起点,又成为他人生归途的终点;既是他失意蛰伏时的温馨港湾,又是他英雄气短时的悲壮舞台。

余应桂是一个对桑梓情有独钟的封建官吏。他从35岁进士及第远离家乡赴浙江武康任县令,至64岁时在都昌为反清复明慷慨就义,其间和故里都昌的数度命运交集的轨迹为:天启二年(1621)至天启六年(1626),在家丁忧前后达五年;崇祯三年(1630)任监察御史时,因劾奏首辅周延儒被崇祯帝驳回而愤然辞职回乡,崇祯七年(1634)周延儒罢相后才应召还朝;崇祯十年(1637)任湖广巡抚时,因与兵部尚书熊文灿不合而遭崇祯帝逮押,谪居都昌五年之久,后奉诏进京,一度任兵部右侍郎兼都察院右佥都御史,总督三边;崇祯十七年(1644),明亡,英雄迟暮的余应桂回到都昌县城,直至1648年就义。余应桂29年的官宦生涯,在故里赋居就有17年之久。

余应桂远离了官场,每次回归家乡,不以物喜,不以己悲,家国情怀充溢心间。他在都昌前后十余年,主要做了以下几件事。一是审修《都昌县志》。首部《都昌县志》当是明代万历三年(1575)编修的,到崇祯五年(1632),已时隔近60年。时任都昌知县的陈嗣清启动重修《都昌县志》,"遂礼请二矶余先生取裁订正"。余二矶认为:"志亦邑史,史岂易才?予安知后之视今,不犹今之视昔也?"他历时半年,终于完稿,并于崇祯六年(1633)秋作序以记:"恭承古人,挹其风采,我都千古上下尽不寂寞。"二是旌表县治良吏。时任知县陈嗣清改革征税之法,减轻商民负荷,余应桂为这一"善政"撰写《革除巡拦抽税碑记》"以垂永久";次年,又作《陈侯澹庵荣觐序》,旌表陈嗣清这位"其心如水,其政如春"的好县官。崇祯十一年(1638),云南举人杨寅旭任都昌知县,修县城,建县堂,余应桂撰《杨侯鼎建县堂碑记》称誉。三是投身当地公益。崇祯五年(1632),置县推官钱启忠捐俸集资,修建都昌至南康府治中的鄱阳湖上的石桥(俗称千眼桥),余应桂作《钱公桥碑记》,称颂"钱公祖之德,山高水长"。余应桂和胡夫人亦捐银改建县城近郊的区兴桥。他撰写《改建儒学于南门外碑记》,其文曰:"所冀后起者,毋忘前劳,意其维竞。"四是教化乡间风俗。余应桂以自己的"忠""孝"之德,成为乡贤楷模。相传余应桂的外婆家在湖口的野鸡畈村,有一天,担任监察御史的他去看望外婆,外婆哭诉准备杀给他吃的母鸡连夜被人偷了。余应桂在门外的稻场摆起公堂,智审偷鸡者,令其不打自招。自此,这个村子小偷小摸行为绝迹。五是誓死反清复明。余应桂在明亡后回到都昌,时常泣诉"唯欠先帝一死"。清顺治五年(1649),余应桂在都昌尽出家财,募兵起事,响应金声桓、王得仁在江西反清复明,与清军大战于左里湖和都昌县城,在清重兵的攻打下,城破被俘。他被押解到南昌城外清军统帅谭泰营中,怒骂不降,被清军肢解,同遭剿杀的还有其子余显临等。余应桂墓现存都昌县城西面的大矶山,1984年该墓被公布为县级文物保护单位,2000年予以修缮。

1938年出生的耄耋老人余祖庭对余呈湾村与余应桂相关的风物如数家珍。村前的砚池塘相传是余二矶读书洗砚之处,塘前有七斗九升的四方丘田,叫"官印田",再延伸便见笔架山。笔架山旁有块四分的"花园田",相传是二矶夫人当年的锦绣花园。村西南最高的山坡上先前有座"接官亭",从亭外往余二矶外婆家去的半里路叫"跑马道"。村前有口塘汇聚八方之水,塘形酷似纱帽,两侧官翎外凸,称"纱帽塘"。村后山峦处有口潭,有人称作"鲤鱼塘"。相传建村之初有个风水先生起邪念诓示挖塘,结果潭底的七条鲤鱼只一条开了眼,另外六条死亡,活着的那条的化身便是余应桂。若没有风水先生使坏,余呈湾会出七个显赫之人。

余呈湾村是"十三五"贫困村,在脱贫攻坚战中发力整治村庄,村容村貌焕发异彩,余呈湾人在新时代的家国情怀亦异彩焕发……

凤兮涅槃

汪国山

段氏宋代家训言:耕例务积粟,读例务成名,勤例务有恒,俭例务有节。

都昌县春桥乡凤山村委会凤岭新村是个段姓村庄,1998年前,村庄的名字叫段家嘴,属都昌县万户镇塘美村委会。距今20年前那场百年不遇的大洪水,改变了段家嘴村的历史。当年段家嘴"百里大搬迁"成为抗击洪魔、重建家园的亮点新闻。

段家嘴兴村始祖叫段愈庆,南宋淳熙年间由贤里迁古岭嘴。这里三面环水,又叫凤凰寨。关于凤凰寨,有一个神奇的传说。崇祯年间,明王朝风雨飘摇。大将洪承畴经略西北防务,军粮主要靠江南征集,尔后经长江入海北上。大约是1639年7月,明军从江西乐平、鄱阳等地征集了军粮12大船,大船由士兵押运,途经鄱阳湖入长江。船至都昌所辖鄱阳湖水域的凤凰寨时,西南风大作,12艘军粮船只得在凤凰寨泊岸避风。第二天,士兵发现4000担军粮一夜之间踪影全无。湖面上漂浮着空瘪的麻袋。如果是遇到了劫匪,绝不会悄无声息,且绝不会腾袋运粮。洪承畴后来因粮乏兵懈,束手就擒。历史上的洪承畴在皇太极的恩威并施下投降了清朝,他随清军入关,又被清廷起用,官至太子太保、兵部尚书兼右副都御史衔,列内院佐理机务。洪承畴在改朝换代后享尽荣耀,但他至死也没明白,当年翘盼的军粮为何在凤凰寨不翼而飞。清朝康熙年间,有个法师对此做出解释:凤凰寨就像一只巨硕的凤凰,12船军粮是被神凤所食。这个神奇传说的后续是,康熙帝从都、湖、鄱一带征粮,为不重蹈覆辙,下旨让法师施法,斩断凤凰寨的龙脉。施法的方式是先用100坛白酒、100只雄鸡祭奠凤凰寨神,然后令500军士日夜不眠地挖2丈深沟,将凤头与凤身割裂开来,凤凰的灵气自此尽失。

段家嘴的村民赖以生存的,当然不是传说中的神凤所啄的过往船只上的军粮,他们靠水吃水,世代以捕鱼为生。段家嘴境内有个焦潭湖,湖上风帆扬起,渔舟唱晚。水能载舟,也能覆舟。1998年的那场水患让段家嘴几遭灭顶之灾。那时全村55户,280余人,只剩在地势高处的3户,尚可在一片汪洋中见其屋脊,其余房屋皆浸沉于泱泱泽国。对于当年肆虐的洪魔,段家嘴人至今仍心有余悸。想当年洪水浸漶之时,村里一位老人病逝,村上的坟山被水淹了两米多深,自然无法下葬,天热棺木又不能久置,最后选择了一块洪水还没来得及侵袭的庄稼地匆匆浅葬。第二天,大水眼看又要没过新冢,老人的子孙只得挑来泥石,添高茔体,以免棺椁被洪水冲走。

洪水无情,人间有爱。党和政府关心灾区人民,党员干部带领受灾群众勇战洪魔,筑起一道永不溃决的精神之堤。时任九江市人民政府市长的刘积福,来到段家嘴察看灾情,慰问灾民,但见段家嘴失去家园的妇孺在市长面前哭成一片。市长为之动容,当即指示陪同的都昌县人民政府县长甘智德,规划段家嘴村整体迁至高处重建,如果当地没有合适的安迁之地,可考虑远迁他乡,永离水患。于是便有了后来的"百里大搬迁"——段家嘴由万户镇塘美村,迁居至60公里外的春桥乡凤山村。县民政部门下拨了首期每户4000元的启迁资金,让村民享受到了移民建镇的优惠政策。各级领导干部纷纷来到建设中的凤岭新村,关心远离故土的段家嘴村民的新生活。"我见过民政部部长多吉才让,还握了手。""1998年我在凤岭新村临时搭的救灾棚里过年,县长下雪天来村里和我们一起过小年。"水患的日子已经一去不复返,但不少村民回忆起当年的重建生活,还是充满了感激。

1998年的冬月,原处万户镇凤凰寨的段家嘴人定居在春桥乡凤山村菊花岭。新的村名没有标识是段姓人家,但认祖归宗已融入村民的血脉,成为一种

永远割舍不了的文化的传承。村民在入村口的村名石碑"凤岭新村"四字前特地加注了"段氏西田"。昔日鄱阳湖里打鱼时供奉的四兄妹菩萨也被移来供奉在相公庙里祭祀祈福。清明时节去凤凰寨为先人扫墓,也是每年村里的惯例。村民的大多亲友还在万户镇,两边的人员礼尚往来维系着彼此的牵挂。2016年,全村410多个村民,筹资160余万元,建起了气派的段氏祖祠,"京兆世家"描金添彩于遐迩。

  凤岭新村的村民在新的一天到来时,已由先前的"出门行水",变成了如今的"开门见山"。更本质的变化在于生活方式,每户村民都是如今幸福生活的见证。1953年出生的段兴保,15岁时就随着祖父、父亲出湖打鱼,搬迁至凤岭新村那年他正值中年,夫妻俩带着尚未成家的三儿一女,一家6口落户新村。20年过去了,段兴保的两个儿子已结婚,生育了3个孙子1个孙女,女儿已出嫁,家里由6人增至现在的11人。段兴保10余年前去过北京、山西、广东打工,现在年纪大了,在村周边池塘港堰里放养龙虾,也算小试昔日的"水技"。大儿子在村里办起了隆华蛇类养殖专业合作社,二儿子、三儿子分别在武汉、温州打工,一家人和和美美地开创着新的幸福生活。村民段兴珍在他的第三个本命年,放弃了世代相袭的渔民生活,加入大搬迁行列。起初在"他乡便是故乡"过日子,他卖过米、养过猪,备尝生活的艰辛。如今,他在春桥集镇茅店街办了家铝合金加工部还做过一阵子村主任。段兴繁是一名村小教师,1999年随着家园的迁徙,由万户塘美小学调至春桥凤山小学,继续着"孩子王"的生涯,变的是师生交流的方言,不变的是传道授业的谆言。凤岭新村生活环境不断得到改善,村容村貌日渐得到美化。当年村中高高的给水塔,随着村民用上了自来水,已失去了供水功能,成为昔日的印记;当年所植的行道樟树已郁郁葱葱;当年的孩童也已长大成人。村里十余对年轻人与春桥乡当地人喜结良缘,新生代在这片土地上茁壮成长。

  20年凤去凤至,20载春华秋实,伴随着改革开放前行的铿锵足音,凤岭新村绘就了一幅山清水秀的画卷,谱写了一曲改天换地的赞歌。

茅店街

邱　林

一

　　这恐怕是鄱阳湖上数不清的港汊内最短、最简朴的一条小街。

　　我无法丈量它从历史深处一路风雨而来，走进我少年的视野和记忆有多长，但我在秋雨潇潇中，见证了它生命的终结，终结于我们熟知的时常回望的那个年代。

　　大人在下瓦撬椽、拆墙放柱时，我呆呆地立在街心，眼睛酸酸的，口里不停地喃着："怎么说拆就拆了呢？"当时不知道伤感是何物，只觉得自己怅然若失中带着几分无助。

　　从童年玩到少年的这条街放倒了，游、彭两姓的街邻离开了拥挤陈旧的小街，凭各自的能力在新的地盘上造大房子。地面上尽是摔碎的瓦砾片儿，儿时的许多梦想就此破灭了，唯一能延续下来的，只有零散的记忆碎片。

　　在我的精神领域，茅店街依然存活着，每当我回忆起它时，它好像总在那里等着我的到来。

二

　　二十几间门店分两排相向而立，门户对开，给它送来几分繁荣气息的是街前通向鄱阳湖的一条港汊，还有从景德镇到九江，又从九江返景德镇的挑帮车夫。一只只载货的帆船，在驶进这条二十多里长的湖汊之后，沿岸卸货下客，到这里是最后一站。挑帮车夫吭哧而来，独轮车碾在街面上的条条槽痕，积累着这街承受风雨岁月的深浅，宽厚的脚板，反复踩踏而磨光的石条，映照着小街的沧桑面容。

　　茅店街正南方二十里的一条湖汊上同样"镶嵌"着一条街，称作"埠"；西边不足三里的一条街叫作"市"，条件相媲，借水发财，无以上下。茅店街称"街"，不无广告之嫌，听其前面的那个"茅"字，可见它身后扬起的灰尘是多么地轻飘。

本其然,它短得你在街的这头说话,那头的人可听出说话者是谁,说了些什么话;狭窄得人挑柴火担子,当街左肩换右肩,两端的柴火可抵触街面鼓皮;店舍低矮得让孩子们捡一颗石子扔出去,保准掉不了人家的瓦片上;也说不准有谁家的屋脊高出我的屋梁,那空当,定是草毡来弥补……

幼时,我曾爬上一个山丘,俯视这块弹丸之地,发觉这里既无隆起的高山,又无大落的狭谷,尽皆沟坎交错、山丘相握,路儿七弯八扭。山水有情相约的地方,必有花儿绽放,不论环境多么丑陋。就是如此毫无规则章法的地方,条条田垅出奇得肥,尽是一色的黑泥土,种啥长啥,旱涝有收。除了谷子、麦子、大豆、芝麻,再就是红薯了。谷子一年吃到底,小麦、大豆、芝麻多半是卖给粮站,留下一点磨豆腐、做粑、发豆芽、熬糖,红薯则是秋冬的副食,早上粥里煮红薯,中午饭下蒸红薯,往往一半饭一半薯。大人出畈做事,孩子上学读书,荷包里也揣两个熟薯。红薯还用来榨薯粉,熬薯糖。一年下来,饿不了肚子也胀不了腹,日子平淡,自我满足。

"新平治陶,始于汉世……"说的是景德镇这个千年瓷都,所烧制的陶瓷质优量多品全。而豪饮长江水的九江为七省通衢之要塞,商贸集散兴盛。两地缺陷并存,谁都不能一统天下,你要借我的码头做跳板,我要在你的市井抢货源,优势互补就成了期货交割的必然,这一环节除了水上运送,另一部分便由陆地上的挑帮车夫来完成。

茅店街立足的这块土岗就是往来挑帮车夫歇脚的地方。这里东去张家岭还远着,西到湖口县所辖的流芳市也有三里之距,待这片土岗踩出一条黄土路来的时候,附近游、彭二姓眼睛雪亮,预感商机的来临,有识之士就着土岗的走向搭起几间简陋的茅草棚子,挂起酒旗,招揽南来北往的挑帮车夫。如此一来,茅店街成了这条道上一个不可或缺的驿站。

大凡码头商埠就是这样生长起来的吧!有了人气,便有了吆喝;有了吆喝,便有了交易。

三

拿茅店街与浙江的乌镇、江苏的周庄、云南的丽江、江西婺源的江湾比,自是小巫见大巫。它们哪一个埠镇不是一本厚重的史书,哪一条街道不是跨过时空的灿烂彩虹?见了一点世面的茅店街人服气又不服气,说,你的街那么长,你的桥那么多,你的人那么旺,你的生意那么火,你的景那么美,也是一步步走过来、一年年好起来的,最开始不是和我茅店街一个样?他们也开始装扮起小街来,街头街尾,屋后港坎,都插上杨柳条,只两三年工夫便绿条依依,柳絮拂面。接着,他们按人点卯,按铺摊钱,船装车推运来一块块麻石条,铺排在道上,又在街两头的水港上架起两座麻石桥,一大一小,大的不足十米长,小的不到两米宽,横看一律"丁"字形。我常站在街南面的山丘上望街,浅巷低舍,小桥流水,街廊岸柳,好一个江南水乡小街哩!

我是20世纪60年代出生的人,在我挨着墙壁鼓皮学会走路的那一年,全国刮起了一场"革命风暴",我就是伴着这个年代懵懂长大的。记忆中,那些年即使街面少有商人过往,也少了那份吆喝吵闹,却能从那什么样的铺子经营什么行当的街面上,嗅到飘散不远的往日气息。虽说货无店空,弃商从农,但还有一支小小的队伍,在声声敲打着单薄街面的悠厚绵长,那就是成天拉风箱抡铁锤的铁匠铺、敲敲打打补锅补脸盆补车胎的修理铺和太爷老子的头都可触摸的剃头店。

茅店街占据着都昌的地盘,却一色的湖口腔,说话软绵,拖音又长,比正宗的都昌话更有韵味。"摩托卡"的故事就来源于这里。茅店街人的口语中多有"么得嘎"一词,意为问人家什么,或是表示惊讶。几个下放茅店街的九江知青把这话听成了"摩托卡"。这一话柄在九江和都昌、湖口等地传开,只要一遇见茅店街人,对方无不善意地调侃:"摩托卡。"

现代人交际精明,听你话音便知是何方人。在都昌,有人问我:"你是湖口的?"我说:"不,跟湖口交界,春桥茅店街人。"到湖口,人家又问:"你是湖口哪里的?""流芳人。"对方信以为真,便以老乡相称,多了几分亲热。我也曾纳闷过,究竟是茅店街话影响了流芳市腔,还是流芳市话染化了茅店街音。大人说,共和国成立前茅店街旁边的一个村庄就归属流芳市。茅店街与流芳市相隔三里,举目相望,来往频繁,加之处边缘之地,你的地盘有我的村庄附和,我的区域也有你的寨子掺杂,相似的话音,可能就这样顺理成章地承接了下来。

四

许多名气十足的老街,既有艺术渗透的一面,也有诗文书画讲述的一面,当然还少不了当地知名人士的支撑,汇集在一起就有文化底蕴在流淌。茅店街匆促登场,扮演的是小家子气的角色,据我推测,它从起初的几间茅棚到我见到的这般模样,是经历了脱胎换骨的嬗变的。这也足见小街人对这片土地的忠诚,他们想把茅店街做大做强做红火,并为此做了诸多努力。

但努力不等于就有惊世骇俗的回报,人对生存环境的无奈总是伴随终生的。在我的记忆中,茅店街不要说戏屋、道观、塔宇、书院之类的雅俗之所,就连门楣、梁柱、鼓皮上,那七贤八孝、龙凤呈祥的雕刻图案都鲜见,更无传世诗文书画。街上要么是简易的"田"字"米"字形木格子,人在里面走动,外边的人透过一个个火柴盒大小的方眼,可看出那整个人样来;要么是"文革"前张贴的几张"鲤鱼跳龙门""杨门女将""三笑""五谷丰登"之类的年画,因米汤稠,贴得黏糊,难揭下来,黄中泛黑,尘垢满目。商兴不起来,文又少得很,这恐怕都与小街人胆小怕事有关,胆小就不去冒险,不冒险就与暴发不挨边。记得"文革"中期,比我大十多岁的彭开金哥,不知从哪个旮旯里翻出了一个脏兮兮油乎乎的布袋,里面装的是数年前玩的麻将,想趁夜黑出门邀几个会打的街邻搓搓,不想被他父亲截了下来:"能玩这个?""又不赌钱是赌烟。""赌烟也不行。"那时不像今日的世道,一介草民,胆小如鼠,手头有了几角钱,才过了几天安生日子,不容易哩!

有一句话:穷是命穷,苦是根苦。茅店街人常用这话来宽慰自己,要想挖掉穷苦的命根,只有勤快一条路。茅店街人特别勤快,除耕种好整块整垅的田地外,还在沟边港坎上锹起一墩墩土,施了肥,栽了瓜秧,可摘得南瓜、冬瓜、黄瓜、丝瓜、豆角、萝卜、青菜,日日有摘,月月有收,季季不绝。茅店街人又会养鸡供猪,一户一年供不出两三头肥猪,不算养猪户;养不到几十只鸡,是你妇人没有用。闲不住的男人还下港捕鱼捞虾,那时鱼虾多啊,打一场风暴,门前的水沟通到水港,水一泄,逆水而来的鱼儿急得团团转,门槛脚下可捡到鱼。茅店街果树少,一年到头吃不上几个桃子、李子,为了孩儿口袋不少吃的,秋末冬初,娘们就带上布袋和红薯点心,清早走三十多里到武山寻摘猴枣子,这枣子就是现今糖葫芦里的果仁(山楂),只是小得多,味儿酸涩。娘们傍晚肩扛一袋子回来,孩子们抢着连叶带籽一起吃,看电影看戏抓几把放在口袋里,就是晚上睡觉,孩子们也把藏在枕头下的猴枣子压得紧紧的,生怕跑了。

茅店街人所做的这一切,为的是贴补家用,解解老人孩子的嘴馋,借以表现家中过日子的多变戏法和衣食盈余。小街人的魅力,总可博得外村人的效仿。

五

1998年的初夏,世纪大水还没有在人们的心中造成惊慌的日子,我有幸平生第一次在茅店港上泛舟。摇桨的是我从小学到初中的一位同学,他站在船尾的舱板中间,两根桨在手中前后摇着,船就是在他的俯仰中犁开水面,一步步地往前行。

有船没船是大不一样的,有船,人就多了一个家,还有许多游来划去如梦的日子。

茅店港的水稀里哗啦地淌过流芳市,再往下拐几道弯,就进入了皂湖,十分开阔,波卷浪涌。老人说,这条湖汊的水上运输因连着鄱阳湖的繁忙而有了几分生气,商船、官船、渔船、渡船,你来我往,摇的、拉的、划的,有帆没帆的,搅得这片水逐日没得消闲。

世间万事万物,存在即合理。没有一个石砌码头的茅店街的合理存在,还来自"肥水莫流外人田"的认识论,是这狭隘的地域观铺垫了茅店街的生命历程,也赋予了茅店街的历史承担——为这一大片土地上的人源源不断地输来别人的给养,又将这里的丰余物产运出去接济外地市面。老人们说,从流芳市逆水而来的船,全都收起了帆篷,"蛇形港,土山包,卸帆走船撑竹篙;茅店街,生意招,有船无船看桅梢。"行走在这里,帆是多余的,即使有风,亦卷不起浪,打不了船。

游、彭二姓组成了茅店街,也组成了这里的世俗生活。

小时候,街东口有一棵两三人难以合抱的柳树,十米高的树杈上顶着两个黑黑的鸦鹊窝,望一眼,草帽都会掉落后脑勺。扭摆身腰的枝条撑起了小稻场的一片绿荫,树下放着一块夯厚的青石,方便进街出街的过客在石上歇脚。吃饭时,街人手上端着饭碗,脚却管不住地往树下蹭来。坐的、站的、蹲的,不论游姓彭姓,也不论是男是女,聚到树下,扯一些鸡毛蒜皮的家庭琐事,谈几段刚从收音机里听来的惊天动地的国际国内奇闻。

生产队队长一天三次站在这棵树下的石块上,"嘀嘀嗒"地吹响手中的铜号,唤街人下畈。游、彭二姓的劳力扛起工具,毫不紊乱,说说笑笑地交错着走出小街,游姓到四方舍,彭姓到彭桓六,接受派工下地。这有点像城里人,住在一个宿舍区,却不在同一个单位上班。收工时,两姓劳力又从不同的方向回到小街。虽说住在小街上的两姓劳力出工回家不方便，但谁都因为沾了街的光而不曾抱怨过。

　　两姓人代表着几个村子在一条街上混居，生活秩序却和谐协调。逢年过节，你家煮了几只鸡蛋，我家蒸了几笼粑，妇人都会在洗刷什物的桥板上你一句我一句地交换家事，说不准等一下会笑吟吟地端一碗送上门来让你尝尝；见某人家的小孩穿了新衣服，这家主人思忖着，今天得扯几段布来，明天师傅就进了门，缝纫机一天到晚响个不停；家里来了客人，虽说小酒小肉小菜，打不了牙祭，总也要拉上三两个街邻来作陪。冬种忙完不算完，煎了豆粑才可闲。这一带，每年冬月、腊月都有煎豆粑、做过年粑、熬糖糕等习俗，只要一户开头，二户、三户便跟上，生怕落了伍；少了用具，提前问妥，少了帮夫，叫谁谁到，炊烟滚滚，香气袅袅。石磨转动的咿呀声、粑模子印粑的咯咯声、刀切糖块的嚓嚓声，交织成一首首忙碌余庆之曲。迈着三寸金莲的奶奶，忙着打下手，在收拾这满筐满箩的食物时，总少不了说："豆粑香香，装满瓮缸，来年春上，肚里不慌。"

　　茅店街不光是小街人的，还是游、彭两姓几个村庄的。不知从何时起，两姓的祖上约定俗成，凡是已故的老人出殡，都得到茅店街上游一转再上山。因此，老人寿终前少不了叮嘱家人，死后一定要在茅店街上走一圈，这样也没枉沾小街的光。出殡前，子孙就盘算着怎么进怎么出，哪儿歇梿，放几眼铳，总想把游街的路线拉得长一些，把白事办得体面一些，借机显显殡仪的场面，亮亮自己的孝心。

　　20 世纪 60 年代中期，春桥公社建在茅店街东口的一块空地上，辅之以供销社、邮电所、兽医站、农机站等小机关。一个喇叭成天对着小街叫，举拳头喊口号的游行队伍也突然会从小街上走过，还有文艺宣传队也在街口拉场子演戏……

　　茅店街的新事越来越多，值得记忆的旧事也越来越珍贵了。

二矶入学的传说

余育初　余普民　搜集整理

明朝万历年间，余呈湾村附近有座庙，乡里有位老贡生在此设馆，以教十几个村童糊口。二矶家中十分贫困，无钱读书。二矶每天都贩鱼到各村去卖，卖完鱼就站在书馆外听先生讲课，晚上就在家中复习。二矶十分聪颖，听的时间长了，学问也慢慢地增长了，作诗写文章不在话下。

有一次，二矶还有几斤鱼没有卖完，但时间已不早了。他认为还是听课要紧，便赶忙向书馆走来。一到庙旁，却没有听见先生的教书声，只有学生们的嘈杂声。先生有事出去了，临走时给学生布置了写文章的任务。学生们抓耳挠腮，写不出来，正不知如何是好呢。突然，一个学生发现二矶站在门外，就说："二矶，今天我们要写文章，先生说没写的人要受到重重的责罚。你千万莫打扰我们。"

"写文章有何难，只要你们买我的鱼，我替你们写文章，怎么样？"二矶说。

"好，你为我们写了文章，我们会加倍付鱼钱给你。你要骗我们，我们就告诉先生，让他把你抓来打屁股，不准你来听课。"

"可以！可以！"二矶欣然答应。

二矶拿过笔纸就看题目，思考一下便挥笔写了起来。到了中午，学生们还把带来的饭菜，拣好的给二矶吃了个饱。一天下来，二矶为十几个学生写了十余篇文章，拿着他们付的鱼钱挑着鱼篮，高高兴兴地回家去了。

第二天，先生会友回来了，学生把文章都交了上去。先生拿起一篇文章一看，文章扣题紧密，语言流畅，大出先生意料，再看第二篇、第三篇……越看越不对头。先生仔细琢磨，发现每篇文章文笔都很相似，很像出自一人之手。先生拿起教鞭一挥，问学生究竟是怎么回事，不说清楚，人人都要受责罚。学生们只好承认是请余呈湾村卖鱼的余二矶写的。这时，老先生的脑海中就出现了打着赤脚、挑着鱼篮、在馆外面听课的少年的形象，心中惊叹不已，觉得这个少年今后必成大器，决定要教这个孩子读书。

随即，先生来到余呈湾村，见到二矶妈，开门见山地说："我是学堂里的先生。你生了个好儿子,他很聪明,今后必有大用。你让二矶去读书吧。"

"先生呀,我家里穷,哪来的钱送二矶读书?"二矶妈诉苦道。

"你家交不起学费不碍事,只要让二矶去读书。他为我煮三餐饭,我还会付煮饭工钱,这工钱可以拿来供养你。"先生笑嘻嘻地把这个好主意向二矶妈说了。

二矶听完先生与妈妈的对话,打消了先生抓他去打屁股的疑虑,慌忙跑上前去跪在先生面前,磕了三个响头,说道:"恩师在上,光秋(二矶的派名)叩见恩师。"

先生拉起二矶:"孩子快起来,跟我去读书。"二矶收拾了一下就随着先生去读书了。

二矶上学后,奋发读书,进步很快,先生更加器重他。因为二矶才思敏捷、勤奋刻苦,先生也常要学生以二矶为榜样,先生说:"光秋将来大有出息,我给光秋取学名为'应桂',就是今后应该蟾宫折桂的意思,大家以后就叫他'应桂'吧!"这就是二矶上学并得先生赐名的故事。

不是御史老爷,是臭贡

余育初　余普民　搜集整理

二矾住在学堂里,夏天山上庙中的蚊子大得像蜻蜓。二矾无蚊帐,住在神像后边的过道里。二矾平时将过道墙外的野草铲除得一根不剩,开沟排干了积水。过道里打扫得干干净净,傍晚常用艾蒿烟熏蚊子,蚊子少了很多。二矾每晚集中精力读书,偶尔有几个蚊子也就不在意了。

先生非常关心二矾的生活,问二矾晚上住的地方蚊子多不多,热不热,并说:"这几天,天太热了,蚊子也多得出奇,有时蚊帐里都有蚊子。"

"我住的地方蚊子很少,蛮阴凉的。"二矾回答先生。

有一次,二矾回家了,先生不声不响地躺在二矾的铺床上,睡了一会儿没有动,确实没有蚊子,先生翻了一个身,说:"怪不得,二矾睡的地方这么阴凉,所以没有蚊子。"话音刚落,蚊子"嗡"的一下飞了出来,嗡嗡直叫。先生越扑打,蚊子越多,先生的耳边似乎还响起了"臭贡""臭贡"的骂声。先生慌忙跳下床,回到自己的住处。他越思越想越感到:"二矾有福气,蚊子不叮他,我睡他的床,还有谁在'臭贡、臭贡'地骂我。"

先生将这件事说出去,越传越远,越传越神,最后传成:二矾是御史老爷,每晚都有小鬼为御史老爷掸扇驱蚊;而先生是贡生,睡在二矾床上,不作声时,也有小鬼掸扇,一作声,小鬼知道先生是贡生,骂了一阵"臭贡"后走了,蚊子也就来了。后来,春桥民间就用"不是御史老爷,是臭贡"来调侃那些鸠占鹊巢或者冒名顶替的人。

碎 米 地

余育初　余普民　搜集整理

　　春桥这个地方旱地多,穷人家多在地里种粟子。二矶家劳力少,地里的粟子一直没有种上。有一天,二矶从学馆回家,母亲对他说:"孩子,今天夜里有月光,你就打个夜工在地里种上粟子。粟种在橱子里。"

　　二矶拿了种子、农具,到地里去了,在朦胧的月光下,种完了地,然后回学校去了。十几天后,二矶妈拿碎米煮粥吃,倒在锅里却发现是粟子,不是碎米,碎米罐是空的。她大吃一惊,知道二矶错拿了碎米当粟种。这可如何是好,要耽误一季的收成啊。她赶紧跑到地里一看,只见绿油油的一片粟苗已经长出来了。二矶妈惊讶得说不出话来。

　　其实,二矶用碎米种完地的次日清晨,余呈湾的少叔公路过二矶种的地,发现拌种的粪场上有碎米粒。他赶紧扒开几处下种的地方一看,全是碎米。他知道是二矶粗心,错把碎米当粟种。这样下去就要误一季庄稼,穷人可担当不起呀!这位好心的叔公,晚上为二矶重新用粟子播了种,播完后在谁面前也没有提起。不久,二矶种碎米长粟子的事传开了,有人绘声绘色地说:"二矶粗心大意,弄得小鬼们忙坏了手脚为二矶搬运粟苗。小鬼都说,'御史老爷太粗心,弄得我们倒霉,为老爷搬粟种'。"

　　据说,余呈湾村前现在还有一块碎米地。

二矶应对

余育初　余普民　搜集整理

　　二矶在先生的关怀下,免费上了学。在先生的着意培养下,二矶进步很快,题诗作对,往来唱和,都已学会,成为青少年读书人中的拔尖人物,在当地也小有名气。但是,二矶的同学大多不用功读书,有的还偷鸡摸狗,引得附近的老百姓十分瞧不起这些学生。连累余二矶也脸面无光,抬不起头来。

　　在二矶考中秀才的前一年重阳节,先生要带学生登高游玩,但书馆中要留下一个人看护。贪玩的同学都推余二矶留下来。二矶也想静下来看看书。这样学校里就留下了二矶一人。

　　都昌这地方每年农历九月初都有一次大风,称为"九关风"。这年"九关风"使一艘官船停在庙前的湾里。船中有位学政大人。他坐在船中闷气得慌,正好时值重阳节,他就离船上岸观赏当地的秋景。他边看边走,不知不觉竟来到了二矶读书的寺庙前。学政大人发现寺庙里设了一个书馆,便走进庙内,只见一位衣着很简朴的书生在专心致志地读书。学政就和二矶交谈起来。他见二矶少年英俊,说话彬彬有礼,就想试试他的学业与才华,便以庙堂中三尊佛像为题出了一个上联让二矶应对:"三尊大佛坐象坐狮坐莲台。"这个上联一个数字,三个动作,可不好对。但这难不倒才思敏捷的余二矶。他略一思考,便以自己为对:"一位书生登龙登凤登丹桂。"这个下联不但与上联珠联璧合,而且在对句中表达了自己远大的志向和抱负。

　　学政大人听后,赞扬二矶:"才思敏捷,聪明过人,前途无量。"他在山前山后游玩观赏重阳风光后,便满意而去。

　　下午,先生带着同学们回书馆了,大家都在兴致勃勃地讲述游山玩水的情景。二矶也过去,说道:"今天,有个游学先生要我对对子,他出我对,我对了,他点头赞赏而去。"

　　"对个对子有什么难的,哪个不会!""要我,我也会对。""他出了个什么对子?"同学们七嘴八舌地说道。

　　"三尊大佛坐象坐狮坐莲台,这就是游学先生出的对子,你们现在就对吧!"

二矾把上联说了出来,让同学们应对。

"三尊大佛,坐……"

同窗有十几位,个个抓耳挠腮,摇头晃脑,口里吟着上联,过了一个时辰,也没有一个人能对上。一个同学说:"应桂兄,你就别卖关子了,快说说你是怎么对的,让我们大家也开开眼界。"

二矾说:"当时只有我一个人,没有谁能出主意。游学先生硬要我对,我就用'学生'对'大佛',用'猪'对'象',用'鸡'对'狮',用'芥菜',对'莲台',连起来就是,一群学生偷猪偷鸡偷芥菜。"

二矾的同窗听了对句,你看看我,我看看你,一个个羞得满脸通红,都自知学业无长进,才思不如二矾敏捷,他们也深知自己的行为确有许多不端之处,应该痛改前非。后来,书馆里的学生变得都像二矾那样勤奋读书了。附近的老百姓也对这个书馆伸出了大拇指。

智审偷鸡案

余祖荣讲述　余启发整理

余应桂外婆家所在的村子原来民风淳朴，人们安居乐业，太太平平地过着日子。不知从何时起，由于穷，老百姓的日子过得紧巴巴的，人心散了，民风乱了，小偷小摸便多了起来。有一天，在京城做官的余应桂回家探亲，到了外婆家中。余应桂八十岁的老外婆正在哭呢！她哭的原因是家中唯一的一只母鸡被小偷偷走了。余应桂外婆家中也很穷，家中只有这么一只生蛋的母鸡。听说外孙回乡省亲，她准备将这只母鸡杀了给余应桂吃，谁知却被小偷偷走了。老人没有什么好东西招待外孙，急得直哭。余应桂见到此情此景，心里也十分不好受。他一面劝慰外婆，一面考虑如何处理好这件事情。他眉头一皱，计上心来，说："有了，就这么办。"

余应桂叫手下人在外婆家搬了一张桌子和一张椅子，在门外的稻场上摆起了公堂。随他来的仆役分立两边。一阵响亮的吆喝，把全村人都引来了，大家都想看御史老爷如何审偷鸡案。

虽然余应桂临时搭建的公堂很简陋，但这威势却镇住了没有见过大场面的乡里人。只见余应桂将携带的官印放在桌上，一拍惊堂木，放开嗓子说道："今天清晨，我外婆家和另外几户人家都丢失了鸡鸭，这种昧心事实在做不得！本官现已知晓这是谁干的坏事，快快招来！"这时，只见一个人从人堆里往外挤，还不时回头张望。原来这个人就是偷鸡贼，他开始是来看热闹的，可看这架势，心里就十五个吊桶打水——七上八下。后来听惊堂木拍得震天响，他浑身一哆嗦，想赶紧跑回家去。这一切被余应桂看得一清二楚，他立即叫差役把那人抓起来。做贼心虚的偷鸡贼一五一十地招了。余应桂喝令将他打了五板子，并说："做贼是一桩伤天害理的事！都是乡里乡亲，今后再犯，定重处不饶。"偷鸡贼连连点头称是，赶紧把偷走的鸡鸭都送还给了失主。

余应桂的外婆看着失而复得的母鸡，满心高兴，她要将鸡杀了给余应桂接风。余应桂连忙劝阻道："让它生蛋给外婆吃，这是外孙的一番心意。"

从此，余应桂外婆的村子再也没有发生小偷小摸的事了，村风也好了起来。

土地公戴帽

余启发　搜集整理

　　余应桂小时候家里穷,上不起学,天天牵着一头老黄牛到山坡上放牧。离村不远处有一个书馆,余应桂看到许多学童在老师的教导下,把书念得十分响亮,他羡慕极了。每天上午,他把牛拴在一棵树上,然后跑到书馆的窗户前偷偷地跟着学。下午,他就到山坡下的一座土地庙内,在地上写生字,进行复习。

　　放牛娃无论晴天雨天,都戴着一个斗笠。余应桂在土地庙内温习时,就顺手将斗笠戴在土地公公的头上。余应桂将来有出息,是要做大官的,他的斗笠有千斤重。土地公公年纪大了,一个千斤重的斗笠天天下午戴着,月月下午戴着,怎么吃得消呢?土地公公叫苦不迭,心想,不能这样戴下去了!可又有什么办法让余应桂不将斗笠往他头上戴呢?

　　有一天,土地公公终于想出了办法,让余应桂不放牛而去读书,这个斗笠就不会再戴在自己头上了。晚上,他跑到学校里,给教书先生托了一个梦,说村中有一个叫二矶的放牛娃,是一个有天赋的崽俚(男孩),要尽力帮助他读书。第二天一早,教书先生从梦中醒来,连连称奇。经过打听,方知每天上午到学校偷听的那个放牛的崽俚就叫余二矶。教书先生料定他日后必定大有前途,忙跑到余应桂的家中,动员他的父母让他上学,并答应不收学费。就这样,余应桂不再放牛,而是天天去学堂读书。土地公公的头上再也不戴余应桂那个千斤重的斗笠了。

鄱湖人鸟情
（舞蹈）

作词：彭焱初
作曲：彭焱初

1=F

5 - - - 67656 12 | 3· 5 2 - - - 42（4442）|

4442（4442）6 4· | 6 4· | 6 4 4321 6 56 | 12 1 - - - |

♩=110 单纯活泼地 4/4

25 525 12 5 | 2·5 521 1 2· | 25 525 12 6 | 2·1 12 3 5· |

15 656 5·3 | 51 235 3 - | 1·6 55 43 2 | 渐慢
25 162 5 - |

♩=78 抒情优美地

25 525 12 5 | 2·5 521 1 2· | 25 525 12 6 | 2·1 12 3 5· |

15 656 5·3 | 51 235 3 - | 1·6 55 43 2 | 25 162 5 - |

慢起渐快　　　　　加快　　　　　　　慢起渐快　　　　加快

5111 11 51 51 | 5111 11 51 51 | 6222 22 62 62 | 6222 2262 62 |

　　　　　　　　　　　　　　　　　　　　　　　♩=86 亲和地

6434 // // // | 1545 // // 6567 | 1 3 56 1· 2 | 323 1 23 57 |
mp　　　　　　f mp　　　　　　　f

6 - 65 61 | 43 2 25 656 | 5 - 1·2 323 | 1 - 323 162 |

爱我春桥

艺文书画卷

♩= 128　欢乐愉快地

| 25 55 | 25 55 | 25 525 | 12 55 | 25 521 | 12 2 |

| 25 525 | 12 66 | 26 176 | 55 5 | 6· 5 | 36 53 |

| 1· 5 | 62 16 | 32 12 | 32 12 | 3212 3212 | ∥ |

| 3·3 33 | 33 33 | 3 ∨ 35 | 1· 2 | 3 232 / 35 ‖ 1 − / 1· 2 |

| 1 61 / 3 232 | 2 3 / 1 | 7 676 / 1 61 | 5 − / 2 | 5 − / 3 | 444 45 / 5 − |

| 6 61 / 5 − | 65 43 / 4·4 45 | 2 − / 6 | 2 / 61 | 5 / 65 43 | 16 2 / 2 − | 5 − / 3 − |

| 5 − | 25 525 | 12 55 | 25 521 | 12 2 | 25 525 |

| 12 66 | 26 176 | 55 5 | 511 11 | 51 51 | 622 22 |

爱我春桥

$\dot{6}$ 2 $\dot{6}$ 2 | 6 4 4 4 4 | 4 4 4 ↙ | 6 4 4 4 4 | 4 4 4 ↙ |

4 — | 4 — | 5 — | 5 — | $\dot{6}$ — |
$\underline{6 4}$ $\underline{6 4}$ | $\underline{6 4}$ $\underline{6 4}$ | $\underline{7 5}$ $\underline{7 5}$ | $\underline{7 5}$ $\underline{7 5}$ | $\dot{6}$ — |
6567 1712 | 3212 3234 | 5434 5356 | 7656 7671 | 2 — |

渐慢　　　　　　1=G（前 $\dot{2}$ =后 $\dot{1}$）♩=58

$\dot{6}$ — | $\dot{1}$ — $\dot{1}$ — | $\dot{1}$ — | 2 5 532 | 32 1· |
$\dot{2}$ 　　　　　　　　　　　　　　　　　　 千里　鄱　湖

4·5 656 | 5 — | $\dot{1}$·6 5 6 | 5·653 2 | 2 5 162 |
水 清　清　　　　　 引来 百鸟　舞 成 群　舞 成

5 — | 1·1 2 3 | 1·217 6 | 4·2 4 5 | 5 6· |
群　　　 生态 文明　山水 美　山 水　美

$\dot{1}$·6 5$\dot{1}$ | 3235 2 | 2·5 656 | 5·　3 | 2 5 162 |
和谐 共处　人鸟 情　人　鸟　情　　　人 鸟

渐慢
5 — | 4·　5 | 6 5 6 | $\overset{56}{5}$ — ‖
情　　 人　　鸟　情

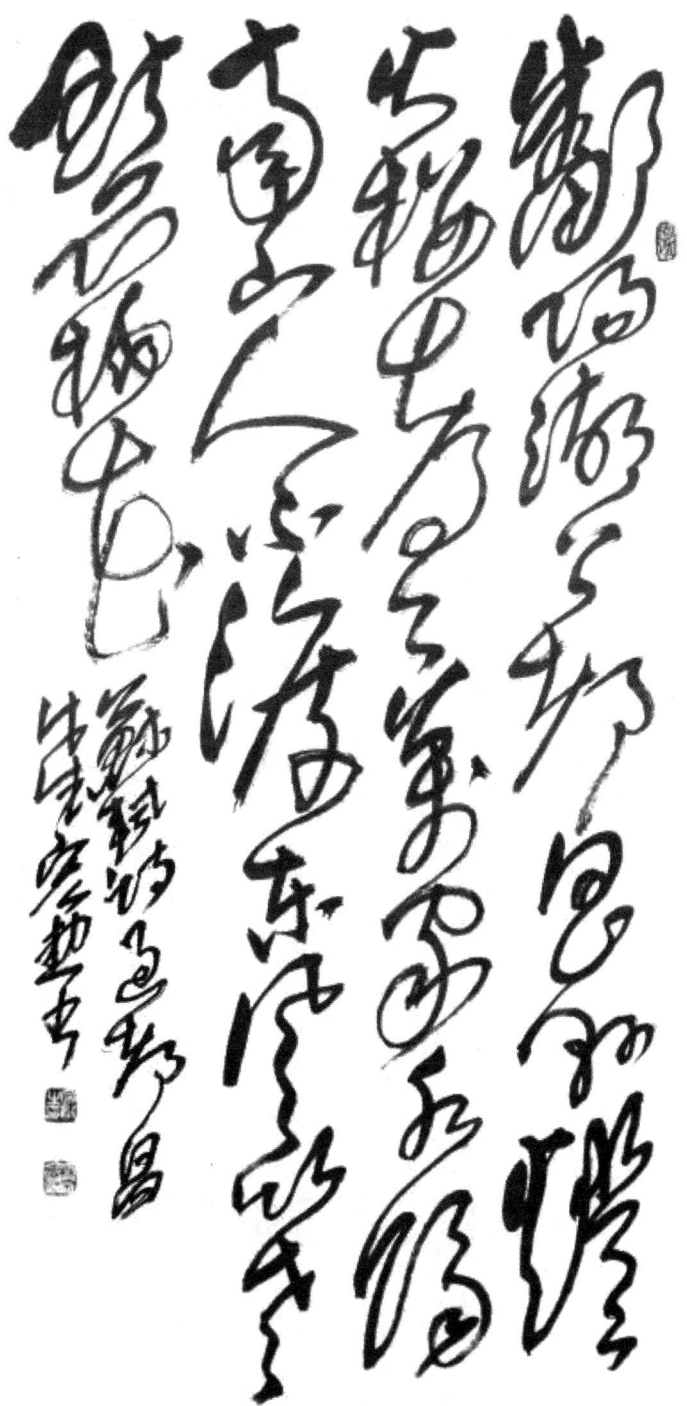

书法作者:杨宏勋

书法作者：游建新

桃源一向绝风尘，柳市南头访隐沦。到门不敢题凡鸟，看竹何须问主人。城上青山如屋里，东家流水入西邻。闭户著书多岁月，种松皆老作龙鳞。

王维诗春日与裴迪过新昌里访吕逸人不遇 建新书

书法作者：游建新

山不在高，有仙則名，水不在深，有龍則靈。斯是陋室，惟吾德馨。苔痕上階綠，草色入簾青。談笑有鴻儒，往來無白丁。可以調素琴，閱金經。無絲竹之亂耳，無案牘之勞形。南陽諸葛廬，西蜀子雲亭。孔子云：何陋之有。陋室銘

戊戌仲夏余軍書

书法作者：余军

绘画作者:杨宏勋

爱我春桥

绘画作者：余军

绘画作者：余军

绘画作者：余军

绘画作者：余军

绘画作者:余军

家园展望卷

"我们的家乡,在希望的田野上,炊烟在新建的住房上飘荡,小河在美丽的村庄旁流淌……"家园,有我们世代生活的憧憬,在我们世代的劳动中变样,让我们为她奋斗,为她幸福,为她增光。

家　园

春桥乡位于都昌县北部,距县城40公里,东南与蔡岭镇、徐埠镇相邻,西北与东北分别与湖口县流芳、城山、武山接壤,全乡实现了村村通公路。

春桥乡是都昌县边境的重要乡镇之一,面积48.7平方公里,其中耕地面积25000亩、林地面积6823亩、水域面积4310亩,辖朝阳居委会,云山、老山、官桥、春桥、十方、堰上、凤山7个行政村。乡政府驻朝阳居委会茅店街。景(德镇)九(江)公路穿境而过。

全乡人口17300人。农作物品种主要有水稻、小麦、大豆、芝麻,目前已形成商品有机蔬菜种植基地。乡畜牧业主要为生猪、土鸡、耕牛、常规水产养殖等。

春桥乡境内最高点为云顶山,海拔132米。全乡共有水库8座,已经全面进行了除险加固,其中小(一)型水库1座,小(二)型水库7座,重点山塘81座,形成了完整的防洪排涝和灌溉抗旱的农田水利工程体系。

春桥乡属于亚热带季风气候区,四季分明,雨量充沛,气候宜人,年平均气温17.7℃,年均降雨1652毫米,无霜期270天。

春桥乡为丘陵地区,土地肥沃,是都昌县的主要粮食和经济作物生产区,也是九江市的蔬菜种植基地之一。特别是晨晖农庄种植的有机蔬菜,销往全国各地。晨晖农庄因此被评为省市龙头农业企业。

2015年,春桥乡实现国内生产总值3.5亿元,比上年(下同)增长11.2%;财政总收入5600万元,增长15.9%;集镇居民人均可支配收入17821元,增长10.2%;农民人均纯收入3600元,增长5.6%。

展　　望

　　结合春桥特色,做大乡域经济总量,调整乡域经济结构,实现经济更加高效、可持续发展;完善集镇功能,优化农村生态环境,打造宜居宜业的秀美乡村;营造良好的社会环境,实现社会的全面进步。围绕实现上述目标,春桥乡党委、政府带领全乡人民近年来为全力建成生态、和谐、小康春桥而努力奋斗。

　　全力建成生态春桥。立足当前,着眼长远,以绿色发展为定位,坚持全乡经济发展与生态环境保护、污染防治与生态建设并重,科学地建立一个优质高效、良性循环的生态经济体制;以乡村垃圾治理为载体,创新治理手段,健全治理体系、治理体制,加强生态环境的综合治理,努力改善生态环境质量,获得经济、社会和环境效益相统一,使经济建设和生态环境走上双赢之路。

　　全力建成和谐春桥。以人为本,充分激发人的主动性、积极性、创造性,让创新迸发,通过开拓创新,不断地克服新矛盾,协调新关系,解决新问题;高度关注民生,着力解决人民群众最关心、最直接、最现实的热点难点问题;维护社会稳定,完善防控体系,强力构建平安社会,实现经济、政治、文化、社会建设统筹推进。

　　全力建成小康春桥。发展是全面小康的基础,制定科学发展战略,建立科学发展机制,要大力推进经济结构调整和增长方式转变,大力优化产业结构,加快发展高效特色农业,构建新型农业化之路;要坚持"引进来、走出去"相结合,既要立足春桥发展春桥,又要跳出春桥发展春桥,充分利用乡域外和上级部门的各种要素资源,借力发展,不断拓展新的发展空间,通过科学发展走向全面小康。

主　要　任　务

1.做大乡域经济规模

　　一是激活招商引资工作的活力。全乡上下要在亲情招商、以商招商、返乡创业等形式上寻求新的突破,做到全乡动员,全民参与,人人献计出力,使招商引资成为全乡上下的自觉行动,真正形成全民招商机制。二是优化服务。要不遗余力地为企业发展创造宽松的环境,转变观念,倾情服务,要不遗余力地向上争取项目和政策,切实加大对民营经济的支持力度,及时帮助解决资金、土地、市场、人才等方面的困难和问题。着力扶持对全乡经济起支撑作用的骨干企业,进一步完善扶持措施,促使企业尽快做大做强,在全乡发展进程中发挥示范带动作用。

2. 发展高效特色农业

以市场需求为导向,以农业项目建设为平台,加大农业项目争取和建设力度,积极支持以晨晖农庄为代表的农业企业发展,努力打造一批"人无我有,人有我优"且附加值高的特色农产品。通过科学规划、市场运作、扩大宣传,打造出一批叫得响的好品牌,形成聚集效应,促进农业滚动良性发展。加强本级财政的支农力度,加大对特色农业和优势产业的投入。大力加强农业市场服务体系和科技服务体系建设,依托晨晖农庄积极搭建农业科技、市场信息配套服务平台。大力推进农业扶贫开发进程,引导、支持农民致富创业奔小康。

3. 建设文明生态乡村

按照《春桥乡总体规划》,完善集镇功能,扩大集镇规模,完善集镇的垃圾处理方法;扩大集镇的硬化、绿化、亮化范围;健全完善集镇服务体系,积极培育新的集镇经济增长点,加快引进物流、娱乐、休闲体验等现代服务业,提高集镇的人气,不断增强集镇的服务功能和文化品位。以新农村建设为抓手,进一步巩固人饮工程、卫生改厕、村庄环境整治等建设成果,大力培养农民的卫生习惯,提高农民的生活质量。建立和完善垃圾治理长效管理机制,落实乡村两级工作责任制,完善工作考核机制,打造宜居宜业的文明生态乡村。

4. 统筹社会事业全面进步

一是构建平安乡村。加强社会治安防控体系建设,大力开展矛盾纠纷排查调处,努力把问题解决在基层,化解在萌芽状态。进一步完善群体性事件的预警机制、化解矛盾的排查调处机制和运转高效的处置工作机制,时刻掌握工作的主动权,及时妥善处置群体性事件。坚决打击严重刑事犯罪活动和邪教组织的非法活动。切实抓好安全生产工作,认真落实安全生产责任制,建立完善各种预警和应急机制,严防安全事故的发生。广泛深入开展法治宣传教育,提高公民的法治意识,做到办事依法、遇事用法。二是加强精神文明建设。加强公民道德建设,唱响主旋律,打好主动仗,营造积极向上、拼搏进取的良好氛围。

切实加强未成年人的思想道德建设,健全学校、家庭、社会"三位一体"的思想教育网络。三是抓好文化教育事业。加大对文化教育事业的投入,加强文化、教育资源整合,提高办学条件,优化师资力量配置,提高教育质量。四是做好卫生和计生工作。进一步完善乡卫生院的功能,提高卫生院的就医条件,提升医疗水平;落实计生二孩政策,优化人口结构,提高人口质量。五是做好社会保障工作。抓好新农保工作,提高参保率;切实抓好特困群众、特殊群体的社会救济、救助工作;提高"五保"老人的集中供养能力。

目 标 蓝 图

(一)**打赢脱贫摘帽攻坚战**。围绕119户380人脱贫、朝阳贫困村退出、全县同步脱贫摘帽的总体目标,持续深入推进"十大工程",压实各方责任,确保高质量打赢脱贫摘帽决胜战。聚焦"两业"带动,坚持"一领办三参与"模式,鼓励发展大户产业和贫困户自主产业,以鄱湖晨晖农庄和中药枳壳基地为重点,带动贫困户发展产业和实现就业。建立、健全光伏电站管理办法,建立好贫困户利益联结机制,用好光伏扶贫资金。继续实施就业奖补和光伏购岗,做实做细产业和就业扶贫,增设公益性购岗,加大培训力度。聚焦政策落实,突出抓好健康扶贫再提升、教育扶贫再加强、易地搬迁再精准、村庄整治再推进、保障扶贫再加强,持续巩固攻坚成果,夯实脱贫基础。继续完善精神扶贫"积分制"管理,引导贫困户克服"等靠要"思想,着力激发内生动力,实现智志相扶。聚焦问题整改,立足中央、省、市、县巡视巡察问题反馈,进行举一反三,建立整改台账,补齐做实佐证资料,并进行长期坚持,力戒形式主义和官僚主义,压实第一书记和帮扶干部责任,围绕"两不愁三保障"目标,继续扎实开展"清零达标"排查整改,确保不漏一户、不错一人,助推全乡顺利实现脱贫摘帽。

(二)**唱好民生实事重头戏**。坚持民生实事优先,提高社会救助精准管理水平,健全临时救助、社会救助等综合保障体系。完成春西、春官公路集镇段污水管、雨水管、路面重建,完成县道上畈至中小桥梁改造。启动农村面源污染项目建设,加大乡村公路改造提升力度,进一步夯实交通基础。加快卫生和健康事业发展,落实好二孩政策,提高人口优生优育水平。全面加强人才工作,力争引进更高层次的专业技术人才。推进民族团结,夯实宗教工作基础,维护好统一战线。加强食品药品安全监管,持续保持生猪疫情防控高压态势。加强武装国防工作,推动退役军人服务保障体系建设全覆盖。充分发挥工青妇、残联、关工委、老年体协等在社会发展中的促进作用。

（三）做好现代农业大文章。持续深化农业产业供给侧结构性改革,加快培育发展特色优势产业,着力打造鄱湖晨晖和枳壳基地"金字招牌",加快土地流转,力争下半年继续扩大流转规模。充分发挥荒山荒坡等资源优势,培育特色农业产业。同时,利用好农业面源污染治理和高标准农田改造项目,下半年稳步推进官桥村2000亩高标准农田改造,加大农业招商力度,大力发展循环农业、休闲观光农业等新型业态,力争做优做大中药材产业基地。加大农村实用性人才的培育力度,大幅增加"财政惠农信贷通"贷款。注重农业品牌建设,唱响"生态鄱阳湖,绿色农产品"品牌,拓宽优质农产品的营销渠道,进一步发挥春桥农业强乡优势。

（四）下好社会稳定先手棋。纵深推进扫黑除恶专项斗争,坚决打击黑恶势力保护伞,加大扫黑除恶宣传排查力度,保持高压态势不放松;创新信访工作机制,落实信访工作责任,加大信访件的化解力度,强化初信初访,推进阳光信访、法治信访,高度关注社会舆情,传播社会"正能量"。严格落实安全生产"党政同责、一岗双责",形成齐抓共管的良好局面,强化隐患排查和治理,坚决杜绝安全生产事故的发生。扎实推进"七五"普法。深入推进"平安春桥"建设,充分发挥乡、村综治中心的作用,加大矛盾纠纷的排查化解力度,着力提升公众的安全感和满意度。坚决打击邪教组织,健全社会治安防控体系建设,确保社会大局的和谐稳定。

（五）创造秀美春桥新面貌。大力推进生态文明建设,最大限度地维护好、巩固好、发展好春桥的生态优势,创造新面貌。牢固树立"绿水青山就是金山银山"的理念,坚持生态优先,绿色发展,扎实抓好环保工作,坚决打好"蓝天、碧水、净土"三大保卫战。大力开展禁烧专项整治。严格落实"河长制""林长制",强化森林防火。强化农村生活污水治理,加大农业农村污染治理。实行最严格的环境保护制度,全面落实生态环保"党政同责、一岗双责",着力保护好绿色生态。扎实推进农村人居环境整治行动。突出亮点打造,推进9个新农村点建设。继续加强袁多路、春官路、春西路环境整治。加强对中峰公司的协调管理,提升环卫保洁水平。严格遵守耕地红线,强化农民建房管理,坚决整治乱搭乱建、超高超大等违规建房行为,努力打造"整洁美丽、和谐宜居"的农村人居环境。

（六）**当好招商引资店小二**。坚持项目为王，挂图作战，拓宽招商渠道，健全激励机制，努力营造亲商的良好氛围，做到"亲、清"。当好店小二，强化服务意识，摸清家底，做足功课，夯实工作基础，不打无准备之仗，开展本地企业家、外来投资者、在外成功人士等潜在招商资源信息征集工作，建立数据库，使招商点、信息源遍布各地。引导项目招引方向，利用新建成敬老院进行包装，加大养老福利领域的招商力度，力争打造辐射周边乡镇最大的养老敬老中心。积极向上争资争项，紧扣上级部门，认真做好对接，抢前抓早，锲而不舍，密切衔接，力争在项目数量和资金上有较大增长。

项目推进助力建设秀美春桥

一、春桥乡中心敬老院改建工程

春桥乡中心敬老院新址位于原春桥乡卫生院旧址,于 2017 年 10 月开工建设,2019 年底完工。项目占地面积 10000 平方米,建筑面积为 4952.18 平方米,总投资 839 万元,资金来源于中央财政预算和单位自筹资金。

原春桥乡敬老院建于 20 世纪 70 年代,年久失修,多处开裂,楼面脱落,属于 D 类危房。为了改善农村敬老院条件,满足区域内农村五保老人进院入住需要,该项目已经建成老年公寓 3 栋、综合楼 1 栋,其规模已位居全县前列。

二、春桥集镇路面升级改造

春桥集镇是湖口县武山镇通往流芳乡的必经之路,属于三级县道。2019 年 9 月,经过春桥乡党委、政府的积极争取,春桥集镇从春桥中学至流芳乡的接头路面升级改造项目正式启动,项目总长 2 公里,投资 680 万元,资金来源于多方筹措,计划于 2019 年底前完成。

根据省委、省政府打造鄱阳湖经济生态区建设的项目拓展精神,西桥至流芳 9 公里路面升级改造入围,将重新规划建成二级公路,路面宽 9 米,总投资 6600 万元。

三、春桥支流农业面源污染综合治理试点项目

都昌县鄱阳湖流域春桥支流总长 35 公里,主要建设内容包括畜禽养殖污染综合治理工程、农田面源污染防治工程、水产养殖污染减排工程、地表径流污水净化利用工程和工程管理设施。项目估算总投资为 3750 万元,其中中央补助资金 3000 万元,地方配套资金 750 万元。

都昌县鄱阳湖流域春桥支流农业面源污染综合治理试点项目属于公益性农业环保项目,主要为环境效益、经济效益以及社会效益三个方面。该项目通过农业面源污染综合治理工程的建设和运行,大幅削减流域农业面源污染流失负荷,全面改善流域的生态环境,提升农业生产的经济效益,节约农业生产成本,改善农村居民的生活环境,提高公众的环保意识,促进流域农村经济的可持续发展等。

该项目于2019年10月19日开工,计划2020年4月底完成。建成后的该项目对推动区域农业与农村经济的持续稳定发展,实现社会、经济、环境效益的均衡发展具有重要意义。

四、春桥港综合整治工程

2017年2月23日,《都昌县春桥港综合整治工程初步设计报告》审查会在南昌召开,项目顺利通过了专家组的评审。鉴于春桥港的特殊环境,专家对春桥港整治提出了更高的要求,强调把水生态文明建设摆在首要位置,要把春桥港打造成全省的示范样板工程。

这次被列入打造的春桥港全长10公里,由1条主河道及5条支流组成。项目主要解决春桥港防洪、排涝、调枯,河岸塌陷及水环境问题,切实解决周边村民的生产生活条件。

该项目投资2999万元,资金主要来自国家投资。2017年,项目采取PPP进行运作开工,由于程序不规范,被九江市相关部门紧急叫停,建设项目仅仅在晨晖农庄支流展开。该项目已于2019年下半年继续启动。

五、教育迎国检工程

在教育方面,春桥乡中学、春桥乡中心小学均按照教育迎国检工程的要求进行了新建及完善,随处可见美丽的校园环境。2019年,春桥乡中心幼儿园新建项目及各高小点教学楼新建完善全面启动,大大改善了办学条件,教学水平不断提高,连年处在全县前列。随着国家人口政策的放开,在校学生逐年增加。

2019年,喜逢中华人民共和国成立70周年,春桥乡扫黑除恶高位推进,乡村振兴继往开来,城乡环境秀美和谐,脱贫攻坚进入扫尾和巩固提升阶段。展望未来,春桥明天更美好。

后 记

在热烈庆祝中华人民共和国成立七十周年的大喜日子里,《爱我春桥》一书正式交付出版,令我们倍感欣慰。这是春桥历史人文的一次大集合,这是对春桥大地的一次放声讴歌,这是春桥人民献给国庆的一份厚礼!

在石小平、陶淼松、邱林等春桥乡贤的倡导下,《爱我春桥》一书的编纂工作自 2015 年 12 月启动,历经四年寒暑。我们借助都昌县春桥同乡联谊会的平台,成立了《爱我春桥》编委会,下设编辑部,在八个村委会还确定了联络员,从事人文信息资料的收集、整理与编纂工作。其间,虽经费紧缺、编辑人员几度调整与充实,但此项事务从未停歇,乃至今日付梓。

历史是人民书写的。我们自始至终发挥春桥各界人士的积极性,共同联络县内外春桥同乡中的能人志士,搜集春桥有史以来的人文资料,整理纲目,编纂章节,数审书稿。对文史篇章,我们本着尊重历史事实的原则,力求史料翔实、准确和全面;对收入《当代名人卷》《公仆风采卷》的人员名录,我们遵照"正科以上、政绩显赫"的原则;对收入《技术人才卷》《创业人士卷》的人物事迹,我们遵循"百业兴旺、创业典范"的原则,选择具有代表性的人士,彰显其业绩,弘扬其精神。

四年来,除编委会人员,我们还得到了都昌县文广新旅局、春桥乡党委政府及各界人士的大力支持与厚爱,尤其是闵正国、余星初、黄世南、邵天柱、李树深、汪国山、王旺春、王建军、黄勇、余育初、余普民、余启发等,他们或撰写文章,或提供书稿,或协助指导,为《爱我春桥》一书的厚重和完整增添了分量与亮色。在此,我们谨向给予《爱我春桥》一书支持鼓励、帮助指导的同人们,致以诚挚的感谢!

一部乡史志书,涉及面广、文史性强,在编纂过程中不但要注重人文史料,还要考虑时代特征和地域特色。我们的编纂力量和水平有限,书中错讹、人物疏漏在所难免,敬请广大读者批评指正,以期后来者拾遗补阙。

《爱我春桥》编委会
2019 年 9 月